# 中华传统文化开讲

赵士林　著

中华书局

**图书在版编目(CIP)数据**

中华传统文化开讲/赵士林著.—北京:中华书局,2014.5
(2017.5重印)

ISBN 978 - 7 - 101 - 10003 - 7

Ⅰ.中… Ⅱ.赵… Ⅲ.中华文化 – 通俗读物 Ⅳ.K203 – 49

中国版本图书馆 CIP 数据核字(2014)第 026105 号

| | | |
|---|---|---|
| 书　　名 | 中华传统文化开讲 | |
| 著　　者 | 赵士林 | |
| 责任编辑 | 吴稼南 | |
| 出版发行 | 中华书局 | |
| | (北京市丰台区太平桥西里38号　100073) | |
| | http://www.zhbc.com.cn | |
| | E-mail:zhbc@zhbc.com.cn | |
| 印　　刷 | 北京市白帆印务有限公司 | |
| 版　　次 | 2014 年 5 月北京第 1 版 | |
| | 2017 年 5 月北京第 5 次印刷 | |
| 规　　格 | 开本/700×1000 毫米　1/16 | |
| | 印张15　插页2　字数140千字 | |
| 印　　数 | 18001 – 23000 册 | |
| 国际书号 | ISBN 978 – 7 – 101 – 10003 – 7 | |
| 定　　价 | 29.00 元 | |

# 目　录

# 中华传统文化的当代价值

——代前言

21世纪初，中国大陆又掀起弘扬传统文化的热潮，这个热潮被称之为"国学热"。面对所谓"国学热"，有两个亟待探讨的问题：其一，为什么在世纪初掀起"国学热"？其二，国学亦即以儒家为代表的传统文化作为古代农业社会形成的文化智慧，在当代大工业社会还有价值吗？如果说有价值，体现在哪里？回答这两个问题，要从传统文化的现代命运谈起。

## 一、现代中国对传统文化的三次冲击

传统文化在现代中国可谓多灾多难。从"五四"算起，它已经历了三次巨大冲击，每次冲击都折射了中国社会的巨大变迁。

现代中国，对传统文化的第一次冲击是五四新文化运动。"五四"对传统文化的冲击，和当时的文化启蒙、救亡图存具有双重联系。所谓文化启蒙，就是启传统文化之蒙，因此文化启蒙的基本目的，就是冲破传统文化的藩篱，请来西方的"德先生"和"赛先生"，亦即科学和民主，从价值观到人生观都向西方文化看齐。之所以要文化启蒙，又是为了满足救亡图存的时代需要。在当时的启蒙者看来，中国之所以搞得那么糟，之所以面临亡国灭种的危机，最根本的原因就是我们的文化出了问题，是传统文化拖了中国进步的后腿。于是，五四时期，文史哲诸领域，都出现了颠覆传统文化首先是儒家价值体系的标志性人物和文献。例如在思想史领域，胡适《中国哲学史大纲》上卷的出版，就是对传统思想文化的一个巨大冲击。在这本书里，孔子不再是不可动摇的至圣先师，不过是可以和其他诸子一样平等对待、进行客观研究的思想家，儒家经典也不再是不可怀疑的神圣信条，而是可以质疑、可以批评、可以辨伪的古代文献。60年后，任继愈先生谈到这部著作的影响时还说：

胡适打破了封建学者不敢触及的禁区,即经学。"经"是圣贤垂训的典籍,封建社会的一切成员,只能宣传它、解释它、信奉它,不能怀疑它,不准议论它,更不能批判它。尧、舜、禹、汤、文、武、周公、孔子都是圣人,只能膜拜,不能非议,这是封建社会的总规矩(西方中世纪对《圣经》也是如此)。据当时人的印象,读了胡适的《中国哲学史大纲》,使人耳目一新。……当时人认为"新"的地方,主要在于它不同于封建时代哲学史书代圣贤立言,为经传作注解,而敢于打破封建时代沿袭下来的不准议论古代圣贤的禁例。他把孔丘和其他哲学家摆在同样的地位,供人们评论,这是一个大变革。①

文学领域有鲁迅以《狂人日记》为代表的一系列不朽作品,抨击传统的"吃人道德"。从狂人、阿Q到祥林嫂等构成了控诉传统文化道德政治的艺术群像。

哲学领域则有陈独秀呼吁伦理觉悟,将矛头直接指向儒家设计的传统社会最根本的伦常秩序、道德规范:

> 儒者三纲之说,为吾伦理政治之大原……近世西洋之道德政治,乃以自由、平等、独立之说为大原……此东西文化之一大分水岭也。……此而不能觉悟,则前之所谓觉悟者,盖犹在徜徉迷离之境。吾敢断言曰,伦理的觉悟,为吾人最后觉悟之觉悟。②

此外,被誉为"中国思想界的清道夫"、"只手打倒孔家店"的吴虞则激烈抨击儒家思想扼杀了中国思想的生机,如他指出:

> 自孔氏诛少正卯,著"侮圣言"、"非圣无法"之厉禁,孟轲继之,辟杨、墨,攻异端,自附于圣人之徒;董仲舒对策,

---

① 任继愈:《学习中国哲学史的三十年》,《哲学研究》1979年第9期。
② 陈独秀:《吾人最后之觉悟》,《青年》第1卷第6号。

以为诸不在六艺之科、孔子之术者，皆绝其道，勿使并进；韩愈《原道》"人其人、火其书、庐其居"之说昌，于是儒教专制统一，中国学术扫地！①

儒教不革命，儒学不转轮，吾国遂无新思想、新学说，何以造新国民？悠悠万事，唯此为大已吁！②

吾人所争平等，为法律上之平等；所争自由，为法律内之自由；非无范围之平等，无限界之自由。而天尊、地卑，扶阳、抑阴，贵贱上下之阶级，三从、七出之谬谈，其于人道主义，皆为大不敬，当一扫而空之，正不必曲为之说也。③

另一位反传统斗士、著名文字学家钱玄同则提出古文是"选学妖孽、桐城谬种"的口号，明确了新文学革命的对象，甚至连汉字都主张废除：

我再大胆宣言道：欲使中国不亡，欲使中国民族为二十世纪文明之民族，必以废孔学、灭道教为根本之解决，而废记载孔门学说及道教妖言之汉文，尤为根本解决之根本解决。④

"五四"反传统之激烈自不待言。近一个世纪后的今天，经常有人批评"五四"葬送了中国传统文化，"五四"抨击传统是错误的。我认为这是一种非历史主义的态度。对"五四"的反传统，应该放到具体的历史情境中加以考察和评价。五四新文化运动发生于辛亥革命后。辛亥成功，民国建立，但政治局面乃混乱不堪。封建复辟势力猖獗，政治上复辟帝制，意识形态总以尊孔读经配合。袁世凯称帝，第一个动作是尊孔祭天，整个过程积极扶持儒家的组织化。张勋复辟，康有为的孔教会最活跃，配合最积极，张勋就是孔教会的名誉会长。李大钊曾敏锐地指出："我总觉得中国圣人与皇帝有些关系，洪宪皇帝出现以前，先有尊孔祭天的事；南海圣人与辫子大帅同时来京，就发生皇帝回任的事；现在又有人拼命

① 吴虞：《儒家主张阶级制度之害》，《吴虞文录》，黄山书社，2008年版，第36—37页。
② 同上书，第37页。
③ 吴虞（以妻子吴增兰名义发表）：《女权平议》，《吴虞文录》，黄山书社，2008年版，第99页。
④ 钱玄同：《致陈独秀：中国今后之文字问题》，见《钱玄同文选》，四川文艺出版社，2010版。

在圣人上做工夫，我很骇怕，我很替中华民国担忧。"①

在思想文化领域，国民意识麻木依旧，精神状态萎靡依旧。正是在这种沉闷腐朽的社会氛围中，"五四"斗士率先举起了科学民主大旗，从思想文化入手，批判传统，摧枯拉朽，希望激活国民精神，通过文化创新开拓国民精神新境界，进而推动整个中国社会的进步。因此，"五四"的启蒙价值不容否定，对传统文化抨击在当时总的作用是进步的，符合时代潮流的。

当然，"五四"的反传统，肯定有过激的地方，今天当然有必要指出和矫正这种过激，但应注意的是，"五四"的反传统并没有像一些人指责的那样，令中华传统文化扫地以尽，并没有绝对颠覆传统文化的价值观。根据如下：

其一，"五四"反传统最激烈的人士也没有全盘否定传统，他们仍然这样那样地明确肯定传统文化首先是儒家思想的人文价值。如主张"新旧之间绝无调和两存之余地"② 的陈独秀就指出："孔学优点，仆未尝不服膺"③；"记者之非孔，非谓其温良恭俭让信义廉耻诸德及忠恕之道不足取……士若私淑孔子，立身行己，忠恕有耻，故不失为一乡之善士，记者敢不敬其为人?"④

1937 年，刚刚出狱的陈独秀撰文明确指出："在现代知识的评定之下，孔子有没有价值，我敢肯定地说有。"⑤

另一位激进反传统的代表人物李大钊则指出："余之掊击孔子，非掊击孔子之本身，乃掊击孔子为历代君主所雕塑之偶像的权威也；非掊击孔子，乃掊击专制政治之灵魂也。"⑥

新文化运动的灵魂人物胡适更指出："有许多人认为我是反孔非儒的。在许多方面，我对那经过长期发展的儒教的批判是严厉的。但是就全体来说，我在我的一切著述上，对孔子和早期的'仲尼之徒'如孟子，都是相当尊崇的。我对十二世纪'新儒家'的开山宗师的朱熹，也是十

---

① 李大钊：《圣人与皇帝》，见《李大钊文集》，人民出版社，1984 年版。
② 陈独秀：《宪法与孔教》，《新青年》第 2 卷第 3 号。
③ 陈独秀：《古文与孔教》，见《独秀文存》，外文出版社，2013 年版。
④ 陈独秀：《答〈新青年〉爱读者》，《新青年》第 3 卷 5 号。
⑤ 陈独秀：《孔子与中国》，《东方杂志》第 34 卷。
⑥ 李大钊：《自然的伦理观与孔子》，见《李大钊文集》，人民出版社，1984 年版。

分崇敬的。"①

其二，培育传统文化的社会土壤仍然存在。清朝灭亡时，由于政治体制基础不复存在，儒家思想体系作为主导意识形态崩溃，但由于文化心理结构的惯性、惰性、稳定性，儒的人生观、价值观、思维方式尽管也受到社会变革的严重冲击，却仍然这样那样地支配着国人的精神世界。特别在广大的农村地区，生产方式仍为小农自然经济，社会结构仍由乡绅自治维系，这是儒家价值体系赖以保持生命力的深厚土壤，有这个土壤在，儒家思想价值就不会土崩瓦解。另外，中华民国政府对儒家也采取亲近认同态度，从北洋军阀政权尊孔到蒋介石政权，长达16年的"新生活运动"倡导礼义廉耻，都还以儒家伦理道德为圭臬，这就从政治上消解了对儒家的颠覆。

其三，儒学发展的学术条件仍然具备，传统文化的研究即便在战争时期仍呈现繁荣景象。出现了王国维、陈寅恪、梁漱溟、熊十力、冯友兰、钱穆、贺麟等传统文化研究大师，儒家文化命脉犹存。

其四，理性面向未来，情感依恋过去。美国学者列文森曾就五四时期中国知识分子的心态提出一个著名看法：理性上、观念上抛弃传统，情感上、价值上、生活方式上保留传统。列文森的看法很有根据，例如胡适、钱玄同、鲁迅等尽管都是反传统的健将，理性上和传统很决绝，但生活态度、道德实践还是这样那样不同程度地认同传统的价值观。胡适是留学的洋博士，却并没有冲破旧式婚姻束缚，执守着传统的婚姻观，和乡下来的小脚没文化的原配夫人厮守终生。钱玄同更有代表性。思想激进得了不得，但却被称为"纲常名教"的完人，赞成儿女自由恋爱，自己却与被包办的妻子厮守终生。他还特别指出，搞新文化运动的人不能太自由，否则被人说成是通过新文化运动满足个人私欲。典型的大儒风范。

相反的例证是吴虞。作为"五四"最著名的反孔斗士之一，吴虞对孝的抨击最为激烈，但当他的女儿对她不孝顺时，他却怨愤不已。特别令人不齿的是，吴虞和父亲打官司争家产，胜诉后竟在日记中写下"大吉大利，老魔迁出"，但在父亲死后，他竟写信给女儿说："告以老魔径

---

① 《胡适哲学思想资料选》（下册），华东师范大学出版社，1981年版，第265—266页。

赴阴司告状去矣！"

吴虞的行为不能见容于社会，最后被开除教职。可见"五四"后，社会主流价值还是不能接受吴虞这样的颠覆传统道德的极端分子，他自己尽管激烈抨击孝道，却对不孝的女儿大为不满，也是一个耐人寻味的讽刺。

综上所述，"五四"的激烈反传统，并没有断绝传统文化的血脉，中国人的思想意识特别是价值取向、道德规范、情感态度还是这样那样地遵循着儒家传统。

对传统文化的第二次冲击发生于"文革"。这次冲击导致了传统文化的系统性解构，传统文化终于遭到毁灭性的打击。在这场"革命"中，一些植根于民族文化血脉灵魂的道德规范、行为操守、人际关系准则都受到根本的颠覆。"文革"对中华传统文化的颠覆给中华民族造成的精神伤害、灵魂侵蚀非短时间能够弥补。

20世纪80年代，在为改革开放提供精神动力的思想解放运动中，掀起了文化讨论的热潮，即所谓"文化热"。"文化热"反思"文革"教训，批判矛头也指向传统文化。当时的很多学者特别是年轻人认为之所以发生"文革"那样的十年浩劫，思想文化之源仍是专制社会的文化传统、价值取向，批判本土文化、拥抱西方文化的诉求又形成社会思潮，可以说是对传统文化的第三次冲击。

但由于改革开放提供的政治条件，思想解放开拓的精神空间，学术研究空前活跃，以前被视为禁区的人文社会学科被恢复，尽管"文化热"对传统文化持强烈的批判态度，但较好的社会氛围、学术环境使传统文化研究还是取得了很大进展。李泽厚师在这个时期的《中国古代思想史论》、冯友兰先生的《中国哲学史新编》、港台现代新儒家群体的儒学研究、海外余英时等学人的中国思想史研究论著的出版，都是这个时期的标志性成果。"五四"和80年代，在反传统的潮流中，传统文化研究却仍获得重要进展。

但是，尽管80年代以来传统文化研究获得重要进展，但由于"文革"的严重破坏，传统文化作为中国人的精神血脉却难以接续。直到20世纪末，传统文化在民众的心中似乎已边缘化了。

那么，在这种时代条件下，为什么掀起了"国学热"？我在别处曾经指出："三十年改革开放所带来的空前的经济繁荣，国内国际的种种诱因的刺激，全球化时代捍卫本土文化价值的近乎本能的诉求，文明古国的深厚情结，又唤起了中国人对自己悠久历史文化的自信和自豪，从而有条件、有基础，也有需要，来重新估价自己的传统，在市场化改革的精神震荡中寻回文化家园，确立人生价值，重建精神信仰。从20世纪80年代的'文化热'（实际上是'反国学热'）到今天的'国学热'，正是中国人对自己的传统文化从怀疑、反省、否定到寻觅、重振、回归的历程。"①

其实，建立辅佐性意识形态的需求是持续近十年的"国学热"的最重要的原因和最强大的动力。

那么，近几年出现的"国学热"的出现能否接续优秀传统，重振国民精神？如何对待传统，关乎怎样走向未来。以儒家为代表的传统文化的现代命运，和现代中国人的命运血肉相连。儒的仁者襟怀、道的自然境界、禅的明心见性，法的法不阿贵，都是伟大的智慧。但是被扭曲后，儒的三纲培植奴性，道的韬晦培植滑头，禅的虚空培植混世，法的术势培植厚黑。对待传统，一方面不能取轻薄的浪子态度，另一方面不能化神奇为腐朽，让死人拖住活人。那么，究竟应该怎样继承和弘扬传统？换句话说，传统文化如何经过转化性创造而成为今日中国文化建设的资源？回答这个问题，不能汲汲于传统的具体细节，而要着眼于传统文化的整体特征、基本性格。

## 二、中华传统文化的基本性格

尽管毁誉褒贬，众说纷纭，但有一个基本点似能普遍认可，此即无论传统文化、传统思想的何种形态，都执着于现世人生，都肯定此生的存在价值。这种价值取向的形成，和中华文化滥觞期的路径有内在联系。人类学告诉我们，人类文明起源于巫术，巫术礼仪同样是中华文明的源头。但如李泽厚师指出，西方文明中巫术的演进分为两途，巫术中的情感演化成宗教，巫术中的技艺演化成科学。中国文明则由巫而史，经周公制礼作乐，培育了人间化的情理交融的文化性格，血缘纽带钩织的氏

---

① 见拙著《国学六法》，江苏文艺出版社，2010年版，第228页。

族宗法制度作为伦理政治秩序，强化了这种文化性格。①

儒墨法的入世自不待说，禅道的超世也绝非否弃现世人生，它们就在此生中追求一种超越价值或实现一种瞬刻永恒的境界。所谓"安时而处顺，哀乐不能入"、"此身不向今生度，更向何生度此身"，都是在接受、肯定现世人生的前提下，追寻一种此生可能有的、此生蕴含的存在价值。这里顺便提及徐复观有关禅宗的一个看法。徐氏在谈到庄禅区别时认为：

> 但庄与禅的相同，只是全部工夫历程中中间的一段；而在起首的地方有同有不同，所以在归结上便完全各人走各人的路。庄学起始的要求无知无欲，这和禅宗的要求解粘去缚，有相同之点。但庄学由无知无欲所要达到的目的，只是想得到精神上的自由解放，使人能生存得更有意义，更为喜悦；只想从世俗中得解脱，从成见私欲中求解脱，并非否定生命，并非要求从生命中求解脱。而禅宗毕竟是以印度的佛教为基祇，在中国所发展出来的。它最根本的动机，是以人生为苦谛；最根本的要求，是否定生命，从生命中求解脱。此一印度（佛教）的原始倾向，虽在中国禅宗中已得到若干缓和，但并未能根本加以改变。②

我以为，徐复观的看法未能准确把握中国禅宗的根本特征。禅宗之所以为禅宗，它之所以能被中国文化容纳吸收，之所以能在中国大地上漫衍流行，最根本的原因便是，它否弃了印度佛教以此生为苦海，完全否定感性现实生命活动存在价值的基本教义，它就在此生的"一切法"、"六尘"中追求所谓的"般若三昧"——

> 般若三昧，即是无念。何名无念？若见一切法，心不染著，是为无念。用即遍一切处，亦不著一切处。但净本心，使六识

① 参见李泽厚：《历史本体论·己卯五说》之"说巫史传统"，生活·读书·新知三联书店，2006 年版。

② 徐复观：《中国艺术精神》，华东师范大学出版社，2001 出版，第 228 页。

中华传统文化开讲

出六门，于六尘中无染无杂，来去自由，通用无滞，即是般若三昧，自在解脱，名无念行。①

"遍一切处，亦不著一切处"，此即既感性又超感性，既现实又超现实。在禅看来，春花秋月、夏风冬雪、吃饭睡觉，这些自然现象、生命活动变动不居，因此是"瞬刻"、"刹那"，但所谓永恒，终古之"道"，也就在这"瞬刻"、"刹那"中。②瞬刻永恒、刹那千古，便是禅宗境界。它尽管神秘却颇具审美意味，它是既感性又超感性，有限中寓无限，所谓"青青翠竹，尽是法身。郁郁黄花，无非般若"③，因此不会像徐复观所说的那样，"四大皆空，根本没有人与物的关系的问题"④、"禅境虚空，既不能画，又何从由此而识画"⑤。比较一下，还是铃木大拙对禅的把握更加准确——

> "空即是色，色即是空。""空"是"绝对"的世界，"色"是特殊的世界。禅里最普通的一句话是"柳绿花红"。这是在直接陈述特殊的世界。因此，在这个世界中，又是"竹直松曲"。这是把体验的诸事原原本本地接受。禅并不是否定的，虚无主义的，但与此同时，禅也不认为特殊世界的经验的诸事实具有相对的意义。在绝对的意义上，一切是空。所谓绝对意义上的空，并不是用分析的逻辑方法所能得到的概念，而是指"竹直"、"花红"等原原本本的体验事实，是对直观或知觉的事实的直率承认。⑥

在生命中求超越，在有限中求无限，是禅之为禅的根本特征。所谓

中华传统文化的当代价值

---

① 魏道儒译注：《坛经译注》，中华书局，2010年版，第55页。
② 语出"春有百花秋有月，夏有凉风冬有雪。若无闲事挂心头，便是人间好时节"（《无门关》）。"……问：'和尚修道，还用功否？'师曰：'用功。'曰：'如何用功？'师曰：'饥来吃饭，困来即眠。'"（《景德传灯录》卷三）。
③ 参见《大珠慧海禅师语录》（卷下）。
④ 徐复观：《中国艺术精神》，华东师范大学出版社，2001年版，第229页。
⑤ 同上。
⑥ 参见《禅与日本文化》，《铃木大拙全集》（第11卷），（东京）岩波书店，1981年版。

"故虽备修万行，唯以无念为宗"、"无所住而生其心"，归根结底都指向一种审美式的解脱而非印度佛教的"寂灭"。正由于这样，禅才能被中国人认可，并最终融汇于宋明儒学的心性之学中。

禅宗性质是个十分复杂的问题，本文自无力全面论及。之所以提及徐氏观点并稍加辨析，只是想说明，包括禅在内的传统文化的价值取向，都是着眼于此生，在现世人生中选择存在价值。因此，中国佛教界人士说法，很多都强调佛教的入世性格。

但更重要的问题似乎在于，传统文化怎样理解现世人生的存在价值，怎样选择此生？如果说执着此生还只是肯定人必须活着，那么选择此生则提出：人应怎样活着？在这一问题上，固可见出传统文化不同形态的不同观念，如道家更重自然生命，① 儒家更重伦理生命，但就最根本的价值取向来说，无论儒道，都追求一种现世人生中超越的精神价值，而不是留驻于现世人生中的自然感性层面。它们并不宗教式地否弃人的自然感性欲求，但它们经常强调的是"节欲"，是欲的满足的合理化，并且就在这种强调中，淡化欲，突出理。在欲和理的关系中，欲永远处于被支配、被规范的从属地位。可以为理牺牲欲，却绝不能为欲牺牲理。欲虽然没有被简单地否弃，但它却永远也不会是人的本体存在，永远也不会是人生目的。在某种意义上说，欲的存在正是为了被超越，为了走向理，在所谓既自然而超自然、既感性而超感性的此生的生命活动中，重心却是放在"超"上。因此，一方面是对感性生命活动的充分关注（这毕竟是超越的起点、超越的前提），它决定了中国人的多情；另一方面，就在这感性生命活动中追求一种抽象永恒的精神价值、精神境界（"道"），它决定了中国人多情但却从情到理，而非从情到欲。总之，肯定此生的感性生命又要从中寻求超越，这便是中国传统文化的基本价值取向，这种价值取向最终导向一种人格理想，对这种人格理想的坚定信念和不渝追求，使得中国人摒绝了神秘主义、纵欲主义、宗教迷狂等等悲观的非理性的人生态度，而是始终对人生采取了一种乐观的理性主义态度。这

① 所谓"道家更重自然生命"的"自然"，并不具有自然感性欲求的含义，与此恰好相反，道家所重的"自然"，是一种无知无识、少私寡欲，具有某种无目的的目的性的天成境界。这里的"自然"是与"人文"对举，非指感性物的"自然"。学者论及道家重自然，多未作此区别。因其与本文论旨关系甚大，故不能不在此指出。

种乐观的理性主义态度在面对现实苦难、人生痛苦时表现得尤为鲜明。为了深入认识中国人面对人生痛苦的乐观的理性主义态度，不妨以西方人对人生痛苦的理解作一比照。

西方文化对人生痛苦作出最深刻的表述与论析的，莫过于叔本华的哲学思想。我们知道，叔本华所理解的人生痛苦具有本体论性质——世界的本体存在是生命意志，生命意志的本质就是痛苦，因此他说："人从来就是痛苦的，由于他的本质就是落在痛苦的手心里的。"①

中国人对人生痛苦的理解却与此大异其趣。他们并不认为痛苦是人生历来如此、永远如此的必然本质。他们并不把人生痛苦归结为人的本体存在，而是归结为"人心不古"（这个"古"在儒家看来是尧舜时代，在道家看来是更早的原始时代）。因此，面对人生痛苦，两者态度迥然相异。从叔本华对人生痛苦的理解出发，必然走向灭绝生命意志的彻底的悲观主义；从中国人对人生痛苦的理解出发，则可以走向某种社会理想、归根结底又是人格理想的追求。这种人格理想是至人、真人、神人（道家），是志士、仁人、圣贤（儒家），他们归根结底又是所谓"道"的体现、化身、象征。因此，"君子忧道不忧贫"②、"仁者不忧"③、"朝闻道，夕死可矣"④，"士志于道，而耻恶衣恶食者，未足与议也"。⑤ 如果能够得"道"，即便"饭疏食饮水，曲肱而枕之，乐亦在其中"⑥，如果能够得"道"，甚至"大泽焚而不能热，河汉沍而不能寒，疾雷破山而不能伤，飘风振海而不能惊"（《庄子·齐物论》）。在这样的人生境界中，任何痛苦当然都已荡然无存。因此，尽管儒道二家对"道"的理解很不相同，但他们都无限向往地追求一个"道"，而不像叔本华那样充满痛苦地灭绝一个"道"（生命意志）；他们都把"道"这个宇宙本体作为人生的神圣依据，而不像叔本华那样把"生命意志"这个宇宙本体作为人生的痛苦之源；他们都是在对人生的肯定中解脱人生痛苦，而不像叔本华那样在对人生的否定中解脱人生痛苦。儒家的"自强不息"、"乐天知命"

① 叔本华：《作为意志和表象的世界》，商务印书馆，1982年版，第427页。
② 《论语·卫灵公》，见杨伯峻译注，《论语译注》，中华书局，2006年版，第190页。
③ 《论语·子罕》，见杨伯峻译注，《论语译注》，中华书局，2006年版，第109页。
④ 《论语·里仁》，见杨伯峻译注，《论语译注》，中华书局，2006年版，第40页。
⑤ 同上。
⑥ 《论语·述而》，见杨伯峻译注，《论语译注》，中华书局，2006年版，第80页。

中华传统文化的当代价值

自不待说，就是在道家激烈批判否定社会现实的愤世嫉俗中，也处处流露出对理想人生的执着、憧憬。请看庄子那"死"的美丽颂歌——

> 死，无君于上，无臣于下，亦无四时之事；从然以天地为春秋，虽南面王乐，不能过也。(《庄子·至乐》)

这与其说是提倡一种宗教式的死的寂灭解脱，还不如说是高扬一种审美式的人生自由境界，在痛苦的人生中追求着一种理想的人生，走向一种既现实又超现实的审美超越。这种审美超越不是叔本华式的暂时安慰，而是人生的最高境界，是人生目的。因此中国人的人生态度归根结底是一种相信人生有望的乐观主义。

这种乐观主义具有两重性：一方面，它并不因为人生痛苦而否弃人生，它并不企盼人生之外的灵魂超度，它就在这个具体现实的人生——此生中，培育一种道德化或超道德的灵魂——至真至善从而归于至乐的人格理想。另一方面，由于它所肯定、瞩望的道德灵魂，人格理想是一种纯然的精神境界，为了它，应该压抑甚至牺牲人的最基本的自然感性欲求，于是仅靠这种精神境界来忘怀、消弭人生痛苦，就不能不具有某种虚幻性甚至欺骗性。

### 三、中华传统文化的当代价值

围绕着上述基本的人生态度、价值取向和文化性格，儒家、道家、佛家（禅宗）开展了自己的人文建构，并最终融通为一。中华传统文化的特点，诸如思维模式上重了悟轻思辨，社会实践上重实用轻科学，国家治理上重人情轻法律，精神追求上重审美轻理性，终极眷注上重道德轻宗教，等等，都和这个基本的人生态度、价值取向、文化性格有关。

不言而喻，中华传统文化的优点、缺点也都和这个人生态度、价值取向、文化性格具有内在的血肉联系。今天，我们面对传统，意味着同时面对着传统的优点和缺点，如何取舍，不仅涉及传统的命运，更涉及现代中国人的未来命运。蒂利希在他的《基督教思想史》中引用帕利坎的话说："传统是死者的活信仰，传统主义是活人的死信仰"，海德格尔说："传统不强迫我们接受过去而一成不变的东西"。我们应该记取海德格尔的告诫，不要从传统走向传统主义。

本书的思考，就是基于上述认识，试图梳理出传统文化在当代社会仍有价值和活力，仍可以为当代中国人提供精神营养的优秀成分，存亡续绝，继往开来，贞下起元，让古老的传统智慧灌溉当代中国的文化土壤。我认为，作为中国三种伟大的传统人文思潮——儒家、道家和佛家（禅宗）至少有如下一些智慧仍然具有当代价值，可以焕发新的活力：

### （一）儒的智慧

作为中华传统文化的代表形态，儒的智慧中，由维护氏族宗法秩序而形成的贵贱等级观念，由小农经济形成的原始平均主义乃至种种封闭保守的理念均已过时，不能拘守，由此我也反对所谓"儒家宪政"的构想，儒的政治经济设计与当代社会已经扞格不入，应该关注的还是儒家的人文智慧。关于儒的人文智慧，我以为有四大精神可以为构筑现代中国人的文化世界提供精神资源：

1. 爱满天下的襟怀。孔子以仁化礼，将"仁者爱人"作为中国人的道德诉求，孟子"亲亲而仁民，仁民而爱物"的阐释，揭示了儒家仁者襟怀的博大、自然、渊深。"立爱自亲始"表明儒家道德建设从血缘亲情开始，自然而符合人之常情。孟子进一步讲"老吾老以及人之老，幼吾幼以及人之幼"，就从爱亲人扩及爱大众，忧以天下，乐以天下，此即"仁民"。孔子"己所不欲勿施于人，己欲立而立人，己欲达而达人"的忠恕之道体现了仁民的精髓。"爱物"则体现了对天地万物的爱，所谓"万物静观皆自得，四时佳兴与人同"，是最深刻的环境保护主义。从爱亲人扩及爱大众，从爱大众扩及爱天地万物，成己成物，是为儒家爱满天下的仁者襟怀。爱满天下，在竞争激烈的当代社会，应该是一种最宝贵的文化立场。

2. 人生境界的追求。儒家讲"内圣外王"，要求做好人然后做好事，不断提高人生境界。孔子云"志士仁人，无求生以害仁，有杀生以成仁"，孟子云"富贵不能淫，贫贱不能移，威武不能屈"。圣人气象、大丈夫精神、君子人格，构成了中华传统文化不断提升的人生境界。这种人生境界，永远值得向往。

3. 自强不息的奋斗。"天行健，君子以自强不息"，"苟日新，日日新，又日新"，体现了中国人坚韧不拔的奋斗，这是一种积极昂扬、振奋向上的人生态度。世界几大原生态古老文明，比我们古老的，如古埃及文明、古巴比伦文明，皆已消亡；和我们同样古老的古希腊文明、古印度文明，也已中断。为什么多灾多难、内忧外患的中华民族历经五千年风风雨雨顽强地走了过来？一个重要的原因就是，拥有自强不息的精神动力。

4. 坚守理想的抗议精神。儒家从孔孟（特别是孟子）开始一直到宋明理学的优秀分子（从朱熹到王阳明），皆坚守道德理想，秉持社会良知，不惮危难，不惧权势，伸张正义，抗击邪恶。这样一种抗议精神和批判意识在当代社会仍具宝贵价值。

此外，一个世界的取向也极富价值。中国人没有强烈执着的宗教情怀，因此也没有另外一个世界的瞩望。宗教在中国文化中也体现了人间的性格。"太上有立德，其次有立功，其次有立言"是中国人不朽的追求，"天地君亲师"是中国人的宗教诉求，"为天地立心，为生民立命，为往圣继绝学，为万世开太平"是中国人的神圣使命。因此，中国历史上没有宗教迷狂，宽容地、人间地、实用地对待宗教是中国人的文化性格。全球化时代，不同民族、不同文化碰撞交流日渐紧密，中华传统文化的宗教宽容精神尤其难能可贵。

（二）道的智慧

自然主义的宇宙观、人生观，是老子为中国乃至人类贡献的哲学智慧。老子的智慧至少有四个方面仍焕发着当代价值：

1. 军事智慧：老子的军事智慧不在于"善战者不怒"等，而是谈军事论战争也体现了可贵的好生之德。"兵者不祥之器"、"圣人不得已而用之"、"战胜以丧礼处之"等，体现了中华民族的反战意识、和平精神。

2. 政治智慧："治大国若烹小鲜"，"圣人常无心，以百姓心为心"，无为政治的理想对今天的政治家仍有丰富的启示。

3. 人生智慧："柔弱胜刚强"的人生哲学，谦卑低调、贵柔守雌作为一种人生态度，对调整心态、和谐人际关系仍有重大意义。

4. 宇宙智慧：老子关于道的本质、道的功能、道的规律的阐释，体现了中国哲学的深邃思考和广阔视野。

庄子继承又超越老子，以反异化、追求精神自由、向往审美境界为中国人开辟了一个潇洒的文化旅途。"逍遥游"、"蝴蝶梦"，今天仍是中国人驰骋想象、遨游精神的无上境界。

（三）禅的智慧

禅宗作为中国佛学，最可贵的是转化出一种对生命的明朗、乐观、积极的态度，将终极的精神眷注不是指向外在的偶像权威，而是指向内在的心灵建设，即明心见性。境界无边，禅修五心——慈悲心、平常心、清净心、自由心、自然心，禅宗的五种心灵境界的培育，体现了佛学经中国文化的创造性转化而直指人心，见性成佛的人间性格。

儒释道作为中国古代的人文智慧，不仅对当代中国人的精神建构仍有重大价值，对全球化时代推进人类文明进步也具有普遍的价值。中华传统文化对普世价值的建构可以做出很多贡献。初步梳理一下，至少以下六种文化取向，可以为未来人类文化的培育、为普世价值的发展提供思路、启示、资源和模式：

1. 包容的（对异质文化采取包容态度）。
2. 人间的（对宗教世界采取人间态度）。
3. 共赢的（对人际社会采取共赢态度）。
4. 中庸的（对思想实践采取中庸态度）。
5. 亲和的（对自然万物采取亲和态度）。
6. 大同的（对人类未来采取乐观态度）。

要强调指出的是，弘扬传统文化，即便是那些十分优秀的成分，也要从当代的思维模式、价值取向、生活需要、现实状况出发来评价、取舍。换句话说，自由、平等、民主、法治、人权等现代理念应该成为评价、取舍传统的圭臬，"西体中用"应该是中华传统文化焕发现代生命的思考框架。

书中后面的内容就是尝试着对上述中华传统文化优秀成分及其当代价值分别作深入浅出的探讨。

# 第一讲 爱满天下的襟怀

## 一 做人到做事：内圣外王

### 1 三纲领八条目

中国的传统文化，为什么要从儒家开始讲起？因为儒家思想为中国人的为人处事提供了最高的榜样，确立了基本的规范，培育了基本的价值，从而成为中华传统文化的思想代表。

尽管经历了"五四"的冲击，尽管经历了"文革"的摧折，但是儒家思想却仍然体现着顽强的生命力。儒家思想已经深入到中国人的心魂深处，熔铸了中国人的精神血脉，化成了中国人的生活方式、价值取向。适如李泽厚师所说："不管喜欢不喜欢，儒家的确在中国文化心理结构的形成上起了主要的作用。"①

儒家的学问不是空头理论，不是玩儿概念，也不是煽情，它从头到尾都是教我们怎样做人。做好人，然后做好事，这就是儒家的基本诉求。用儒家自己的讲法，叫作"内圣外王"。"内圣"，就是做人，"外王"就是做事。

从儒家学说作为一门学科的理论性质来看，可以说儒学是一种伦理政治学。伦理就是讲做人，政治就是讲做事。

我们看儒家的基本典籍之一的《大学》，开篇就是所谓"三纲领八条目"：

"大学之道，在明明德，在新民，在止于至善。"

大学，做学问的纲领，发扬固有德性，革新旧的习气，达到至善境界。

这是"三纲领"。

---

① 李泽厚：《中国古代思想史论》，台湾三民书局，1996年版，第320页。

"格物、致知、诚意、正心、修身、齐家、治国、平天下。"

研究事物、探求新知、意念诚实、端正思想、修养身心、齐整家政、治理国家、太平天下。

这是"八条目"。

"三纲领八条目"都是讲做好人，然后做好事。

《大学》还专门强调："自天子以至于庶人，壹是皆以修身为本。"上至天子，下至百姓，都以修养身心，也就是做人为根本。

北宋有位大儒叫程颐，他说过这样一句话："如读《论语》，未读时是此等人，读了后又只是此等人，便是不曾读。"①

我们学习《论语》，要把《论语》的精神落实到做人上，不能背几条语录就了事。读《论语》，如果读之前是一种人，读了之后还是这种人，做人的层次没有提高，这《论语》就白读了。这话的意思是说，学习《论语》要落实到做人上。

南宋有位大儒叫陆九渊，他更是斩钉截铁地说："不识一个字，亦需还我堂堂地做一个人。"②

那么，儒家的智慧究竟为我们中国人的做人提供了什么样的启示？这要从大圣人孔子谈起。


## 2 孔子的启示

我们都知道，孔子是儒家的至圣，也是中华文化的首席代表。古代社会历朝皇帝都加封孔子，其中元代皇帝元武宗孛儿只斤·海山给了孔子最高的政治荣誉，他于1307年（大德十一年七月十九日）下诏加封孔子为"大成至圣文宣王"，这位蒙古族皇帝在诏书中引用了一句很有分量的话："盖闻先孔子而圣者，非孔子无以明；后孔子而圣者，非孔子无以法。"③

意思是说，孔子以前的圣人，如尧、舜、夏禹、商汤、周文王、周武王、周公等等，如果没有孔子，他们的真精神就流传不下来；孔子以后的圣人，如汉代的董仲舒、南宋的朱熹等，如果没有孔子，就没有了

---

① ［宋］朱熹撰：《四书章句集注》，中华书局，1983年版，四三页。
② ［宋］陆九渊：《陆九渊集》，中华书局，1980年版，四四七页。
③ 参见"加封孔子大成至圣碑"的碑文。

效法的榜样。

钱穆先生曾说："孔子为中国历史上第一大圣人。在孔子以前，中国历史文化当已有两千五百年以上之积累，而孔子集其大成。在孔子以后，中国历史文化又复有两千五百年以上之演进，而孔子开其新统。在此五千多年，中国历史进程之指示，中国文化理想之建立，具有最深影响最大贡献者，殆无人堪与孔子相比伦。"①

梁漱溟先生也说："孔子以前的中国文化差不多都收在孔子手里，孔子以后的中国文化又差不多都由孔子那里出来。"②

数千年来，孔子作为不朽的文人被传诵，被崇拜，地位基本上未发生根本性的动摇。即便在"文化大革命"中"批林批孔"，嘲弄孔子为"孔老二"，也还不能不承认孔子是个大教育家。那么，孔子的魅力何在？孔子为什么拥有这种独一无二的地位和影响？我的体会是，孔子最伟大的地方，就在于他为中国人的为人处世，也就是做人，提供了最高的榜样，确立了基本的原则。

孔子从小的遭遇，对我们做人就很有启发。说起孔子的经历，令人感慨。孔子的血统很高贵，出身却很低贱，为什么这么说？原来，孔子的先祖本是商朝的王族，商朝的王族姓子，孔子的先祖自然也姓子。孔子自己填履历时就说："而丘也，殷人也。"③ 意思是，我孔丘的祖宗是商朝贵族。如果能验到孔子的DNA，和商纣王的DNA肯定是基因类似。王族，那血统还不高贵吗？但是我们知道，周武王伐纣，灭掉了商朝。商朝的王族，包括孔子的先祖都被政治移民，被安排到宋国定居。这个宋国就在今天河南的商丘附近。今天的人说起孔子，都知道他是姓孔的山东人，但是按照这个传说，孔子应该是姓子的河南人。那么孔子为什么姓孔不姓子，为什么是山东人而不是河南人呢？这涉及到孔家的一次悲惨遭遇。孔子往上数六辈的祖宗名字叫孔父嘉。大家要注意，孔父嘉并不是姓孔名叫父嘉。孔父是字，嘉是名。今天名字是一个词，例如："你叫什么名字？"古代名字是两个词，名和字。古代的人在名之外，通常还要有个字。为什么名之外还要有个字？从功能的角度讲，依照古代

① 钱穆：《孔子传·序言》，三联书店，2002年版，第1页。
② 梁漱溟：《东西文化及其哲学》，商务印书馆，1999年版，第150页。
③ ［清］孙希旦撰：《礼记集解》，中华书局，1989年版，一九六页。

礼仪，一般情况下，对人直呼其名是不礼貌的，要称呼对方的字。

这位孔父嘉担任宋国的大司马，相当于今天的国防部长。他的夫人是个美人。有一次在路上撞见了太宰华父督，太宰相当于今天的总理、首相。华父督这个"首相"是个大色狼，心地歹毒。看到孔父嘉的夫人，立刻就垂涎三尺，动了邪念。《左传》描绘华父督看到孔父嘉的夫人，"目逆而送之，曰'美而艳'"，[①] 用今天的话说，就是目不转睛地盯着孔父嘉夫人的背影看，嘴里连声赞叹。

为了霸占孔父嘉的夫人，华父督竟然设计害死了孔父嘉。孔父嘉的后代害怕华父督的迫害，全家逃到了鲁国的首都，也就是今天的山东曲阜，并取孔父嘉的第一个字"孔"字做姓。孔子姓孔，是山东人，就是这样来的。孔父嘉死后，家道逐渐没落，贵族等级从王族一直降到了最末一级，也就是士。到了孔子父亲这一代，混得就更惨了。孔子的父亲叫叔梁纥，是一个乡镇级的小官。叔梁纥尽管官不大，但是很有本事。首先，这位叔梁纥身高 10 尺。身高 10 尺是多高？古代的尺比今天的短一些，如果用汉代的尺来算，那时候 1 尺相当于今天的 23.1 厘米。换算一下，就是 2.31 米。即便这样，叔梁纥的个子也高得惊人了。叔梁纥不光个子高，还是个大力士，在一次战斗中居然用双手就托起了城门。身高力大的叔梁纥生育能力很强，但是生育性别上有点儿问题。第一房太太姓施，给他生了 9 个孩子，但 9 个孩子全都是女孩。我们知道，古代社会重男轻女，女孩都不能列入排行，更不能给本家传宗接代。叔梁纥很上火，9 个孩子全是女孩怎么行？他一定要一个男孩。于是就续弦娶了第二房太太。这位太太倒是给他生了个男孩儿，这个男孩儿叫孟皮，孟皮生下来就是瘸子，今天分析大概是小儿麻痹症之类。《论语·公冶长》里还说到孔子曾经为孟皮的女儿，也就是自己的侄女选对象，选的是学生南宫适，理由是这位南宫适"邦有道，不废；邦无道，免于刑戮"。意思是南宫适在国家政治清明的时候，总有官做；国家政治黑暗了，也能逃避迫害。这样的人很稳妥，把侄女交给他很踏实，很放心。看孔子这位道德先生，考虑儿女大事还是很实际。

话说回来，叔梁纥又很上火，好容易盼来个男孩儿，还是个残疾。

① 杨伯峻编著：《春秋左传注》（修订本），中华书局，1990 年版，第 83 页。

中华传统文化开讲

他还不死心，心想一定再要一个健康的男孩。于是又娶了第三房太太，这第三房太太就是孔子的亲生母亲，名字叫颜征在。第一房太太是正室，第二房和第三房就都是妾，也就是姨太太的级别了。叔梁纥娶颜征在的时候，岁数已经很大了。文献上有几种说法，按《史记》说法，叔梁纥娶颜征在时，至少已超过六十四岁，而颜征在多大呢？也就十七八岁。叔梁纥娶了颜征在，自然很高兴。但是颜征在却有点不高兴。她为什么不高兴？是嫌老公岁数大吗？不完全是。古代社会老夫少妻的现象很多，《易经》上还专门有个说法叫"老阳少阴"，据说这样搭配生的孩子还格外聪明。颜征在不是不满意自己嫁了个老头子，而是担心叔梁纥那么大岁数了，还有没有生育能力，能不能让她生下个一男半女。古代社会女性的地位低下，一般女性的人生追求不外五个字：出嫁生孩子。出嫁的最高追求就是生儿育女，嫁到夫家，生了孩子，特别是生了男孩子，在夫家才算有了稳固的地位，所谓"母以子贵"。如果不能生孩子，甚至可以被休掉。所谓"七出"，就是七条休妻的理由，其中有一条就是不生孩子。

颜征在嫁到孔家后，整天担忧不能生孩子，于是天天到附近的尼丘山的山洞里祈祷，希望神灵保佑自己尽快怀孕，生下个一男半女。这就引出了关于孔子出生的一个很有趣的传说："龙生虎养鹰打扇。"

先说"龙生"。说是孔子的母亲祈祷神灵保佑真的很灵，一天祈祷回来，夜间梦见了两条龙，醒来就怀了孔子。因为是梦见龙附体怀了孔子，所以叫"龙生"。

那么"虎养"又是什么意思呢？一朝怀胎，十月分娩，孔子生了下来，谁知父亲、母亲看到呱呱坠地的孩子，非但不高兴，反而吓坏了。原来孔子生下来十分丑陋：眼睛突出，像得了甲状腺肥大。鼻孔朝天，嘴巴阔大，两个招风耳，头形像月亮上的环形山，周围隆起，中间凹下，

孔子像

《史记》说是"圩顶"①，今天分析大概是软骨症，缺钙。更令人担忧的是，孔子生下来满室红光不散，这红光不散，古代叫"血光之灾"，十分可怕。父亲看到孔子这样一副尊容，以为他是怪物，更怕孔子要给家里带来血光之灾，于是对夫人说这孩子不能留，留下要给家里带来大灾大难，甚至带来血光之灾。最后居然把孔子扔到了野地里。看孔子这位大圣人的命有多苦！但是孔子被扔到野地里，立刻就有老虎跑过来保护他，谁也不敢伤害他，这就叫"虎养"。

什么又叫"鹰打扇"？天热了，孔子身上出汗了，老鹰在天上看见，就飞下来用自己的翅膀当扇子，给孔子扇风乘凉，这就是所谓的"鹰打扇"。

瞧，圣人出生多有气魄！

但是在科学昌明的今天，人们难免产生一个疑问，这个故事是真的吗？孔子出生真有这样的事吗？这当然是胡扯，是荒诞的传说。但是《孔氏祖庭广记》、《阙里谱序》、《孔庭摘要》等文献都一本正经地记载了这个传说。如果您有兴趣翻阅古代文献，会发现，我们的老祖宗经常为圣人的出生编造这类神话，用以增加圣人的神圣性和权威性。圣人嘛，一出生就得和一般人不一样。例如孟子出生，就有五色祥云降临到他家的胡同里，说是邻居都看见了。老子的诞生更离奇了。我们一般人都是十月怀胎，一朝分娩。但是老子在娘肚子里呆了多长时间？据说竟然足足待了81年，是他的母亲在李子树下自己将左侧肋骨剖开，生出了老子。所以老子姓李。怀孕81年，老子生下来头发就白了，就有了长长的胡子，因此他才叫老子。

不光是我们的圣人，全世界的圣人出生，特别是宗教教主的诞生，都有不寻常的故事。例如释迦牟尼佛的诞生，据说是他的母亲睡梦中感觉到有一头白象从右侧肋骨下进到肚子里，于是就怀上了佛祖。后来白象就成了佛家功德和智慧的象征，峨眉山普贤菩萨就骑着一头白象。基督教的创立者耶稣则是圣母玛利亚童贞而生，就是说圣母玛利亚是处女怀孕，生下了上帝的儿子耶稣。这些神话自然都是在告诉我们，圣人从出生开始就和凡人大不一样。

---

① ［汉］司马迁撰：《史记·孔子世家第十七》（卷四十七），中华书局，1982年版，一九〇五页。

今天看来，"龙生虎养鹰打扇"当然是胡扯，但孔子长得很丑却是历史事实。历代画家有关孔子的画像，属唐代画圣吴道子画得最权威，他画的孔子像差不多成了孔子的标准像：吊眼梢、两眼外凸，口中露出两个大板牙，并且中间还有缝。文献上说孔子有所谓四漏："眼露筋，耳露轮，鼻露孔，口露齿"。吴道子的孔子像一定程度上再现了真实的孔子。有这四漏，尊容无论如何也不敢恭维了。今天，伴随着"国学热"的升温，孔子也成了电影、电视剧的热门题材。有人拍了部电影《孔子》，扮演孔子的是周润发。还有人拍了部电视剧《孔子》，扮演孔子的是赵文瑄。周润发和赵文瑄都是大帅哥，和历史记载的孔子的尊容反差太大了。不过艺术作品嘛，美化圣人也是可以理解的。孔子不仅长得丑，如果按照《史记》的说法，他好像还是个私生子，母亲还没有正式过门就生了他，《史记》的说法叫"野合生"。"野合生"这个说法主要有两个意思：一是在野地里怀的孩子；一是没正式办理结婚手续生的孩子，有点私生子的意思。

前面说了，中国古代有个说法——老阳少阴，也就是男的岁数大，女的岁数小，生的孩子最聪明，私生子通常也都很聪明。由此看来，孔子成为圣人绝非偶然，他具有双重的先天条件，他是老阳少阴加私生子。但是这些说法当然都缺乏科学依据，实际上不足为训。

孔子家祖上像阿Q的祖上一样，也曾经阔过，不过孔子命不好，没赶上。由于孔子出生时，叔梁纥已经垂垂老矣，孔子刚刚三岁，父亲就去世了。母亲又不是正室，属于妾这个级别，被正室欺负，很早就带着孔子单过，母子相依为命，尝遍了人间的辛酸悲苦。孔子后来填履历时说："吾少也贱，故多能鄙事。"① 说自己小的时候家境贫寒，尝尽辛酸，干了很多低贱的事。

三岁父亲去世，母亲地位卑微，贫寒不堪，相貌丑陋，再加上私生子，恐怕是"姥姥不疼，舅舅不爱"。孔子的儿童心理，蒙上了浓重的阴影，他的童年是很不幸的。今天的儿童心理学家告诉我们，一个人儿时的经历对他一生都有深远影响。很多人如果从小像孔子这样，长大了是不是要得抑郁症、是不是要成愤青，甚至干脆自暴自弃？都有可能。但

---

① 《论语·子罕》，见杨伯峻译注，《论语译注》，中华书局，2006年版，第101页。

孔子没有这样，相反，他克服了自己的先天不足，发奋学习，终于成为中华民族的大圣人。因此我说，孔子从小的经历对我们就多有启发。

孔子介绍自己履历时曾说："吾十有五而志于学。"① 孔子十五岁开始立志学习。学习什么？这个学习不能是看图识字做算术题，古人学这些知识是从六岁开始，十五岁开始学就太晚了。一般地讲，一个人十五岁左右就开始琢磨怎么活着才有意思，也就是开始思考怎么做人了！孔子正是从十五岁开始就专心致志地学习和思考做人的道理。

钱穆先生指出："孔子一生重在教，孔子之教重在学。孔子只教人以学，重在学为人之道。"②

那么，孔子思考出了怎样的为人之道？他要求我们怎样做人？

总的要求就是一个字："仁"，"仁义"的"仁"。

"仁"是孔子最重视的道德范畴，适如李泽厚师所说："孔子思想的主要范畴是'仁'而非'礼'，后者是因循，前者是创造。尽管'仁'字早有，但要把它作为思想系统的中心，孔子确为第一人。"③

"仁"是儒家的核心价值，也是以儒做人的根本原则，因此儒学又被称为"孔门仁学"。

## 二 仁爱三层面：亲亲—仁民—爱物

那么，究竟什么是"仁"？"仁"字在《论语》中出现了109次，孔子每次对"仁"的解释都不一样，更准确地说，孔子每次都是针对不同的情况来解释"仁"。就事论事，因材施教，具体问题具体分析，是孔子教学的特点，他从来不抽象地讨论问题。例如，《论语·先进》中记载这样一个案例：

子路问："闻斯行诸？"子曰："有父兄在，如之何其闻斯行之？"

冉有问："闻斯行诸？"子曰："闻斯行之。"

公西华曰："由也问闻斯行诸，子曰，'有父兄在'；求也问闻斯行诸，子曰，'闻斯行之'。赤也惑，敢问。"子曰："求也退，故进之；由也兼人，故退之。"

---

① 《论语·为政》，见杨伯峻译注，《论语译注》，中华书局，2006年版，第13页。
② 钱穆：《论语新解》，生活·读书·新知三联书店，2002年版，第4—5页。
③ 李泽厚：《中国古代思想史论》，台湾三民书局，1996年版，第12页。

子路问："听到就干起来吗？"孔子回答："有爸爸、哥哥活着，怎么能听到就干起来？"冉有问："听到就干起来吗？"孔子回答："听到就干起来。"

公西华道："仲由（即子路）问听到就干起来吗？您回答：'有爸爸、哥哥在，怎么能听到就干起来（首先要看爸爸哥哥的态度）？'冉求（即冉有）问听到就干起来吗？您却回答：'听到就干起来。'（两个学生的问题相同，您的答案却相反），我有些糊涂，大胆请老师解惑。"

孔子答道："冉求平日做事退缩，所以我给他壮壮胆，鼓励他；仲由的胆量却有两个人那般大，勇于作为，所以我要压压他。"

这就叫因材施教。脾气暴躁、遇事莽撞的学生和谨小慎微、遇事犹疑的学生问他同样的问题，答案竟然相反，原因就是两个学生的性格相反。孔子对"仁"的解释也是这样始终紧紧地围绕着人们的日常表现灵活机动，随事点拨，针对性非常强。例如颜渊、仲弓、司马牛三位学生向孔子问"仁"，孔子就给了三个截然不同的答案。但是不管能有多少答案，"仁"也有一个不可动摇的核心，那就是"爱"。[①]

《论语·颜渊》里说："樊迟问仁。子曰：爱人。"

孔子的学生樊迟问老师什么是"仁"，老师回答说"仁"就是"爱人"，这个答案十分朴素，但它却是孔子对"仁"的最高概括。这个答案告诉我们，做人的第一个要求，就是要有一颗爱心。

但是，光说有爱太简单了，不用圣人，就是我们百姓，也都知道人要讲点儿爱呀！凭什么孔夫子一讲爱就成了圣人呢？

孔子讲爱尽管十分朴素，其中却蕴含着丰富深刻的意义。

儒家的亚圣孟子最理解孔子，他讲了十个字，对孔子说的爱做了全面、精辟的概括，这十个字就是："亲亲而仁民，仁民而爱物"（《孟子·尽心上》）。

这十个字透露出孔子讲爱的三层含义，第一层："亲亲"，对亲人的爱；第二层："仁民"，对大众的爱；第三层："爱物"，对万物的爱。孔子乃至儒家要求做人应该拥有的仁爱之心，主要就是这三层。先来看第

---

① "仁"的内涵当然不止于爱，它还应包括"成己成物"之博大精深的道德修养历程，这点徐复观先生析之甚详，但徐先生也认同"爱人"是"仁"的"基本规定"。参见其所著《中国人性论史》，上海三联书店，2001年版，第81页。

一层：对亲人的爱。

## 1　对亲人的爱

儿家追求一种爱满天下的境界，但儒家的仁爱，却发端于我们身边最普通的血缘亲情，也就是对父母兄弟、对亲人的爱。正如孔子所说："立爱自亲始。"① 意思是说，爱这种感情的培育，是从爱亲人开始的。而爱亲人的核心，就是一个"孝"。孔子告诉我们，做人应该有爱心，爱心首先是孝心。

例如《论语·学而》篇就说："孝弟也者，其为仁之本与。"

《慈宁燕喜图》中乾隆帝为母捧觞祝寿

一句话，就道出了儒家以血缘亲情为基础来建立道德体系的根本诉求。"孝"是对父母的敬爱之情，"弟"是对兄长的敬爱之情。"孝"是纵的要求，"弟"是横的规范。"孝"和"弟"两条出自血缘亲情的自然纽带，一纵一横，就为人间的道德秩序确立了经和纬。其中尤以"孝"为道德的基石。孔子认为"孝"是"仁"的根本，或者说是"仁"的出发点。

例如：有一次，孔子的学生宰予对父母去世、子女守孝三年的习俗提出质疑，说守孝长达三年很耽误事，一年就足够了。孔子就批评宰予"不仁"，并提出理由说："子生三年，然后免于父母之怀。夫三年之丧，天下之通丧也，予也有三年之爱于其父母乎！"②

用今天的话说，就是："小孩子三岁了，才离开父母的怀抱。因此，父母去世，为他们守丧三年是天下人都尊奉的规矩。你宰予难道不是直

---

① ［清］孙希旦撰：《礼记集解》，中华书局，1989 年版，一二一五页。
② 《论语·阳货》，见杨伯峻译注，《论语译注》，中华书局，2006 年版，第 212 页。

到三岁时，还被父母搂在怀里疼爱吗!"

孔子这个说法今天看来仍然不错。现在的小孩子也是三岁才上幼儿园，才算离开了父母的怀抱。

但是守孝长达三年的做法，肯定会严重地影响正常的生产和生活。这三年之丧怎么守? 在父母坟旁搭个小草房，披麻戴孝，戒酒戒肉戒娱乐，结了婚的夫妻还要分居。有工作的得请长假，甚至干脆就辞了职。后世为了照顾官员回家为父母守三年之丧，还专门设计了一个制度，叫"丁忧"，非常像今天的停薪留职。大家想一想，这样守孝长达三年之久，要耽误多少事? 因此对三年之丧，不光是孔子的学生宰予有意见，墨家也坚决反对。这在今天当然已经是一个不存在的问题。但通过孔子的批评我们可以发现，他判断"仁"或者"不仁"最重要的根据就是对待父母的态度，对待父母之恩要真诚地感恩，要充分地回报，这就是"孝"，这就是"仁"。不孝敬父母就是"不仁"。

做人首先要孝顺。这是以儒做人的第一个要求。把"孝"作为人生头等大事，这是中国文化的特色，因此中国的传统文化在一定意义上又被称为"孝文化"。不仅儒家讲"孝"，就是专门和儒家过不去的道家也不否认"孝"。老子说："绝仁弃义，民复孝慈。"(《道德经》十九章) 显然也是在主张"孝"，不过是声明儒家谈仁说义那一套非但不能使人"孝"，反而是"孝"的障碍。这体现了儒道两家人生观的重大差异。儒家人生观强调尽伦理，道家人生观强调任自然。老子还说："六亲不和，有孝慈。"(《道德经》十八章) 这也不是否认"孝"，这句话同样是在抨击儒家的谈仁说义恰好造成虚伪做作，从而破坏自然，导致"六亲不和"，这个时候才感觉到、认识到"孝慈"的可贵。一个和睦的人家，并不需要天天把"孝"挂在嘴边上。徐复观曾指出，"老子所反对的，是把仁义孝慈等当作教条; 而并非反对其自然的流露"[1]，这个看法很有道理。

为什么大家都认同"孝"这个道德要求，就连十恶不赦的强盗，也可能十分孝顺? 就因为"孝"是对生命之源的感恩，是对人世间最伟大最无私的一种情感的回报。什么是我们的生命之源? 我们哪一个人不是父母所生? 父亲母亲就是我们的生命之源。人世间最伟大最无私的情感

---

[1] 徐复观:《中国人性论史（先秦篇）》，上海三联书店，2001 年版，第 310 页。

是什么？难道不是父母之爱吗？"可怜天下父母心"，世间最纯洁、最无私、最真诚、最令人感动的爱，就是父母对孩子的爱。世间最应该感恩回报的，也是这种爱。我们就来谈谈母爱。

说起母爱，不仅人有母爱，低等动物也有母爱。母爱的无私伟大，遍及一切生灵。说起母爱，我总想起一个鳝鱼的故事，这个故事对我们讨论的问题很有启发。

这个鳝鱼的故事真是催人泪下！说是有一天，一户人家烹调一条鳝鱼。主妇将鳝鱼放到锅里用文火慢慢炖。什么叫文火？文火就是慢火，小火。为什么用文火炖这条鳝鱼？北方有句话，叫"千滚豆腐万滚鱼"，炖的时间长，滋味进去了，鱼肉味道才更鲜美。炖了很长时间，锅开了，汤煮沸了，主妇以为鱼炖熟了，就揭开了锅。一看，发现鳝鱼的形状十分奇怪：它的身体向上弓起，尾巴和头浸在煮沸的汤中，腹部却露在沸汤之外。主妇好奇地剖开了鳝鱼的腹部，发现它的腹内全都是鱼子，也就是鳝鱼母亲的孩子。原来这条鳝鱼母亲为了保护自己的孩子不受伤害，长时间忍受痛苦，直到死去都保持着这种姿态。是的，这不过是一条鳝鱼，它是个低等动物，它忍受痛苦保护孩子的行为也完全出自一种生物本能，但就是这种生物本能所体现的、所象征的母爱，难道不是同样地令人感动、令人恻然吗！

母爱的无私伟大，当然更遍及整个人类。

在日本的古代，有抛弃老人的习俗。古代社会生产力低下，没那么多东西，老人到了一定年岁，只能吃饭，不能干活，成了"非生产性开支"，有些贫困人家养不起老人，就把老人抛弃了。不仅日本古代有"弃老"的习俗，很多民族都有"弃老"甚至"杀老"的习俗，这是人类历史上令人唏嘘的悲剧。

一天，一个人背着他的老母亲上山，准备将老母亲抛弃到深山里。在往深山里走的路上，老母亲在儿子的背上不时地折些树枝扔在地上。儿子奇怪地问老母亲这是干什么。老母亲回答说："儿呀！我是怕你回来的时候迷路啊，所以折些树枝扔在地上给你做记号。"儿子听了，顿时热泪盈眶，一声不响地又将老母亲背了回去。你瞧，老母亲在被儿子抛弃的路上还惦记着儿子，还担忧他迷路，还想方设法让他别迷路。这就是母爱啊！

谈到父母之爱，我还想起了一位教授的一堂课，这堂课对我们讨论的问题也很有启发。这位教授在课堂上给同学们出了两道心理测试题，请同学们回答。

第一道题是这样的：一位男性爱着一位女性。他深深地爱着她，一往情深地爱着她。这位女性是个大美女，有一张十分漂亮的脸蛋。但是有一天，她不幸遭遇车祸，虽无性命之忧，脸上却留下几道丑陋的伤疤，十分刺眼。这个时候，问题来了。这种情况下，那位男性还会一如既往地爱这位女性吗？

答案呢，不外乎三种：

A 一定还会爱；B 一定不会爱了；C 可能还会爱。

卷子发下去，同学们填好收上来，教授一看，答案是这样的：

回答 A 的占 10%，就是说，有 10% 的同学认为这位男性一定还会爱这位女性。回答 B 的也占 10%，就是说，有 10% 的同学认为这位男性一定不会爱这位女性了。回答 C 的自然是 80%，就是说，有 80% 的同学认为这位男性可能还会爱这位女性。

教授又发下第二张卷子，第二道题反过来，说是一位女性爱着一位男性，也是深深地爱着他，一往情深地爱着他。男性是个大老板、商界精英、功成名就。但是有一天，这位男性破产了，什么都没有了。这个时候，问题又来了。这种情况下，那位女性还会一如既往地爱这位男性吗？

答案也不外乎三种：

A 一定还会爱；B 一定不会爱了；C 可能还会爱。

教授发下这第二张卷子，同学们填好了收上来。教授一看，这张卷子的答案和第一张有很大不同。

回答 A 的占 30%，回答 B 的仍是 10%，回答 C 的自然是 60%。

教授比较一下两道题的答案，开玩笑说："看来美女毁容比男人破产更令人不能接受啊！"

同学们都笑了，课堂气氛更活跃了。

这时教授话题一转："同学们，在你们回答我这两个问题的时候，你们的脑海里，你们的潜意识中，是不是都把他们当作恋人、情人了？"

同学们回答："是啊！难道不是这样吗？"

教授答道："但是题目中并没说他们是恋人关系呀！"

教授顿了一下，接着说道："现在我告诉你们，假如第一题中的两位，深深地爱着那位女性的男性是女性的父亲，他们是父女关系；在第二题中，深深地爱着那位男性的女性是男性的母亲，她们是母子关系，你们会如何选择呢？还坚持原来的选择吗？"

教室内一下子安静下来，许多人陷入沉思。

教授又发下第三张卷子，请同学们重新回答第一道题和第二道题。

结果是：

第一道题，A，100%；第二道题，A，100%。

教授看到这样的结果，深沉地、动情地说："这个世界上，有一种爱，亘古绵长，无私无求，它不因季节而更替，也不因名利而浮沉……这是什么爱？这就是父母之爱。"

儒家把人类全部道德建设的基石，就放在对这种爱的感恩和回报上，所以孔子说"孝弟也者，其为仁之本与"，民间谚语也有所谓"百善孝为先"。

当然，也有人不同意儒家对血缘亲情的强调，反对以血缘亲情来解释人类道德的起源。由于政治的、经济的、文化的多种原因，从历史到现实，确乎也不断发生违反伦理亲情的言论和现象。如先秦法家大思想家韩非子就说："且父母之于子也，产男则相贺，产女则杀之。此俱出于父母之怀衽，然男子受贺，女子杀之者，虑其后便，计之长利也。故父母之于子也，犹用计算之心以相待也……"① 翻译成今天的话就是，谈到父母和子女的关系，生了男孩就奔走相贺，生了女孩竟然杀掉她。男孩和女孩都是父母的亲骨肉，为什么那样喜欢男孩，却那样狠心地对待女孩呢？原因就在于考虑到以后长久的经济利益。韩非子得出结论说：看来父母和子女之间，也全都是利害计较，也不过是一种算账关系。

这是典型的重男轻女，它形成于中国古代农业社会，就是到了今天也没有完全绝迹。我们不是还经常地听到、看到有关溺死女婴的报道吗？俗话说，有狠心儿女，没有狠心爹娘，看来不完全是这么回事。那些杀害自己亲生女儿的爹娘该是多么狠毒啊！然而，这样一种基于利害考虑

---

① 《韩非子·六反》，见［清］王先慎撰，钟哲点校，《韩非子集解》，中华书局，1998年版，四一七页。

的选择显然不是出自伦理亲情的本性，相反，它完全违背了伦理亲情和人类的善根，是对人性的亵渎，是对父母之爱的伤害。父母和子女的关系当然也有经济的一面，所谓"养儿防老"。特别是古代社会，那个时候又没有保险公司，生一个儿子就等于上了一份儿养老保险。但是这种经济的打算显然不能吞没血缘亲情。例如，一个年轻的母亲给新生的孩子喂奶时，她绝不会一边喂奶一边在心里记账："这口奶值多少钱，那口奶值多少钱。以后你都得还给我。"她的心中，只是充满了无边的温暖、甜蜜和幸福。一个真正的孝子，也不会心里老惦记着父母的存折。

否认父母和子女的伦理亲情，还有一个著名的例子，相传是孔融说过的话："父之于子，当有何亲？论其本意，实为情欲发耳。子之于母，亦复奚为？譬如寄物瓶中，出则离矣。"①

意思是说，父亲对于孩子有什么亲不亲的，按父亲本来的意思，当初不过是发泄自己的性欲，孩子不过是他发泄性欲的副产品罢了。孩子和母亲又是什么关系？那就好像什么东西放在瓶子里，把那个东西从瓶子里拿出来，那个东西也就和瓶子没有关系了。

这段话究竟是不是孔融所说，其实非常可疑。孔融是孔子的第二十代孙，从小就十分仁义，四岁让梨的故事家喻户晓，长大了也是个著名的大孝子。十三岁时母亲去世了，他哭得死去活来，眼泪哭干了，血都流了出来。他做北海太守的时候，有一天到下边视察，看到一个人跪在一座新坟面前哭，原来这个人的母亲刚刚去世。孔融仔细一听这个人在干嚎，也就是假哭，心中没有一点悲伤。孔融非常生气，心想你的母亲死了你都没有一点悲伤，居然把这个人杀了。还有一次，一个小偷偷人家新下来的麦子被抓住了。孔融问他为什么偷人家的麦子，这小偷回答说自己的老母亲最喜欢新下来的麦子磨成的面，家里穷，没有麦子，只好偷点给老母亲磨面吃。孔融一听非但没有惩罚这个小偷，反而送他一些麦子，放他回去给老母亲磨面吃。一个这样重视孝道的人怎么能说出前面那样的话？原来孔融在政治上反对曹操，曹操要找个借口杀害孔融，就命令他的一个叫路粹的部下编造罪名，这段话应该是路粹在陷害孔融时编造的。我们在这里且不用过多地追究这段话究竟是否孔融所说。就

① ［宋］范晔撰：《后汉书·郑孔荀列传》，中华书局，1965年版，二二七八页。

这段话本身来说，它对父母与儿女的关系那样评价，实在是极端的动物化、本能化、生理化、低级化，完全无视父母与孩子之间的骨肉亲情，它的逆情悖理显然是十分荒唐、十分有害的。

建立在血缘亲情之上的"孝"，是人类道德的本源，是人类的善根所在。因此，"孝"文化尽管是中国传统，但是又具有世界性的普遍意义。

世界上很多属于不同文化系统的不同民族，通过自己的人生体验，也都肯定了"孝"的意义和价值。例如西方文化。我们知道，西方文化的精神背景、信仰支柱是基督教。基督教的价值取向和儒家的价值取向有很大差异。基督教也讲爱，所谓"信"、"望"、"爱"是基督教的三大理念，但基督教讲的"爱"和儒家讲的"爱"就有巨大差异。基督教讲的"爱"来自于上帝。《圣经·约翰福音》上这样说："上帝就是爱。"教堂里牧师布道，经常对信徒呼吁："爱人者，有福了!"为什么? 因为爱人是响应了上帝的号召，遵循了上帝的命令。儒家讲的"爱"就大大不同，前面说过，儒家讲的"爱"生发于血缘亲情，因此孔子讲"立爱自亲始"。不仅如此，基督教讲的"爱"和儒家讲的"爱"甚至还有对立的一面。例如《圣经·马太福音》说："爱父母过于爱我的，不配做我的门徒；爱儿女过于爱我的，不配做我的门徒。"这和儒家强调伦理血亲价值至上正好对立。基督教主张到了教堂里，不管你是几代人，大家彼此都是兄弟，大家都是上帝的孩子。这对中国人就很难理解，很难接受。当然我这样讲，绝不是说基督教主张打爹骂娘。实际上，就在《圣经·旧约》的"摩西十诫"中，第五条也主张孝敬父母。但是，在基督教的价值序列中，"孝"绝对不具价值基石、价值源泉的地位。基督教的全部价值的源泉都在上帝，上帝是万有的创造者，也是一切价值的建构者。

《圣经·马太福音》有一段记载非常能说明问题：

"耶稣还对众人说话的时候，不料他母亲和他弟兄站在外边，要与他说话。有人告诉他说：'看哪! 你母亲和你弟兄站在外边，要与你说话。'

他却回答那人说：'谁是我的母亲? 谁是我的弟兄?'

然后伸手指着门徒，说：'看哪! 我的母亲，我的弟兄。凡遵行我天父旨意的人，就是我的弟兄姐妹和母亲了。'"

而在儒家的价值序列中，"孝"却具有源泉、基础、前提的意义。但是尽管如此，基督教到了中国，也十分重视中国的"孝"文化，也欣然

中华传统文化开讲

接受儒家讲的"孝"。

我们都知道比尔·盖茨,说起来,比尔·盖茨是位虔诚的基督徒,十几岁背《圣经》,一背背上七八万字。他对中国人讲的"孝",就有十分深厚的感受和认同。一次,一名《机会》杂志的记者采访他,向他提出一个问题:"你认为什么最不能等待?"

《机会》杂志的记者以为比尔·盖茨一定会回答"机会不能等待",但比尔·盖茨这样回答他:"孝,是不能等待的。"

这使人很自然地想起中国的谚语:"树欲静而风不止,子欲养而亲不待。"

从另一个角度看,我们知道,西方走向近代,特别强调个人权利,这当然有伟大意义。以财产权为核心的个人权利的保障,是近代社会的基石。例如,西方有句申张个人财产权的名言:"风能进,雨能进,国王不能进。"意思是,我这个人非常穷,住的破房子既挡不住风,也挡不住雨,所谓"风能进,雨能进"。但是我这破房子风可以进来,雨可以进来,国王未经我的允许却不能进来,尽管国王是最高的统治者。

19世纪的德国,发生过这样一件事:一次德国皇帝威廉一世巡视波茨坦,下榻一座离宫。一日,登离宫高处俯视观赏城市景色,但扫兴的是,无限风光都被一个高高的磨坊遮挡了、破坏了。威廉皇帝便派人与磨坊主交涉,希望买下磨坊,然后将其拆掉。但却遭到磨坊主断然拒绝,他的理由是磨坊世代相传,乃无价之宝,不能出售。威廉皇帝勃然大怒,心想:我一个皇帝和你商量买你个破磨坊,已经给你天大面子,你居然蹬鼻子上脸不识趣!就不由分说,令人强行拆掉了磨坊。磨坊主呢,一点不着急,一纸状子就将皇帝告上了法庭。法庭审理的结果:磨坊主胜诉,威廉一世应重建磨坊。后来,这磨坊传到磨坊主的儿子这一代,穷困潦倒,磨坊主的儿子就想卖掉磨坊。威廉一世的儿子威廉二世还资助磨坊主的儿子,并专门致信说这个磨坊是德国民主和法治的象征。这个案例告诉我们什么?是西方走向近代,"法律面前人人平等"深入人心,法律之上无权力,公民以财产权为核心的个人权利神圣不可侵犯。

因此,在美国就曾经发生过这样的事:一位开发商,要盖一栋写字楼。写字楼规划的鸟瞰图是正方形,但是就在正方形的底端边缘内侧,有几间破房子,房子的主人是位老太太。这破房子值多少钱?市场估价,也就几万美元。开放商主动给老太太百万美元。但是老太太就是不搬。为什么呢？老太太说，她祖祖辈辈住在这儿，对这个地方有感情，给多少钱都不搬。这怎么办？开发商为了避让老太太的旧房子，改变了楼房的规划，将正方形规划改成了凹字形。而在日本东京，著名的羽田机场就因为几个住户拒绝搬迁，推迟很多年才建成。

但是话说回来，如果过分强调个人权利，甚至由此抹煞了对亲人的义务，扭曲、吞没了温暖的亲情，也有问题。欧美国家不时有这样的报道，老夫老妻死在豪宅里十来天了，没人知道。后来尸体发臭了，邻居闻到报了警，才被发现。这些老人不是没有钱，住的是豪宅嘛，但是他们没有亲人的呵护，只能孤孤单单地离开这个世界。奥地利的首都维也纳曾发生这样一件事：有位母亲被儿子告上法院，原因是电话骚扰。就是说，母亲给儿子电话打得多了点，把儿子打烦了，居然把母亲告上法庭。母亲在法庭上申诉："我为什么打这么多电话呢？只是想和他说说话。我不能跟儿子说话，也不能跟儿媳说话。我从来没有见过孙子，他都 15 岁了。"

我们听了母亲这个申诉，恐怕都要骂那个儿子。但是那家法院却判决：骚扰成立，命令母亲赔偿儿子 360 欧元的骚扰费。

这个判决我们中国人听起来简直太没人性。西方人听起来恐怕心里也不是滋味。西方人何尝不懂得母爱？您瞧雨果说得多好：慈母的胳膊是由爱构成的，孩子睡在里面怎能不香甜？

况且人都要变老，如果老了都是这个结局，晚景都是如此凄凉，人生岂不太可怕了？你再巴菲特，再李嘉诚，又能如何？人生到头来不是一个令人心酸无比的大悲剧？通过这样一些遭遇，西方人自然能够欣然地接受"孝"的理念，甚至为此调整自己的信仰。

再以佛教为例。我们都知道，佛教主张"四大皆空"。何为"四大"？这是古印度人受古希腊人影响形成的宇宙观。古希腊人认为我们生活的这个世界尽管日月星辰、大地山河、纷纭万象，但是构成这个花花世界的根本元素只有四样，即土、水、火、气。公元前 4 世纪，亚历山大大帝开疆拓土，一直打到古印度，将古希腊文化传到古印度。古印度人接受了古希腊四元素说，将土改成地，气改成风，形成地、水、火、风四元素说。地、水、火、风构成宇宙，因此被称为"四大"。"四大皆空"

就是说宇宙空幻。那么，印度佛教为什么讲宇宙空幻？它要用"四大皆空"这个宇宙观来论证自己的人生观。宇宙都是空幻的，何况人生呢？人生更是空幻的。那么，印度佛教为什么又要讲人生空幻呢？它要由此解脱人生的烦恼和痛苦。印度佛教对人生的态度是悲观阴郁的，人这一生，从生到死全都是苦，有"八苦"（生苦、老苦、病苦、死苦、怨憎会苦、爱别离苦、求不得苦及五取蕴苦）之说。人生为什么这么多烦恼和痛苦呢？说到底是由于苦苦地追求各色各样贪得无厌的欲望的满足。

受佛教影响的德国哲学家叔本华把人生比作一个钟摆，两头摆动，这头是无聊，那头是痛苦。欲望得不到满足，痛苦；欲望得到满足，无聊又产生了，其实也是一种痛苦。人生就是这样，在无聊和痛苦两头摆动。根源就是那贪得无厌的欲望。

既然苦苦地追求欲望的满足是一切烦恼和痛苦的来源，那么斩断欲望，也就没了烦恼和痛苦。但是如何斩断欲望呢？如果人能认识到，他苦苦追求的一切都不过是过眼云烟，到头来空幻一场，他就不会那样争腥逐臭、贪得无厌地追寻，就不会有那么多烦恼和痛苦了。这就是佛家从"四大皆空"，即宇宙空幻讲到人生空幻的良苦用心。因此佛教要求人不要太执着、太认真，太贪恋世俗的一切，这一切恰好是烦恼和痛苦的因。要解脱烦恼和痛苦，就要"斩断尘缘"，就要"六根清净"。所谓"六根"，即：眼、耳、鼻、舌、身、意，是一切欲望的来源。人间的一切关系都是烦恼来源，包括亲属关系，父子、夫妻、儿女，全都是烦恼来源，全都应该斩断。因此，"六根清净"在我们中国人看来，其实就是六亲不认。因此，佛教的出家人连姓都得改，原来在家的时候姓李、姓刘、姓陈，都是俗姓，出了家都只能姓一个姓，就是姓释，释迦牟尼佛的"释"，表示皈依佛祖，一心向佛。这是大约 1 600 年前，也就是公元4 世纪，庐山的大和尚释道安作出的规定，以后中国的佛教出家人都须遵守这一条。

讲到这儿，我想起了我国的官本位。毋庸讳言，我们中国的官本位很严重，官本位的意思是用行政级别来衡量价值大小、地位高低。一些和衙门不沾边的领域都有行政级别。例如中国的高校就有行政级别，有局级高校，还有副部级高校。更荒唐的是，中国的寺庙也有行政级别，跳出五行外，看破红尘了，居然也热衷于行政级别。很多和尚都套上行政级别，有处级和尚、局级和尚，甚至还有部级和尚，但是不管你什么级的和尚，都得姓"释"。

这里还有一个有意思的问题：和尚出家了，佛家应不应该讲"孝"？

按逻辑，佛家好像不应该讲"孝"。父母给的姓都改了，还讲什么"孝"呢？出家人已经斩断尘缘，六亲不认了，还讲什么"孝"呀？

但是非常耐人寻味，佛家到了中国，也欣然接受了儒家的"孝"。《坛经·疑问》里就说："恩则孝养父母。"《佛说孝子经》更强调"佛以孝为至道之宗"，说佛法"皆以孝顺为宗"。

佛家甚至用自己编的故事来宣传儒家讲的"孝"。有这样一个寻找佛的故事，生动地告诉我们人为什么要"孝"的道理。故事说道：有位年轻人离开自己的家到深山里去找佛，想修行成佛。跋山涉水，千辛万苦，找了很久，也找不到佛。一天在深山里碰到一位老和尚，就向老和尚请教："法师呀！佛究竟在哪里呀？我怎么总也找不到佛呀？您能指点指点我吗？"老和尚指点他说："不要在深山里找佛了，赶快回家去吧！在回家的路上，你会碰到一位反披着衣服、趿拉着鞋迎接你的人，那就是佛啊！"年轻人听了半信半疑，但是想反正也找不到佛，索性就听老和尚一回吧！于是就往家赶，走到半夜，快到家门口了，也没有碰到这样一个人。年轻人很懊恼，心想自己被老和尚捉弄了。但是已经到家了，总不能不回家呀！于是敲响了家门，这时，屋里的老母亲已经睡下，但是一听，是儿子回来了，哪里还顾得上穿衣服，哪里还顾得上穿鞋？手忙脚乱，反披着衣服、趿拉着鞋，踉踉跄跄地去给儿子开门。门开了，儿子看见老母亲这个样子，恍然大悟，眼泪哗地流了下来。

什么是佛？佛在这里，就是伟大无私的母爱。

因此，中国有句老话："堂上二老便是佛！"

讲到这里，我们会发现，儒家讲的爱和其他文化系统，例如基督教讲的爱就有很大区别。前面已谈到，基督教讲博爱，来自于上帝的召唤，来自于外在的、高高在上的神圣命令。所以《圣经·马太福音》才说："上帝就是爱。"

牧师在教堂里布道，经常张开来两臂，向信徒呼吁："爱人者，有福了。"为什么？因为你爱人如己，是响应了上帝的号召，遵循了上帝的命令，这样才能有福。

中华传统文化开讲

儒家讲的爱，却是来自于内在的、自然的血缘亲情，所以孔子说"立爱自亲始"。儒家讲的爱甚至来自于动物的本能，是这种动物本能的升华。

例如，很多动物都有"孝"的表现，如"乌鸦反哺"。这种生物本能进一步升华，就成为人的"孝"，因此我们经常说，人不孝顺，畜生不如。

当然，讲到人的"孝"，和动物有个最大的区别，那就是，动物只有出于本能的"孝养"，人却有出于亲情的"孝敬"。孔子的学生子游问老师究竟怎样才算是"孝"，孔子回答说："今之孝者，是谓能养，至于犬马，皆能有养；不敬，何以别乎？"①

现在的人说起"孝"，都认为能养活爹娘就行了。仅仅这样理解"孝"，那么我们对于狗啊马啊都能饲养，如果没有尊敬，那么养活爹娘和饲养狗马有什么区别呢？

一个"敬"字，道出了"孝"的道德属性。较之"养"，"敬"确乎更体现了人的"孝"较之动物本能所独有的情感特征。我由此想到民间流传的两句话："百善孝为先，原心不原迹，原迹贫家无孝子。万恶淫为首，论迹不论心，论心世上少完人。"

心是内在的情感，迹是外在的行为。如果仅仅把"孝"理解为从物质上供养父母的行为，那么贫困人家子弟自然无力很好地供养父母，按照这个标准，贫困人家就没有孝子了。如果对某个异性动心就是淫乱，而不管在行为上有没有表现，那么这世上就没有几个人不是淫乱之徒。因为从内在的情感来说，没有几个人见到钟情的异性不动心。因此讲"孝"，主要的要求还是敬重老人。"敬"的标准要高于"养"的标准，因此"孝敬"较之"孝养"出现频率更高。伴随着经济繁荣，社会福利和保障体系日臻完善，"孝养"的问题越来越容易解决，而"孝敬"的问题却仍然突出。进入老龄化社会，"孝敬"的道德情感理应得到悉心培育。

必须指出的是，"孝"在历史上也曾经被统治者利用，成为专制统治的手段。统治者纯粹从政治功利出发强调儒家"孝"的道德要求，他们

---

① 《论语·为政》，见杨伯峻译注，《论语译注》，中华书局，2006年版，第15页。

提倡对父母尽"孝"的目的完全是为了对皇帝尽"忠"，通过对父母的"孝"来保证对帝王的"忠"，并且进而用对帝王的"忠"来压倒对父母的"孝"，对于专制帝王来说，"孝"不过是手段，"忠"才是目的。在他们看来，君权就是父权的放大，臣子应该像在家里对父母尽"孝"一样，在朝廷对皇帝尽"忠"。所谓"忠臣出于孝子之门"。秦代丞相吕不韦编《吕氏春秋》，指出"人臣孝，则事君忠"。汉代的皇帝号称以"孝"治国，除了汉高祖刘邦外，皇帝的谥号都冠上一个"孝"字，如汉武帝的谥号是汉孝武帝，汉文帝的谥号是汉孝文帝，目的都是在维护皇权统治。

这种思想在孔子那里好像能找到一点根据，孔子说过："其为人也孝弟，而好犯上者，鲜矣；不好犯上，而好作乱者，未之有也。"①

翻译成现在的话就是：他的为人，孝顺爹娘，敬爱兄长，却喜欢触犯上级，这种人是很少的；不喜欢触犯上级，却喜欢造反，这种人从来没有过。这段话是在肯定"孝弟"对于维护政治稳定的价值，也就是"孝"对于"忠"的价值。到了孟子，就坚决反对将"孝"和"忠"扯到一起。孟子是孔子的"铁杆粉丝"，甚至可以说是"钢丝"，因为他说过："自有生民以来，未有如孔子者也。"（《孟子·公孙丑上》）有人类以来，就没有像孔子这样伟大的人。但孟子在很多方面，特别是他的政治观点比孔子要激进，要民主。他高度评价舜的孝行，甚至主张为了尽孝可以违反法律。有人问他如果舜的父亲杀了人，舜该怎么办？他说舜一定放弃自己的王位，背着自己的父亲逃到海边去，逃避法律的制裁，隐居下来享受天伦之乐。但对君臣关系，孟子则坚决主张建立一种互相尽义务的关系。君对臣好，臣就对君好；君对臣不好，臣也就可以不买君的账。这就是孟子那段著名的议论："君之视臣如手足，则臣视君如腹心；君之视臣如犬马，则臣视君如国人；君之视臣如土芥，则臣视君如寇仇。"（《孟子·离娄下》）

翻译成今天的话就是：君主把臣下看待为自己的手脚，那么臣下就会把君主看待为自己的腹心；君主把臣下看待为狗马，那么臣下就会把君主看待为一般人；君主把臣下看待为泥土草芥，那么臣下就会把君主

---

① 《论语·学而》，见杨伯峻译注：《论语译注》，中华书局，2006年版，第2页。

看待为仇敌。这段话后来惹得专制帝王朱元璋大发雷霆，要将孟子从孔庙中撤出去，并说谁反对就杀掉谁。但有个叫钱塘的大臣偏偏不怕死，坚决反对朱元璋的决定，并说为孟子死，虽死犹荣。由于大臣冒死反对，朱元璋未能如愿，但他最后还是让大臣重新编了一本《孟子节文》，也就是《孟子》的删节本，把这样的话统统删掉。总之，在中国政治思想史上，孟子第一个从根本上颠覆了帝王专制时代"忠君不二"的政治要求，"君要臣死，臣不敢不死"、"君王圣明，臣罪当诛"的奴才政治逻辑在孟子这里是根本行不通的。

三国时期有位叫邴原的名士更勇敢地捍卫了"孝"高于"忠"的原则，坚决地回应了统治者就这个问题提出的挑战。事情是这样的：曹操的儿子曹丕（三国魏国的第一位皇帝，即魏文帝）向属下宾客们提出了一个极端尖锐的问题："君父各有笃疾，有药一丸，可救一人，当救君邪？父邪？"①

君王和父亲都生了重病，但只有一丸药，只能救一个人。那么，是救君王呢？还是救父亲？

这个问题问得很巧妙，很刁钻，很老辣，很阴险，很敏感，令宾客们很难回答。这其实就是一个"孝"的原则与"忠"的原则，哪一个是更高原则的问题，是一个"孝"的原则与"忠"的原则相互冲突的问题。曹丕这样提出问题，用意就在检验臣下对帝王是否绝对地"忠"。

从内心自然的真实感情来说，人们肯定更愿意尽孝，更愿意用这丸药救自己的父亲，而不愿意用它来救皇帝。因为自己和父亲是血缘关系，有亲情，和皇帝不过是政治关系，没有什么亲情。但是谁也不敢讲真话，因为那样会违背"忠"的原则，从而得罪君王。大家议论纷纷，名士邴原不参与讨论。于是曹丕专门点邴原的名，指定他回答。邴原则干脆果决、坚定有力地回答："父也。"当然是救我的父亲！

邴原的回答捍卫了"孝"的尊严，捍卫了"孝"对于"忠"的至上性，颠覆了帝王家的霸道逻辑，粉碎了专制统治者的政治意图。我们从邴原的回答中能够感受到一种道德的无畏，感受到一种"孝"的巨大力量，获得一种亲情的最高满足。如果他回答说"君也"，大家一定在心里

---

① ［晋］陈寿撰：《三国志·魏志·邴原别传》，中华书局，1982年版，三五三页。

骂他是马屁精。

古代社会，官吏经常被称为"父母官"，百姓被称为"子民"，这其实是混淆了血缘伦理和政治关系。就像我在前面说的，过去的专制统治者就喜欢来这一套，什么"忠臣出于孝子之门"、"人臣孝，则事君忠"，目的不外乎是让百姓像孝敬爹娘一样忠于朝廷官府，百姓不仅在政治上要服从，在伦理上也要服从。

当然，谈到"孝"和"忠"的关系，还有更复杂的一面。实际上，"忠"的对象不能仅仅是君王，"忠"还具有更为宽广的含义。如果"忠"的对象是国家、是民族，甚至是某个大集体时，舍"孝"而取"忠"，舍小家而顾大家，就往往具有道德的崇高性和震撼性。岳母刺字的故事、杨家将的故事之所以能够千古流传，就在于这些爱国者能够以"忠"代"孝"，甚至毁家纾难，先天下之忧而忧，后天下之乐而乐，体现了可歌可泣的献身精神。

绝对的"孝"，特别是"孝"成为礼教，也曾经带来严重的问题。当"孝"成为对个性的压抑，对个人情感的蹂躏，对个人权利的剥夺时，就往往会酿成悲剧。从《孔雀东南飞》、《梁山伯与祝英台》到巴金的《家》、曹禺的《雷雨》，都是对"孝"成为束缚人的礼教的深刻揭露，都是对礼教扼杀年轻一代幸福追求的强烈控诉。想一想旧时代，为了遵循"父母之命，媒妁之言"，对父母尽孝，发生了多少不幸的婚姻？五四时期，都已经民国了，还有姑娘因为不满意自己的婚姻，在出嫁的轿子里用剪刀自杀。由于"孝"成为礼教后带来很多社会问题和政治问题，五四时期反传统也把矛头对准孝道。当时对孝道的批判，主要是想解决两个问题，一是提倡个性解放，冲破家族压迫；二是提倡政治解放，推翻专制压迫。因此"五四"对孝道的批判，并不是号召人们都去打爹骂娘，而是反对"孝"成为礼教的绳索，束缚人的基本自由。

现在为了弘扬传统，有人激烈否定"五四"，包括"五四"对封建孝道的批判。什么"二十四孝"等等极端不近人情的东西又有人津津乐道，《孝经》这种专门借"孝"来谈"忠"的东西又有人稀里糊涂地宣传。这是一种非历史主义的态度。"五四"的反传统，包括对孝道的批判，有它时代的合理性。我们应该同情地理解"五四"，肯定"五四"。弘扬传统，包括讲"孝"，应该从"五四"往前走，不应该从"五四"往后退。

从"五四"往前走，我们就能够纠正专制政治的扭曲，冲破封建礼教的束缚，跨过历史时代对"孝"的局限，站在今天的高度，我们重温对亲人的爱，心中涌起对父母的感恩之情，温习孔老夫子的教导，就能理解儒家提倡"孝"的良苦用心。我们不能说，"孝"能解决一切人类问题，但是我们可以说，"孝"是解决一切人类问题的开始；我们不能说，有了孝心，就完成了做人的使命，但是我们可以说，没有孝心，就肯定还不具备做人的起码资格。从古到今，尽管我们不断地提倡"孝"，但是打爹骂娘的也不少。例如在北京通州，就发生过令人发指的事件：五个儿子遗弃八十岁老母亲。老母亲想爬出门去要口饭吃，爬到门口爬不动了，竟然活活饿死。半个月后，才被人发现。看惯了恶性死亡的法医检查了老人的尸体后，都忍不住发火：你们这儿子是怎么当的？你们老妈的胃已经薄得像一张纸了。法院审理，判了其中三个儿子3年徒刑，这判得太轻了！那几个儿子还有脸上诉。有鉴于此，对于那些在道德上有某种示范要求的职业，特别是拥有国家权力的职业和为人师表的职业，例如教师和公务员等，遴选的必要条件之一，就是必须孝敬父母。在这样一类职业的从业者中如果发现不孝者，就应该立即开除。据说有的省份的地方公务员条例已经明确要求，虐待父母的人不能当公务员。

以"孝"为核心，从对亲人的爱推广开来，就进入爱的第二个层面：对大众的爱。

## 2 对大众的爱

"仁"从对父母的"孝"开始，从对亲人的爱开始，又推演扩充为对大众的爱，这就是儒家经常强调的"推己及人"，也就是百姓常说的"将心比心"。为了实现对大众的爱，孔子提出了两条原则：

一条是"己所不欲，勿施于人"①。自己不喜欢的，就不要强加给别人。

孔子非常重视这个原则。

他的弟子子贡曾问他："有一言而可以终身行之者乎？"

有没有一句可以奉行终身的话呢？

---

① 《论语·卫灵公》，见杨伯峻译注，《论语译注》，中华书局，2006年版，第188页。

孔子回答："其恕乎！己所不欲，勿施于人。"

大概是恕吧！自己不喜欢的，就不要强加给别人。

这条原则听起来很简单，很朴素，但却获得全世界的认可。2001年，基于这一年的特殊意义，联合国召开大会。因为这一年是人类社会新千年开始的第一年，基督教世界非常重视，称它为"千禧年"。人类社会过去的一千年，充满灾难，充满罪恶，充满战争，新的一千年，人类不应再这样生活了。应该怎样生活？当时的联合国秘书长安南组织全世界宗教学界、伦理学界的代表人士开会，专门讨论这个问题。会议讨论的结果，是与会者一致主张把孔子讲的"己所不欲，勿施于人"，和基督教讲的"己所欲，施与人"的宗教戒律，并列为人类生活应该遵循的普遍法则，并奉为永恒法则。

另一条是："己欲立而立人，己欲达而达人。"①

"立"是站得住脚，"达"是发展。这句话的意思是，自己要站得住脚，也要让别人站得住脚；自己要发展，也要让别人发展。

第一条是否定地说，第二条是肯定地说。两条原则实际上是从相反的方向指示着同一个"仁"的道理：将心比心，推己及人，博爱大众，共同发展，大家共赢。

再深入一点考察，孔子提出的两个原则已包含了孔子思想的核心诉求。

《论语·里仁》里有一段孔子和曾子的对话：

子曰："参乎！吾道一以贯之。"曾子曰："唯。"

子出，门人问曰："何谓也？"曾子曰："夫子之道，忠恕而已矣。"

孔子说："参呀！我的学说贯穿着一个基本观念。"曾子说："是。"

孔子走出去后，别的学生问曾子："这是什么意思呀？"曾子答道："他老人家的学说，就是忠和恕罢了。"

冯友兰指出："'己欲立而立人，己欲达而达人'，换句话说，己之所欲，亦施于人，这是推己及人的肯定方面，孔子称之为'忠'，即'尽己为人'。推己及人的否定方面，孔子称之为恕，即'己所不欲，勿施于人'。推己及人的这两个方面合在一起，就叫作忠恕之道，就是'仁之

中华传统文化开讲

---

① 《论语·雍也》，见杨伯峻译注，《论语译注》，中华书局，2006年版，第72页。

方'（实行仁的方法）。"①

这两条"仁之方"，也就是实行仁的方法和原则初看起来好像很平常，但认真想一想，要真正地落实却何其艰难？可以说，人和人的一切冲突，归根结底都是因为违背了这两条原则；人和人的和谐相处，归根结底都是因为遵循着这两条原则。

下面一则故事告诉我们的就是"己所不欲，勿施于人"的道理。

20世纪70年代，南非白人政府实施"种族隔离"政策，对黑人搞种族歧视，认为他们是低贱的种族。法律上明文规定白人不与黑人来往，白人出现的场合黑人不能出现。在这个背景下，发生了这样一件事。

一天，有位白人姑娘在海边沙滩上晒日光浴，由于过度疲劳，她睡着了。当她醒来时，已经是傍晚了。她觉得肚子饿了，便走进附近的一家餐馆。但是，她在餐馆的椅子上坐了很长时间，竟然一直没有侍者前来招待她。她看到那些侍者都忙着侍候比她来得还晚的顾客，对她则不屑一顾，顿时怒火满腔，想走过去责问那些侍者。

她站起身来，眼前凑巧有一面大镜子。她看着镜中的自己，立刻明白了侍者为什么不愿意招待自己的原因，眼泪不由夺眶而出。原来，整整一下午的日光浴，已经把她的皮肤晒得黢黑黢黑。服务员看过来以为她是黑人，当然不理睬她了。

这个白人姑娘一霎那就懂得了孔子讲的"己所不欲，勿施于人"的道理。她体会到了黑人被白人歧视的滋味，这种滋味当然不好受，既然自己觉得不好受，那么也就不应该对别人搞种族歧视了。

南非已故黑人总统曼德拉，就非常懂得孔子讲的道理。曼德拉在白人政权推行种族歧视的时代，领导黑人民权运动，被白人政权抓进监狱，判处无期徒刑，受尽虐待，整整被押了27年才放出来。1994年，曼德拉成为南非历史上第一位黑人总统。一次，南非要为世界杯足球赛选拔代表队。南非国内有一支白人球队球踢得最棒。那么是否选拔这支球队代表南非参加世界杯？国内很多黑人反对。但是曼德拉总统最后作出决定，就让这支白人球队代表南非参加世界杯足球赛。他说，这支足球队既不是白人的球队，也不是黑人的球队，而是南非的球队。曼德拉的这个决

---

① 冯友兰:《中国哲学简史》，涂又光译，北京大学出版社，2010年版，第37页。

定，显示了他的宽阔胸襟，赢得了白人的敬重，有力地缓解了国内的种族对立。

还有一个佛家的故事，更有助于我们了解"己欲立而立人，己欲达而达人"的道理。

一天早晨，佛祖在西方极乐世界一个美丽的大湖边散步，湖中盛开着荷花。荷花又称莲花，又称芙蓉花，在佛教中有重要作用，这和荷花的植物特征有关。荷花的根扎在淤泥里，但是花开在水面上，清丽可爱，一尘不染。因此李白赞颂荷花："清水出芙蓉，天然去雕饰"，北宋大儒周敦颐《爱莲说》中的名句："出淤泥而不染，濯清涟而不妖"，更是妇孺皆知。由于荷花具有这种特征，佛教就差不多将它当成了"教花"，用它象征出离，象征超越。出离什么？出离苦海。超越什么？超越凡尘。因此佛祖要坐在紫金莲上，观世音菩萨也站在莲花座上。佛祖一面欣赏着湖上的荷花，一面思考着它所象征的佛家道理。不经意间，佛祖透过浮萍的间隙往湖下面一看。湖下面是什么地方？是十八层地狱。

原来极乐世界和十八层地狱仅仅隔着一层湖水，这有深刻的象征意义，天堂地狱，一水之隔，行善作恶，一念之间呀！我们知道，任何宗教都设计了天堂和地狱，目的是劝善惩恶。生前行善，死后上天堂；生前作恶，死后下地狱。佛祖看到那些生前为非作歹的人死后罚入地狱，正在遭受种种煎熬。佛祖突然发现了地狱中的一个强盗。这个强盗生前作恶多端，死后下了地狱。佛祖看到这个强盗，想起这个强盗生前也干过一件好事。什么好事？这个强盗生前有一次在森林里面走，看到一只小蜘蛛在地上爬，就想一脚上去踩死它。但脚落下之前，他转念一想：算了！大小也是个生灵，放它去吧！脚便没有落下。佛祖念这强盗曾经放过一只蜘蛛的命，便发了慈悲，想要救他出地狱。那么，怎样救他出地狱呢？方法是在他头上放下一根施了法力的蛛丝。强盗看见蛛丝，连忙攀着往上爬，眼瞅着就要爬出地狱了，爬出地狱就进了极乐世界呀！就在要爬出地狱的时候，强盗有些累了，想休息一下。他停了下来，往下面看了看，立刻就慌了起来。为什么？他突然发现，他攀着蛛丝往上爬，身下有很多人也跟着往上爬。这一点也不奇怪，他想出地狱，大家都想出地狱呀！这强盗一看就着了急，心想，这么细的蛛丝哪能经得住这么多人，如果蛛丝断了，我岂不要和你们一起掉下去。想到这里，他就拼命地往下踹那些跟着往上爬的人。就在他往下踹的一刹那，蛛丝从他头上"啪"地断了，强盗又重新跌回地狱。

这个强盗为什么重新跌回地狱？就是因为他完全违背了孔子"己欲立而立人，己欲达而达人"的教导。你要出地狱，大家都想出地狱，你为了自己出地狱，竟然把别人往地狱里踹，结果就是重新堕入地狱。

仔细想想，如果人们真的都能按照孔子提出的两条原则做人做事，人间天堂就建成了，世界大同就来到了。因此这两条看似平常的原则，实际上却具有无比神圣的意义，它们崇高深厚的道德内涵、社会价值和任何宗教的金律相比，都毫不逊色。

孔子提出的两条原则，确实是具有永恒价值和普遍意义的人类的金律。

从对大众的爱出发，孔子认为实现"仁"的最重要的标准是大众的幸福。那么，什么是大众的幸福？怎样落实大众的幸福？孔子首先对政治家提出了要求，这要求突出地体现于四个字："富之教之"。

意思是治理国家，首先应该保障百姓的生存权，使百姓富裕起来，然后才有可能、有资格对他们进行教化。请注意，"富之教之"，富在前，教在后，先富后教。这个先富后教非常重要，绝对不能颠倒。颠倒了就很容易造成以道德的名义"吃人"。宋代理学家程颐有句名言，叫"饿死事极小，失节事极大"。什么叫"失节"？上古社会礼仪要求，已婚妇女如果丈夫死了不应该再嫁，再嫁就是失节。这个礼仪后来逐渐被抛弃了。例如到了唐代，思想非常解放，离婚率比今天都高。唐太宗的才人，居然成了自己的儿媳妇，还篡夺了唐朝的天下，那就是大名鼎鼎的武则天。因此那个时代，再嫁根本就不是问题。但是到了宋代，程颐这样的理学家又捡起上古礼仪，对妇女提出片面要求。我们知道，古代社会是自然经济，所谓男主外，女主内，男人是家庭的经济来源。如果一个家庭丈夫不幸早逝，孩子又小，他的妻子如果不再嫁怎么活？程颐就说了，不能活不要紧，不能活你就饿死呀，但是宁肯饿死也不能再嫁失节，这就是一种典型的"吃人"道德。孔老夫子尽管是道德先生，但是他可不这样讲道德，事关大众生存，孔子总是首先申张大众的生存权，总是把大众的福祉放在第一位。

一个典型的案例就是，孔子对春秋时期齐国著名政治家管仲的评价。

管仲这个人很复杂。为了更好地了解孔子对管仲的评价，先简单介绍一下管仲的背景。管仲原来是齐国贵族公子纠的师傅。公子是春秋战国时对国君也就是诸侯的兄弟的称呼，这位公子单名一个纠，全称公子纠。公子纠还有位师傅叫召忽，他还有个兄弟叫公子小白。公子纠和公子小白兄弟俩的哥哥就是当时的齐国国君齐襄公。这位齐襄公是一位出了名的荒淫之君。荒淫到什么程度？竟和自己的妹妹乱伦通奸。后来这位妹妹嫁到鲁国去，成了鲁国国君鲁桓公的夫人。一次鲁桓公带着自己的夫人也就是齐襄公的妹妹到齐国访问，齐襄公居然还不放过自己的妹妹，找机会和妹妹干那苟且之事，也不怕酿成重大外交纠纷。结果丑事败露，鲁桓公大为光火。齐襄公怕鲁桓公回国和自己的妹妹过不去，竟然找个杀手将鲁桓公杀害了，后来又杀了杀手灭口。这个荒淫的国君想让自己宠爱的妃子的儿子继承国君，就迫害公子纠和公子小白哥俩，因为齐襄公身后，这两位都有资格继承国君的位置。这两位为避免迫害就政治逃难，公子纠逃到鲁国，公子小白逃到莒国。

　　不料在两位逃难的过程中，齐国发生内乱，齐襄公被杀。公子纠、公子小白这哥俩又连忙往回跑。为什么？国君的位置空出来了，这两位都有资格做国君，但国君只能有一个，谁先回去谁就捷足先登做国君。

管仲像

哥俩由难兄难弟一下子变成了政敌。公子纠一边往回跑，一边让管仲带人拦住公子小白，不让他回国。

　　管仲带人拦住了公子小白，双方动起手来，管仲一箭射过去，就射到了公子小白的衣带钩上。公子小白非常聪明，躺那儿装死。管仲以为公子小白真的被射杀了，就回去向公子纠汇报："主人您不用着急了，您的政敌已被我除掉了，您从从容容地回齐国做您的国君吧！"

　　于是公子纠一边游山逛水，一边往齐国进发。走了七天七夜，来到齐鲁边境，一打听，那边公子小白早就登基了。他不是装死吗？管仲一走，他立刻星夜兼程跑回齐国，登基做了国君，这位国君就是历史上有名的齐桓公。

齐桓公做了国君，头一件事干什么？当然是清除政敌。他最大的政敌就是尚在鲁国的公子纠，于是发兵攻打鲁国。鲁国迫于齐国的压力，杀害了公子纠。公子纠被害，他的一位师傅召忽自杀为主子殉难，另外一位师傅管仲呢，他很惜命，不这样干，结果被抓起来投到了齐国的监狱里。

这边齐桓公又忙着选择政治助手，要选个丞相。选谁好？他选自己的老师鲍叔牙。但是鲍叔牙坚辞不受。为什么？鲍叔牙说："我知道主人您的志向，您是要称霸天下的。如果仅仅是治理齐国，我这点本事可以辅佐您了。但是要称霸天下，我这点本事可就远远不够用了。不过，我可以向您推荐一个人，大王您只要用这个人，齐国保证能称霸。"

鲍叔牙推荐谁？管仲。齐桓公开始当然不同意："这个管仲本是公子纠的师傅，和我有一箭之仇，差点把我射死，我怎么能重用他？我正要杀掉他呢！"

鲍叔牙说："大王您若想报私仇，非常简单。但是您要称霸天下，有能力辅佐您的，非此君莫属。"

齐桓公当时还是位明君，思来想去，决定放弃私仇，起用管仲做丞相。

这里有个问题，鲍叔牙何以那样了解管仲？

原来鲍叔牙和管仲早年时就是好朋友，有几件小事可以看出鲍叔牙的胸襟和慧眼。

第一件事，鲍叔牙和管仲年轻时曾经合伙做生意。每次赚了钱，管仲总要多拿点。一般的生意伙伴会很不高兴，一人50%股份做生意，赚了钱，你凭什么要多拿？又不是我主动给你的！但鲍叔牙非常理解管仲。他非但不生气，还为管仲辩解："他多拿是对的。为什么？因为他家里有老母亲要抚养，花费大。"

第二件事，管仲曾经当过几次兵，每次都是上了阵就当逃兵，一交手就往回跑。这样未免遭人耻笑，斥他胆怯。但鲍叔牙却为他辩解："他当逃兵是明智的。那些战争都是不义之战，不应该为它做炮灰。"

第三件事，管仲当过几次小官，每次都是时间不长就被撤了职。大家又耻笑管仲，说他还是没本事，要不然怎么总被撤职呢？鲍叔牙还是替管仲辩解："不是他没本事，而是用他的人不识才。"

第四件事，管仲也曾经给鲍叔牙出过几次主意，但都是馊主意，没有一次成事儿，这换了一般人也会很恼火，但鲍叔牙仍然替管仲说话："不是他的主意不好，而是办事的时机不成熟。"

鲍叔牙如此地信任和理解管仲，管仲十分感动，感慨地说："生我者父母，知我者鲍子（叔牙）也!"① 这也是成语"管鲍之交"的由来。

管仲的才能确实了不得，他在政治、经济、军事等各方面均有所建树。他留有《管子》一书（里面有些内容是后人掺进去的），有些话已成为格言，如"仓廪实则知礼节，衣食足则而知荣辱"②，我们熟知的"士农工商"也是管仲提出来的。他不负鲍叔牙的信任，辅佐齐桓公，使齐桓公很快成为春秋五霸之首。

但是管仲尽管才华出众，治国干才，缺点也很严重。

他很贪财，国君给了他超规格的高薪，却从来也不做一点慈善。特别是违反礼，总喜欢超越自己的级别享受待遇。他的等级是个大夫，相当于今天的部长级干部，却滥用职权按照国家领导人的规格给自己盖房子，这是孔子最不能容忍的行为。因为礼不仅是个待遇问题，它的背后是政治秩序。大家都不守礼，就要礼崩乐坏，天下大乱。孔子曾经严厉批评管仲："管氏而知礼，孰不知礼?"③

如果说管仲懂得礼，那还有谁不懂得礼？

管仲发展齐国经济固然不遗余力，但是也不择手段。我们知道，春秋战国时的齐国在今天的山东中东部，地理位置靠海，产鱼产盐，管仲就倾力发展齐国的商贸业。为了吸引外国商人到齐国做买卖，管仲竟然以国家的名义组织了七八百位美女招待外商，这个巨大的诱惑也确实招来了很多外商，吸引了很多外资，发展了齐国的经济。但是招儿太损，今天看来都不合法。我们知道，中国有个传统，各行各业都敬自己的祖师爷或者保护神，例如木匠敬鲁班，酒店敬财神，而过去的妓院就敬管

---

① ［汉］司马迁撰：《史记·管晏列传》（卷六十二），中华书局，1982 年版，二一三二页。
② 黎翔凤撰：《管子校注·牧民第一》，中华书局，2004 年版，二页。司马迁在《史记·管晏列传》中引用这段话时，将其改成"仓廪实而知礼节，衣食足而知荣辱"。
③ 《论语·八佾》，见杨伯峻译注，《论语译注》，中华书局，2006 年版，第 33 页。

仲。妓院里摆个牌位，上面写着管仲的名字，把管仲当祖师爷。为什么管仲成了妓院的祖师爷？因为管仲以政府的名义组织美女招待外商，实际上就是官办的妓院。

才华出众，政绩突出，但是缺点毛病也很多，这就是管仲。应该怎样评价管仲，孔子和他的学生产生了分歧。

孔子的学生最关注的是管仲对不起自己的旧主子。

前面谈到，管仲的主人公子纠在政治斗争中失败被齐桓公害死了，管仲非但没有按照"义"的要求为主人殉难，反而为杀害自己主人的仇人服务，做了齐桓公的宰相。

于是孔子的学生子路和子贡谈起管仲时认为他不"仁"，子路质疑道："桓公杀公子纠，召忽死之，管仲不死。"曰："未仁乎？"[1]

齐桓公杀害公子纠，公子纠另一位师傅召忽自杀为主人殉难，管仲却未能这样做，这能说是仁吗？

子贡更指责管仲说："管仲非仁者与？桓公杀公子纠，不能死，又相之。"[2]

管仲绝非仁者。桓公杀害他的主人公子纠，他非但不为主人殉难，反而为杀害主人的仇人服务。

孔子的看法和他们都不一样，尽管他也曾谴责过管仲有许多违反礼的地方，但他还是明确地认为管仲符合"仁"的要求。为什么呢？就是因为管仲的政绩使齐国的百姓得到了安宁和幸福。孔子肯定管仲的话，最著名的有两段。一段是：

"管仲相桓公，霸诸侯，一匡天下，民到于今受其赐。微管仲，吾其被发左衽矣。岂若匹夫匹妇之为谅也，自经于沟渎而莫之知也？"[3]

用今天的话说，就是管仲辅佐桓公，称霸诸侯，统一和匡正了天下，百姓直到今天还享受着管仲的政策带来的好处。假若没有管仲，我们都变成野蛮人了。怎么能够拘守匹夫匹妇那种迂腐的诚信，自缢在水沟里了，人们连知道都不知道。（对百姓又有什么好处呢？）

孔子说这话的时候，管仲已经死了一百多年了。一位政治家死了一

---

[1] 《论语·宪问》，见杨伯峻译注，《论语译注》，中华书局，2006年版，第170页。

[2] 同上。

[3] 同上。

百多年，他的政策还给百姓带来实惠，这样的政治家合不合格？当然合格嘛！

另一段是："桓公九合诸侯，不以兵车，管仲之力也。如其仁，如其仁。"①

齐桓公多次统一诸侯，靠的不是暴力，而是管仲的政治智慧。

最后孔子由衷地感叹说：这就是仁哪！这就是仁哪！

孔子树立的"仁"的标准本来非常严格，他绝不轻易地肯定哪个人达到了"仁"的标准，对自己最得意的学生颜回，他也不过是评价他"其心三月不违仁"②，就是说，颜回也只能够在一段时间内遵循"仁"的标准做事。但是他却那样毫不含糊地称赞管仲够得上"仁"，特别是这个管仲还有违反礼的严重问题。这说明了什么呢？

这说明孔子认为为大众造福，是最高的政治道德。这种政治道德甚至超越了"仁"的标准。例如他的学生子贡问他："如有博施于民而能济众，何如？可谓仁乎？"③

意思是说，假若有这样一个人，广泛地给人民以好处，帮助大家都能过上好日子，怎么样？可以说是"仁"吗？孔子回答说："何事于仁！必也圣乎！尧舜其犹病诸！"④

这哪里仅仅是"仁"！应该说是圣了！尧舜都难以做到呢！

对大众的爱，直接地培育了对人的尊重。在中国古代社会，正是儒家的智慧高高地举起人的尊严的旗帜。在任何情况下都维护人的尊严，成为中国智慧的优秀传统。例如《易经》把天地人列为"三才"，意味着人的地位可以和天地并立，同样伟大，同样崇高。"天地之性，人为贵"⑤，是中国传统文化最响亮的口号。不仅儒家维护人的尊严，道家如老子也十分重视人的尊严，因此他说："道大，天大，地大，王亦大，域中有四大，而王居其一焉。"（《道德经》二十五章）

从维护人的尊严出发，孔子痛斥："始作俑者，其无后乎？"（《孟

① 《论语·宪问》，见杨伯峻译注，《论语译注》，中华书局，2006年版，第170页。
② 《论语·雍也》，见杨伯峻译注，《论语译注》，中华书局，2006年版，第64页。
③ 同上书，第72页。
④ 同上。
⑤ 《孝经·圣治章第九》，见胡平生等译注，《孝经·地藏经·文昌孝经》，中华书局，2009年版，第28页。

中华传统文化开讲

子·梁惠王上》）

最初发明人俑来陪葬的人，应该断子绝孙吧？俑就是人形的陶俑或木俑，古代用来陪葬，孔子对这种做法深恶痛绝，于是骂出最狠毒的话。古代社会把没有后代看成最严重的事，孟子说："不孝有三，无后为大。"（《孟子·离娄上》）骂人断子绝孙是最狠毒的、最令人不能容忍的咒骂了。孔子很少这样骂人，他之所以对用人俑陪葬的现象深恶痛绝，而一反常态地痛骂，就是因为这种做法侵害了人的尊严。

东晋大诗人陶渊明的儿子身体不好，陶渊明为儿子雇了一位仆人。在将这位仆人送给自己的儿子时，陶渊明专门附上了一封信，信中叮嘱自己的儿子："此亦人子也，可善遇之。"① 意思是说，尽管这个人只是个仆人，但他也是人生父母养，你必须好好地对待他。

古代道州那个地方由于水土的关系——今天从医学科学的角度看，大概是由于环境污染或近亲结婚等原因，很多人生下来就病态地矮小，成了我们所说的侏儒。唐代宫廷为了取笑逗乐，经常要求道州地方官向朝廷进贡侏儒。有一年一位叫阳城的人出任道州刺史，却勇敢地抵制朝廷的指示，反对向朝廷进贡侏儒。这就是有名的"阳城抗疏"。阳城之所以敢于对抗朝廷的旨意，目的就是要维护侏儒做人的尊严。后来大诗人白居易写《道州民——美臣遇明主也》咏此事，其中有两句写道："道州水土所生者，只有矮民无矮奴。"

仆人尽管社会地位低下，侏儒尽管矮小，但他们也都是人，也都具有做人的尊严。这就是上面两段故事告诉我们的道理。如果和西方古代的有关思想相比，中国的智慧对人的尊严的维护，就更显得格外宝贵。古希腊最开明的思想家之一——亚里士多德肯定奴隶存在的合理性，中国的智慧强调人的尊严却包括一切人，奴隶也不例外。

西方近代大思想家康德响亮地提出：人是目的，不是手段。而中国儒家的智慧却从一开始就坚持这一原则。

当然，我绝不是说在社会生活中，中国人做人的尊严都得到了保障。实际上，由于专制政治的压迫和经济的、社会的、文化的种种原因，普通中国人饱受着种种等级的、身份的歧视和侮辱。举一个典型的例子，

① ［唐］李延寿撰：《南史·隐逸传》（卷七十五），中华书局，1975年版，一八五七页。

由于中国传统社会奉行重视农业、打击商业的政策，商人在社会生活中受到种种歧视和侮辱，这些歧视和侮辱甚至在法律上被明确下来（从商鞅变法开始，法律明文重农抑商）。例如汉代的法律曾经要求商人穿鞋必须一只黑，一只白。明代的法律要求商人不管怎么有钱都只能穿粗布做的衣服，而不能穿绫罗绸缎，走在路上只能靠两边走，而不能走在路中间。这种明目张胆的野蛮歧视当然是对人的尊严的亵渎。

历史就是这样，古圣先哲倡导的文化精神一落实到社会生活，就必然遭到来自政治、经济、社会各个方面出自各种利益的扭曲，阉割，大打折扣乃至形存实亡。但这些都不能遮掩中国的智慧强调和弘扬人的尊严、人的平等这样一种文化光芒。

为大众造福，维护人的尊严，都是对大众的爱。从对大众的爱进一步推广，就进入仁爱的第三个层面：对万物的爱。

### 3  对万物的爱

亲亲而仁民，仁民而爱物。亲亲是对亲人的爱，仁民是对大众的爱。爱物呢？爱物是对天地万物的爱。儒家从爱亲人推广到爱大众，从爱大众又推广到爱天地万物。儒家对天地万物的爱，是对生命的爱，对生生不息的宇宙的爱。这样一种爱培育了人和自然和谐相处的文化主张。实际上体现了中国文化的核心观念——天人合一，也就是宇宙和人类的和谐统一。

这种统一在宇宙体现为"生"，如《易经·系辞》所说："天地之大德曰生"、"生生之谓易"；在人体现为"仁"，就是所谓"仁也者，人也"（《孟子·尽心上》），而"生"就是"仁"，所谓"生，仁也"。[①]宇宙的本性和人的本性就这样通过对生命的珍爱融合成一个有机整体。

儒家对万物的爱，特别是对生命的珍爱，留下了许多动人的事迹。宋代大儒周敦颐，"绿满窗前草不除"。自己家院子里的青草到了春天蓬勃生长，把窗户都遮住了，但是周敦颐却舍不得除掉它。有人问他为什么不除，他说"与自己意思一般"，"观天地生物气象"[②]。就是说，春草

① [宋]周敦颐：《通书·顺化第十一》，上海古籍出版社，2000年版，第36页。
② [宋]程颢、程颐著：《二程集·河南程氏遗书卷第六》，中华书局，1981年版，八三页。

的生长和人的生命一样，都是宇宙生生不息的气象，体现了"天地之大德曰生"的伟大造化。

对天地万物的爱，使中国人经常把无生命的事物生命化，无情的事物有情化，中国古人对大自然充满了亲切感、认同感、投入感，也就是家园感。宋代大儒程颢有诗云："万物静观皆自得，四时佳兴与人同。"①

什么叫"万物静观皆自得"？对天地万物，你不要一味地从功利主义的角度去对待它，一味地以自我为中心去索取它。你不要看到一只兔子，就想猎杀去吃兔子肉；你不要看到一只鸟，就想抓到它放到笼子里。跳出功利主义的层面，跳出人类自我中心，你静静地观照那天地万物，鸟在天上飞，鱼在水中游，青山屹立，大河奔流，大自然的每一个生命都是那样地自在、自得、自然、活泼、和谐。

《二程先生全书》书影

什么叫"四时佳兴与人同"？春夏秋冬的交替，季节的讴歌和人的身心合成一篇最动人的生命诗篇。这样的家园，怎么不值得珍爱？

程颢的弟弟程颐曾经当过皇帝的老师，叫作"崇政殿侍讲"。一次，程颐陪着皇帝在庭院里散步，皇帝看见春天的柳枝嫩绿鹅黄，清新可爱，正所谓"杨柳丝丝弄轻柔"，就情不自禁地伸手折下一枝玩赏，不料却被程颐厉声喝斥："住手！这柳枝的发芽体现了万物的欣欣生意，你折断它就摧残了它的生意。我不是给你讲过'仁者与天地万物为一体'吗？你这课白听了？"程颐的态度好象有些小题大做，但由此可以看出理学家们的认真。珍爱万物可以说是最深刻、最有效的环境保护主义。

放眼当今世界，对自然的过分掠夺，对万物的无情摧残，已经造成

① 程颢：《秋日偶成》，［宋］程颢、程颐著，《二程集·河南程氏文集》（卷第三），中华书局，1981年版，四八二页。

了可怕的后果：地球不断升温，臭氧层空洞不断扩大，江河不断干涸，森林日益消失，环境污染、生态危机日益严重……

我们已经必须提出这样一个拷问：要么就是一个世界，要么就是没有世界。

面对这样一个严峻的世界，儒家强调对天地万物的爱，尤其具有严峻的现实意义和崇高的文化价值。儒家的爱物情怀，可以说是最深刻的环境保护主义。

话到这里，有人可能要质疑：什么天人合一？天怎么能有情感，能有爱？老子不是说过吗？"天地不仁，以万物为刍狗。"（《道德经》五章）你讲的这种儒家的自然观、宇宙观根本就不科学。

科不科学？当然不科学。中国文化很多概念、很多范畴、很多说法，可能都经不起科学的拷问。为什么？因为中华传统文化根本就不是一种科学型的文化，它是一种实用型的文化。

什么叫科学型？什么又叫实用型？科学型的文化或曰科学精神可以用一句话来概括：对天地万物、人间万象，知其然还要求其所以然，打破沙锅问到底。西方文化从古希腊开始，体现的就是这种科学精神。例如古希腊伟大的哲学家泰勒斯天天在琢磨：天地万物为什么这样存在？它的本原是什么？他最后得出结论：天地万物的本原是水。这个结论对不对？反正很多人不同意，有人说是存在，有人说是原子，有人说是火。具体的结论都不一样，甚至都可能是错误的。但是就在这种追索的过程中，培育了、形成了西方文化的科学精神。这个科学精神非常伟大，它是西方近代走在世界前列的最重要的原因之一。

实用型的文化则不然。实用型的文化或曰实用精神也可以用一句话来概括：知其然不求其所以然。中国古人十分重视"人生日用"，强调"道在伦常日用"，"人伦日用即道"，因此实用技术很早就发达起来。如李泽厚师所总结的中国四大实用文化——兵、农、医、艺，很早就形成、发展，并具有自己的宝贵特色。但是对于天地万物背后的原理，对于"然"后面的"所以然"，中国人则很少问津，没有兴趣。不仅如此，中国文化还排斥追究"所以然"的科学精神，认为"没有用"。例如中国先秦名家的命运，就很能说明问题。

"名家"的"名"即逻辑。先秦名家专门研究逻辑问题，对思维科学的发展意义无比重大。举个例子，名家著名代表公孙龙提出一个著名命题："白马非马"。"白马"指一匹具体的马，例如那马厩里白色的、三岁口的蒙古母马。"马"呢，则不是指具体的马，而是除去了所有具体的马的个性特征，抽取所有马的共同特征，如四蹄、哺乳、胎生、脊椎等，用一个名词"马"来概括它，这个概括马的共同特征的"马"就是马的概念。不言而喻，一匹具体的马不等于马的概念，就如同张三、李四等具体的人不等于人的概念。从这个逻辑学的层面看，这个命题很有意义，值得讨论。但是中国人对这些东西通常是排斥的，认为它和"人生日用"没有关系，是语言游戏，斥之为诡辩。例如写起文章来很讲逻辑的荀子，居然也批评名家，说名家是"蔽于辞而不知实"（《荀子·解蔽》），意思是名家被语言名词所蒙蔽，而不知道考察实在的事物。

再举一个很典型的例子。我们都知道，佛教传到中国后，到了唐朝形成很多宗派，其中有一派叫唯识宗（还叫法相唯识宗、慈恩宗、瑜伽宗），这一派是大名鼎鼎的唐玄奘传进来的，玄奘就是这一宗的始祖。说起这位唐玄奘真是了不起，特给中国人提气。当年他本是非法越境（没有度牒，也就是没有护照），到印度留学，专业是佛学。一个"黑"下来的留学生经数年苦研，居然成了佛家大宗师，最高学术权威，主持佛教最高学术会议，日本人到今天还把玄奘当作神一般敬拜。玄奘载誉回到大唐，风光大大不同于当年，皇帝唐太宗都十分敬重他，甚至和他结拜为兄弟。这样一位佛教权威，还有皇室背景，他传进来的唯识宗却在八大宗派中最早衰落，传了几十年就偃旗息鼓了。为什么？就是因为唯识宗太讲逻辑，太重视思维规律，不符合中国文化的实用性格，结果遭到冷遇。

这种文化取向的后果是严重的。它的最大问题是视野狭隘、思维浅薄，功能主义，难以形成普遍有效的科学系统，文化的发展便缺乏后劲。例如我们中国有都江堰，有赵州桥，那都是伟大的水利工程、精巧的桥梁建筑，但是中国就没有流体力学。西方则早在古希腊时就已有所谓"学科之树"，系统的、分门别类的科学系统很早就已形成，这是西方科技在后世得到日新月异的迅猛发展的文化基因。我们的文化却从一开始就有一个不祥的倾斜：重实用轻原理，重功能轻本体。

但是话说回来，人生一味地科学化，那也很可怕。

从科学的角度看，宇宙本来就是一个冷冰冰的物理存在，是一堆看不见摸不着的原子、电子。你一味地从科学的角度看宇宙，看人生，宇宙就太可怕、人生也就太绝望了。

我拿大地震做例子。从海地到日本，从中国的汶川到芦山，都是大地一哆嗦，成千上万的人瞬间就蒸发了。面对如此可怕的自然灾害，人们不能不思考这样的问题：我们究竟应该怎样看待人和自然的关系？人在自然面前算什么？我思考的结论是，人在自然面前什么都不是啊！正像苏东坡的《前赤壁赋》所说："寄蜉蝣于天地，渺沧海之一粟。"① 人生天地间，不过就像水面上的一只小飞虫，就像大海中的一粒小米呀！

科学如此发达了，还是拿地震没办法。但是科学确实伟大，通过科学家的努力，我们乐观地相信，再过几十年，人类终将能够准确地预测地震，从而大大减少地震造成的伤亡。就像科学已经能够准确地预测台风，从而大大减少了台风造成的伤亡。

但是，地震我们能够准确预测了，还有小行星撞地球哪！小行星撞地球的可怕在于，我们能够准确预测，却没有办法预防。就是说，我们知道多大的小行星哪年哪月哪时撞过来，撞上会造成什么危害，这些都能算出来，但是我们只能眼睁睁地看它撞过来。这岂不更可怕？地球总共有 46 亿年历史，其间已经经历了 5 次毁灭性的撞击。最近的一次发生在 6 500 万年前，在那次撞击中，地球上连同恐龙在内的 75% 的生灵瞬间毁灭了。而据天文学家宣布，地球现在又已经正式进入一个撞击周期。撞上地球就至少能够毁灭一个大城市的小行星，比我们肉眼看到的繁星还要多。你知道茫茫宇宙中，有多少个准人类、超人类的文明就这样毁灭了？你无法知道。我们在这儿谈天说地讲国学，轻松得很，从容得很。天文学家们却一天 24 小时紧张地盯着外星空。他们说了一句话："我们只拥有一次机会。"这话绝不是危言耸听。

当然，科学家在想尽办法对付小行星撞地球：用原子弹打，用太阳能轰……

我们姑且还乐观地预测，人类的科学终将战胜小行星，有效地预防小行星撞地球。但是小行星被战胜了，按照热力学第二定律，宇宙还要

① 孔凡礼点校：《苏轼文集》（卷一），中华书局，1986 年版，六页。

毁灭哪！19世纪就已发现的热力学第二定律告诉我们，宇宙最后由于再也没有热能补充，将进入热寂毁灭。面对宇宙的毁灭，人类怎么办？科学又有什么办法？太阳终有一天不再升起，这是科学告诉我们的冷酷事实。太阳死了，人类还能活吗？当然，这个行程可能非常遥远，以至于有人要说我是杞人忧天。但是从宇宙的进程来看，这是终要发生的事。人类的命运注定是悲剧性的，科学的努力也注定是悲剧性的。

20世纪英国哲学家、数学家罗素曾经讲过一段耐人寻味的话："每当我和科学家去谈人生，谈完了，回家我就想自杀。但是回到家里，一看到我们家的花园，又觉得人生充满盎然生趣，美好得很。"

花园，就是一个审美的世界，就是一个艺术的世界，就是一个中国人的文化世界。

记住罗素的话，你不能总是科学地看宇宙，谈人生，而是要用审美的眼光看宇宙，和艺术家谈人生，也就是和中国的传统文化对话。中国文化从来不把宇宙看成冷冰冰的物理空间，在中国人看来，宇宙是生命的鼓动，是情趣的流荡，是严整的秩序，是圆满的和谐。人生天地间，则是把宇宙万物看成心心相印的朋友，把大自然看成生我养我的温暖多情的家园。你看苏东坡，他虽然说"寄蜉蝣于天地，渺沧海之一粟"，但他也说："须将幕席为天地，歌前起舞花前睡。"①

"歌前起舞花前睡"，这是什么境界？

你再看辛弃疾的情怀："我见青山多妩媚，料青山、见我应如是。"②

中国人可以和大自然谈情说爱，大自然就好像中国人的情人。

喝酒没伴儿了，不要紧。天上有月亮，地上有影子。你看李太白的《月下独酌》，他约上空中的明月，再加上自己的影子："举杯邀明月，对影成三人。"这是何等美妙多情的世界？

如前所述，中国文化所表现出来的宇宙观，对环绕着人类的大自然始终抱有一种强烈的认同感、亲和感、归宿感，也就是家的感觉。什么叫宇宙？四方上下谓之宇，往古来今谓之宙。宇宙就是我身边悄悄流淌的时光，宇宙就是生我养我、安顿我生命的家园。中国古人眼里的宇宙，

---

① 苏轼：《醉落魄（述怀）》，见唐圭璋编：《全宋词》，中华书局，1965年版，三一〇页。
② 辛弃疾：《贺新郎》，见唐圭璋编：《全宋词》，中华书局，1965年版，一九一五页。

是一个亲切的、充满了人情味的宇宙，是一个流动的、跳荡着韵律的宇宙，是一个动静统一、虚实相生的宇宙，是一个美的宇宙。因此，中国人又说："仁，天心。"① 仁，就是宇宙的心。宇宙真的是大爱无边。

### 三 五常仁为本

#### 1 道德重建：仁义礼智信

从爱亲人到爱大众，从爱大众到爱万物，直到爱满天下。有人批评儒家讲的爱，说儒家讲"爱有差等"，也就是爱有亲疏厚薄，这就不如基督教讲的爱，甚至不如墨家讲的爱。基督教讲博爱，无差别、无条件地爱天下人，这多伟大！墨家讲的兼爱也主张无差别的爱。儒家的爱有差等，岂不狭隘？

这其实是对儒家的误解。儒家讲爱，固然是爱有差等，从爱亲人开始，但这符合人之常情。重要的是，儒家讲的爱不止于爱亲人，它一步步往外推，从爱亲人到爱大众，从爱大众到爱万物，直到爱满天下。爱满天下怎么能说狭隘？

儒家追求的爱满天下启示我们：人间世界的可靠、温暖、希望和幸福，都需要我们树立爱的伟大信念。

爱满天下的追求，直接通往儒家向往的大同境界。《礼记·礼运》篇中，孔子谈"大同"的一段话可以视为中国古人的文化宣言、政治宣言：

"大道之行也，天下为公，选贤与能，讲信修睦。故人不独亲其亲，不独子其子，使老有所终，壮有所用，幼有所长，矜、寡、孤、独、废、疾者皆有所养，男有分，女有归。货恶其弃于地也，不必藏于己；力恶其不出于身也，不必为己。是故谋闭而不兴，盗窃乱贼而不作，故外户而不闭。是谓大同。"②

为了实现这个大同境界，首先需要爱满天下的情怀。爱满天下的情怀，是以儒做人的最重要的要求。它既涉及到政治理想，又涉及到人生境界。谈到儒家所向往的政治理想和人生境界，我想起儒家主张的三纲五常。

中华传统文化开讲

---

① ［汉］董仲舒撰：《春秋繁露·俞序第十七》（卷六），中华书局，1975 年版，二○二页。
② ［清］孙希旦撰：《礼记集解》，中华书局，1989 年版，五八二页。

中国古代社会的政治秩序、文化秩序、宗教秩序，可以用四个字来概括：三纲五常。

三纲是：君为臣纲，父为子纲，夫为妻纲。一方面是君的一方、父的一方、夫的一方对臣的一方、子的一方、妻的一方的绝对命令；一方面是臣的一方、子的一方、妻的一方对君的一方、父的一方、夫的一方的绝对服从。三纲一看就过时了，至少夫为妻纲过时了。在手机上曾看到一个段子，看这段子可以幽默地说，中国已进入女权社会了，已经是妻为夫纲了。这段子说道："世界上有两件事最难，一是把自己的思想装进别人脑袋，二是把别人的钱装进自己口袋。头一件事成功了，是老师；第二件事成功了，是老板；两件事都成功了，是老婆。和老师斗，是不想学；和老板斗，是不想混；和老婆斗，是不想活啊！"这样的段子都流传了，谁还敢说夫为妻纲？

三纲过时了，五常却不会过时。

什么是五常？五常有两个意思：一是五常伦；一是五常德。"常"是永恒的意思，五常伦就是五种永恒的人际关系，即君臣、父子、夫妇、兄弟、朋友。有人类社会，就有这五伦，人生活在社会中，就是生活在这五伦中，就受这五伦的约束，用庄子的话说："无所逃于天地之间。"①

有人要问，君臣一伦今天还有吗？你不要狭义地理解君臣，你要广义地理解君臣，即把君臣理解为领导和被领导，主导和辅助，那么君臣一伦就永远存在。中国人还特别重视这五伦，也就是重视社会关系、人际关系，一切都围绕着关系转，甚至超越法律。这是面对现代社会要解决的国民性问题。

我们这里重点讨论的是五常德。五常德就是五种永恒的道德，哪五种？仁义礼智信。仁义礼智信是任何社会都应遵循的五种永恒的道德，因此将它们称为"五常德"。要注意的是，仁义礼智信这五常德不是平行的关系，五常德都以仁为中心，为基础，为前提。就是说，没有仁，其他四德都谈不到。下面我们以信为例展开讨论。

## 2 何以出现诚信危机

我们先来看这个"信"字怎样写？左边是个"人"字，右边是个

---

① ［清］王先谦撰：《庄子集解·人间世第四》（卷一），中华书局，1987年版，三八页。

"言"字，人言为信。说话算话，言出必诺就是信。孔子说："古者言之不出，耻躬之不逮也。"① 古人轻易不做承诺，为什么？他怕做不到，他把说出话来不能兑现视为最可耻的事。因此古代有"一诺千金"，一声承诺重若千斤；"季布无二诺"，季布这个人，答应什么事，只一次就保证办到。不仅公开的承诺、说出来的话要办到，没说出来的话，心里的念头，都必须兑现。

季札挂剑图

有一个"季札挂剑"的故事。春秋时期吴国有位著名的政治家叫季札，一次，他去晋国访问，中途经过徐国。徐国诸侯徐君招待季札，看季札腰间佩的一口宝剑十分精美，心里不免十分喜欢，但不好意思要。季札呢，也看出徐君喜欢这口宝剑，但他也不能给，因为季札到晋国时，按照外交礼节的要求，参加活动时必须佩剑。但季札心中暗暗许诺，等到访问晋国结束回来时，一定把这口宝剑赠送给徐君。但是，等他从晋国回来再经过徐国，徐君已不幸去世了。

按一般的想法，人死了，话也没有说出口，就算了吧！但是季札没有这样。他带着宝剑专门来到徐君的墓前，将宝剑郑重地挂在徐君墓前的一棵树上。

您瞧，古人就是这样信守承诺，不仅说出来的承诺，即便没说出来的承诺，也一定要信守。

可能有人要问，今天已经是现代商业社会、市场经济了，这样守信不是太迂腐吗？商业社会、市场经济恰好以诚信为灵魂。市场经济就是诚信经济，最讲契约精神，重合同，守信用是市场经济的生命线。如果没有起码的诚信，连最简单的交易也无法完成。例如你到市场买大葱，

① 《论语·里仁》，见杨伯峻译注，《论语译注》，中华书局，2006年版，第44页。

中华传统文化开讲

掏出两块钱来，犹犹豫豫不想交给卖大葱的。心想："我给了他钱，他不认账，怎么办？"

你瞧，如果连这点信任都没有，买根大葱都很困难。

毋庸讳言，今日中国，由于历史和现实的原因，社会的诚信已经进入危机状态。改革开放以来，由于很多改革措施不到位，我们还没有建立起来规范的市场经济，没有培育市场经济以诚信为灵魂的契约精神。这样，我们既丢失了传统的讲诚信的美德，又没有建立起规范的讲诚信的市场经济，假冒伪劣常见，坑蒙拐骗不绝，甚至连 GDP 都可以造假。

说起 GDP，应澄清一个误区。GDP 的数字和国家的强大是不是成正比？我们一直认为是成正比，因此才大力追求 GDP。实际上是不是这么回事呢？我举两个例子，大家立刻就明白 GDP 的数字和国家的强大根本不是一回事。

1840 年，清王朝的 GDP 是大英帝国的 6 倍。大英帝国可是当时世界上最强大的国家（美国 1894 年超过英国，成为世界第一强国），号称"日不落国"。"日不落国"是什么意思？当时英国的殖民地最多时达3 300万平方公里，比中国和前苏联的领土加在一起还要大。他的一块领地太阳落山了，另一块领地的太阳又升起来，因此叫"日不落国"。这么一个世界第一的国家，我们的 GDP 是它的 6 倍。6 倍怎么样？我们知道，1840 年，为了保护罪恶的鸦片贸易，英国发动了侵略中国的鸦片战争。那么侵略中国的英国远征军多少人？不到 0.8 万人。我们的大清朝军队则有上百万人。0.8 万对上百万，战争结果大家都知道，我们惨败，老老实实签订《南京条约》，将香港割给人家，五口通商，中国海关的税收权居然交到外国人手里，丧权辱国呀！

到了 1894 年，中国的 GDP 是日本的 9 倍。9 倍怎么样？那一年发生了中日甲午海战，我们输得更惨。北洋舰队全军覆没，我们又老老实实签订《马关条约》，台湾割给人家，白花花的银子赔了 2 亿多两。这笔赔款对日本的近代化发挥了重大作用。

那么，GDP 又是 6 倍，又是 9 倍，为什么让人家打得那么惨？这里面有政治原因，有经济原因，有军事原因，如果从 GDP 的角度分析，你不能只看 GDP 的数字，你要看 GDP 的构成，一看就明白了。原来，英国、日本的 GDP 构成，是近代大工业，钢铁、军火等等。中国的 GDP 构成呢？是茶叶，是蚕丝，是瓷器。值不值钱？非常值钱。中国的丝绸到了欧洲市场，卖到黄金的价格。但是值钱固然值钱，显然并不意味着国家的强大！

那么话说回来，为什么我国社会生活会陷入了诚信危机？我们只从道德的人性的角度分析，归根结底就是由于我们的国度丧失了古圣先贤为我们培育的那颗爱心。一个社会，人和人之间互相猜忌、互相算计、互相防范，甚至互相仇恨，怎么能够讲诚信？只有人和人之间能够互相负责、互相尊重、互相呵护，也就是互相关爱的社会，才能够讲诚信。

### 3 爱是一种境界

因此，我们说，仁义礼智信，都从仁开始。以儒做人，最重要的就是培育一颗大爱之心。培育了这颗大爱之心，人间才充满温暖，社会才真正和谐。讲到这里，我想起这样一则故事：

有一个人分别到天堂和地狱去参观。他先来到地狱，地狱中的情景令他很吃惊。长长的餐桌摆满了美味佳肴，但是坐在餐桌两边的人却一个个都阴沉着脸，饥肠辘辘，无精打采，饿得皮包骨瘦，却一点儿也不动餐桌上的食物。什么原因呢？这个人仔细一看，原来餐具很特殊。坐在餐桌前的这些人，左手腕上绑着一把叉子，右手腕上绑着一把刀子。叉子和刀子都很长，至少有好几尺，比胳膊都长，没有任何一个人能用这么长的刀叉把食物放到自己嘴里去，因此，食物再丰盛，也只有挨饿。

这个人又来到了天堂。天堂里的情景类似：人们两两相对坐在餐桌前，餐桌上也摆满了美味佳肴，就餐的人也是左手腕上绑着一把几尺长的叉子，右手腕上绑着一把几尺长的刀子。但是他们却连吃带喝，大快朵颐，充满欢乐。为什么呢？他们是怎样将食物送到嘴里的呢？原来他们不像地狱中的人那样自己喂自己，那么长的餐具，怎么喂也喂不到嘴里去，只有挨饿。他们两两相对而坐，每个人都用自己的刀叉挑起食物喂坐在对面的人，这种吃法再长的餐具也无妨，大家都能享用面前的美味佳肴。

这个故事告诉我们，一味自私，最后只能是自食苦果；互相关爱，大家才都有幸福。一个人人只为自己的社会，大家全输；一个人和人之间有点呵护的社会，大家共赢。

中华传统文化开讲

我们都追求财富，我们都追求成功。追求财富和成功十分正当，未可厚非。然而，就是从功利主义的角度考察，人和人之间没有一点关爱、呵护，真的就能获得财富、获得成功吗？很难。即便获得，也要付出各种代价，物质的、精神的，甚至道德的、法律的。从这个角度看，墨家讲的"兼相爱，交相利"（《墨子·兼爱下》）很有道理。

　　看看下面的寓言能够告诉我们什么。

　　早晨，一位老妇人打开自家房门。一开门就看到三位陌生的老人坐在她家门前，都是饥肠辘辘的样子。老妇人心地很好，连忙对三位老人说："怎么饿成这个样子啊！快请进屋吃点东西吧！"

　　但是，三位老人坐在那里不动。其中一位老人对老妇人说："我们不能都进屋。"

　　老妇人问道："为什么？"

　　老人指着同伴，向老妇人介绍他们自己："我的名字叫爱，他的名字叫财富，他的名字叫成功。我们三个只能进去一个，请您回屋商量一下吧！看看请我们谁进去好。"

　　老妇人进屋和家人商量后，出来宣布："我们还是请叫爱的这位老人进屋吧！"

　　不料，爱向屋里走去时，另外两位也跟着往里走。

　　老妇人很惊讶，问财富和成功："你们两位怎么也进来了？不是只能进来一位吗？"

　　老人们回答："哪里有爱，哪里就必然有财富和成功。"

　　这启示我们，有爱，才有财富和成功。

　　还有一个关于爱的故事：西方有位记者拍摄了一位姑娘自杀的情景，这幅摄影作品从新闻事件的捕捉到摄影艺术都很出色，因此获得了新闻最高奖——普利策奖。这位记者在拍摄完后，连忙救起了那位自杀的姑娘，但他还是始终受到良心的折磨，尽管救起了那位姑娘，但自己的普利策奖毕竟建立在那位姑娘的绝望痛苦之上。最后，他还是因为良心的谴责而自杀了。

　　在当今时代，我们更需要汲取儒家的智慧，更需要时刻提醒自己千万不能丧失爱，因为丧失爱，就意味着丧失了一切。拥有爱，才可能拥有一切。

正如一位西方人赫斯所说的那样："爱不管在任何地方出现，总是比利己主义更有力量。"

爱是生存的需要，爱更应该成为一种境界。

美国第 32 届总统富兰克林·罗斯福是一位伟大的总统，他带领美国人民走出空前严重的世界经济危机，又摧毁了法西斯同盟。罗斯福年轻时在一个农场打工。农场主德里斯赖他工资，他将德里斯告上法庭，德里斯居然找人作伪证。罗斯福输了官司，非但没讨回应得的工资，反而搭了一大笔诉讼费，从此和德里斯结怨。罗斯福成了总统之后，德里斯由于经济危机面临破产，由于名声太臭，没人愿意为他担保贷款。他无奈找到了罗斯福。罗斯福不念旧怨为他担保，使他得到了救命钱。罗斯福的夫人责怪他不应帮助这个恶人。罗斯福却慢悠悠地对夫人说："假如一个人真的善良，那么善良就是他的天性，这善良不会因为面对的是一个善人或者恶人而改变。面对一个恶人，自己也变得凶恶，这还是真正的善良吗？所以，我们每个人都应该做到，我们的善良，不能因为恶人的恶而发生改变。"

大海边，许多海星被早潮冲上海滩，一位在海滩散步的人不断地捡起海星扔到海里，因为他知道，中午强烈的阳光会晒死留在海滩上的海星。他一个个地捡起海星，一个个地将它们扔回大海。另外一位散步者看见了，不解地问他："海滩上的海星成千上万，你能捡几个？对于成千上万个面临死亡的海星，你捡的这几个简直微不足道，你救不救这几个又有多大区别？"捡海星的人没有立刻回答这人的质疑，只见他又捡起一个海星，然后对质疑者说："对这个海星来说，捡与不捡有很大区别。"

爱并不需要惊天动地，身边的每时每刻，每件微不足道的小事，都可以播撒你的爱。我们应切记那句古训："勿以恶小而为之，勿以善小而不为。"① 你捐出的几百元钱，就可能改变一个上不起学的穷孩子的人生道路；你献出的几百毫升血，就可能重新点燃一个人的生命；你贡献一件衣服，一套被褥，一双鞋，还有几本书，温暖的都不仅仅是几个躯体，满足的都不仅仅是几许求知的热情，而是照亮了一颗颗心灵。每一点爱，

---

① ［晋］陈寿撰：《三国志·蜀书·先主传》，中华书局，1982 年版，八九一页。

每一点善良的念头，都在给世界积累巨大的希望。

孔子通过"仁"揭示了爱的丰富内涵、伟大力量和崇高价值。"仁"的发现，应说是中国先哲对世界人类的最伟大的贡献。人类一切智慧，只要那是珍爱人类自身、珍爱人类所赖以生存的这个世界的，都不能不包含"仁"，走向"仁"。因此"仁"这一最富于中国特色的范畴，却是最富于世界意义的。而"仁"的意义有多重大，孔子的贡献也就有多重大。因为"仁"这一范畴虽然不是由孔子首先提出（在孔子之前的文献中，就已经出现了"仁"这个概念），但最圆满地阐释"仁"的精神、最辉煌地呈现仁者襟怀的，却不能不首推孔子。孔子因此成为中华民族传统文化最卓越的代表。

### 4 人性问题

孔子之后，孟子继续深入地阐释了"仁"的智慧。孟子对儒家乃至中国思想文化的一个突出贡献，就是以"仁"为基础来讨论人性问题，创立了儒家主流的人性论，即性善论。

孔子对人性本质问题只说过这样两句话："性相近也，习相远也。"[1]至于人性究竟具有什么本质和特征，孔子没有深入讨论，因此他的学生子贡说："夫子之言性与天道，不可得而闻也。"[2] 意思是，没听到过老师关于人性和天道的看法。儒家系统的人性论，系由孟子开其端，他旗帜鲜明地创立了儒家的性善论。

孟子主张性善不是说人生来都是圣人，而是说按照人的本性，人生来就都有向善的潜力和可能。他举例说："今人乍见孺子将入于井，皆有怵惕恻隐之心，非所以内交于孺子之父母也，非所以要誉于乡党朋友也，非恶其声而然也。"（《孟子·公孙丑上》）

任何人突然看到一个孩子要掉到井里去了，立刻都会产生一种惊惧、同情、欲加以施救的心情。产生这种心情，显然不是因为要和孩子的父母攀交情，也不是因为要在相邻朋友间博得声誉，也不是因为讨厌孩子的哭声，他就是出于一种自然而然的善良天性。

孟子由此提出了著名的"四端说"："恻隐之心，仁之端也；羞恶之心，义之端也；辞让之心，礼之端也；是非之心，智之端也。"(《孟子·公孙丑上》)

端即开端，指人性之始。孟子认为，人性一开始就是向善的。《三字经》头一句"人之初，性本善"，其实就是发挥孟子的人性论。

之所以说孟子的人性论是儒家主流，是因为儒家还有一种非主流的人性论，那就是先秦另外一位大儒——荀子主张的性恶论。荀子认为人生来就有各种欲望，欲望得不到满足就产生种种争端和冲突，因此人性恶。但荀子尽管主张性恶论，他的宗旨还是要通过道德教化使人向善。他说："人之性恶，其善者伪也。"(《荀子·性恶》)

人的本性是恶的，人之所以向善，是后天道德教化的成果。

说荀子的人性论非儒家主流，是因为儒家人性论以后的发展，基本上继承孟子的性善论。

到了宋代和明代，儒家思想形成了宋明理学，这是先秦之后，儒家思想发展的又一个高峰。宋明理学为儒家的人性论提供了宇宙论的基础，其中南宋大儒朱熹以其尽广大致精微的理论建设，成为后期古代社会儒家最伟大的代表，他通过对理气心性的阐释，为儒家人性论提供了完备的系统的理论形态。明代大儒王守仁则提出了著名的"良知说"，将儒家性善论发展到极致。

所谓"良知"，就是孟子讲的"四端"，就是儒家强调的人的道德天性。良知人人都有，再恶的人，都有良知。

有个关于良知的故事说，一次，王守仁审讯一个强盗，强盗死硬，不肯招供。王守仁就开导强盗说："你尽管是强盗，但你也有良知。"

强盗听了哈哈大笑，答道："你倒是说说看，我的良知在哪里？"

王守仁说："你只要按我说的做，就会知道你的良知在哪里。"

强盗说："好。"

王守仁就让这强盗脱衣服，强盗脱了一件。王守仁说"再脱"，强盗又脱一件。王守仁还说"再脱"，强盗脱得只剩个裤头了，王守仁还说"再脱"。

强盗不好意思地说："这个不能再脱了！"

王守仁立刻指点他说："这就是你的良知。"

人人都有良知，人人都有善良的天性，人之所以干出种种错事、坏事，是由于良知被蒙蔽了。只要光复良知，坏人就能变成好人。

只要大家都能用心体会良知，勤于实践良知，就"满街都是圣人"。

人性究竟是善还是恶，抑或无所谓善恶，这是一个争论不休的问题。孟子之时，就有一位叫告子的人和孟子辩论，主张"生之谓性"（《孟子·告子上》），认为人性无所谓善恶，生来的自然本性就是人性。儒家内部也一直有不同看法，例如汉代大儒董仲舒就把人性分为上中下三等，认为有"圣人之性"，不待教化而善；有"斗筲之性"（"斗筲"指气量狭小、见识短浅之人），教化也难使其向善；有"中民之性"，经过教化可以向善。[1] 后来唐代大儒韩愈依此正式提出"性三品"说："性之品有三……上焉者，善焉而已矣；中焉者，可导而上下也；下焉者，恶焉而已矣。"[2]汉代大儒杨雄则提出"性善恶混"："修其善则为善人，修其恶则为恶人"。[3] 这个看法认为后天的道德修养、社会行为决定了人性的善或恶。

人性善恶问题，聚讼纷纭，到了王守仁，提出"四句教"，对这个重大问题做了很深刻很独到的总结：

"无善无恶心之体，有善有恶意之动。知善知恶是良知，为善去恶是格物。"（《传习录》）

结合王守仁的良知说，将这"四句教"翻译成现代语言就是：

心灵的本体寂然不动、纯净无暇，超越善恶；人的意念发动、思想活跃、情感激荡就产生了善和恶。人的良知、也只有良知才能够判断何者为善，何者为恶；通晓万事万物之理的道德实践方能发扬善，清除恶。

尽管关于人性善恶有很多看法，但性善论的积极意义在于，它让我们坚信人人都有一颗善良的心，从而为道德世界的建设提供了内在的信心和动力。

然而儒家的智慧当然不仅是谈情说爱讲人性。儒家的智慧还有一种

---

[1] 参见［清］苏舆：《春秋繁露义证》，中华书局，1992年版，三一一—三一二页。

[2] 韩愈：《原性》，见刘真伦、岳珍校注，《韩愈文集汇编校笺注》，第一册，中华书局，2010年版，四七页。

[3] 汪荣宝撰：《法言义疏》，中华书局，1987年版，八五页。

伟大的历史文化价值，那就是它对政治文明的设计和对理想社会的追求，也就是它的社会政治哲学。

它杰出地体现于孟子的思想中。

# 第二讲　民贵君轻的政治

## 一　孟子的时代

### 1　春秋无义战

孟子生当中国历史上的战国时期（前 475～前 221，战国起始年代依司马迁说）。战国时期之前还有一个春秋时期（前 770～前 476），这两个时期通常被连称为春秋战国时期。春秋战国时期处于历史朝代中的东周时期。（东周从前 770 年周平王东迁洛阳算起，亡于前 256 年周赧王卒，也有将东周灭亡的日期定于前 221 年秦统一中国。赧王因逃民债筑"逃债台"，因此谥号赧王，"债台高筑"出于此。）在春秋时期，东周中央政权已经逐渐失去对各个诸侯国的控制，诸侯们纷纷各自坐大，互相争霸，形成了所谓"春秋五霸"①。

孟子像

诸侯本来只能称公称侯，但在春秋时期已经有诸侯擅自称王和中央政权叫板，最早称王的是楚国的楚庄王。总之，在春秋时期，传统秩序已经开始瓦解，礼崩乐坏，诸侯反目，天下动荡，战祸连绵。孟子对春秋时期诸侯之间争权夺利的战争有一个著名说法，叫作"春秋无义战"

---

① 春秋五霸：一般认为是齐桓公、晋文公、秦穆公、楚庄王、宋襄公。

（《孟子·尽心下》），认为春秋时期发生的战争都是非正义战争，因为诸侯发动这些战争都是出于兼并土地的私利、贪欲、野心，而不是为了人民的利益。这种情况到了战国更是愈演愈烈。从春秋到战国，已经从天下动荡到天下大乱。所谓"春秋八百诸侯"，当然这是一个夸张的说法。到了战国后期只剩下了七个强国，也就是所谓"战国七雄"：齐、楚、燕、韩、赵、魏、秦。

200年间，七雄之间合纵联横（"合众弱以攻一强"为合纵，"事一强以攻众弱"为联横。合纵指东方六国联合抗秦，连横即秦国拉拢某些弱国进攻他国。还有一种说法是：南北为纵，六国地处南北，故南北联合抗秦为合纵；东西为横，秦处西，六国在东。故东方六国事秦谓之联横），你争我夺，钩心斗角，玩尽机谋，演出了十分壮观又十分血腥，十分机智又十分卑劣的历史剧。[1]

战国后期，秦国日益强大，东方六国都各打算盘，都想利用别国，自己从中渔利，因此所谓合纵不过是靠不住的松散联盟，结果被秦国各个击破。孟子死后不到70年，秦国统一了天下。

## 2 关于孟子的评价

孟子正是在列国战争如火如荼、诸侯相斗你死我活的时代登上了历史舞台。那是一个不看情面，只看实力，情面也得围着实力转的时代。

孟子出道时，由于他犀利的思想，雄辩的口才，曾经名满天下，一段时期内很风光，受到热烈欢迎，比孔子"阔"多了。出行有几十辆"专车"跟着，几百位随行人员侍候着。所到国家，国君们都要馈赠黄金，聆听孟子的教诲。这时的孟子是著名的政治家与社会活动家，是超级知识分子，享受的是"卿大夫"的待遇，相当于今天的部长级官员。

---

[1] 昔人曾评价《左传》为"相斫书"，"相斫"就是相互砍杀，也就是战争的意思。《左传》说："国之大事，唯祀与戎。""祀"即祭祀，是常规的国家活动，史书不予记录，剩下的就是"戎"，也就是战争了，因此《左传》充满了战争的记录。宋陆游《对酒》诗："孙、吴相斫书，了解亦何益？"梁启超更认为二十四史即最大"相斫书"。"昔人谓《左传》为'相斫书'，岂唯《左传》，若二十四史，真可谓地球上空前绝后之一大相斫书也。"今日金庸的武侠动不动就灭门，也是继承了"相斫书"的传统。其实，专门记录战国群雄互相拼杀的《战国策》，才是最最惊心动魄，令人叹为观止的"相斫书"。《战国策》三十三篇，专讲合纵连横，生动地体现了战国时期风云变幻、跌宕多姿的政治斗争与军事斗争。

中华传统文化开讲

其实就孟子的社会身份和活动方式来说，他同当时名声并不怎么好并且遭到他激烈抨击的纵横家如苏秦、张仪一样，也是所谓"游士"，即没有固定职务的自由知识分子，他们主要通过游说，让国君们接受自己的政治主张，从而获得政治地位与经济待遇。所以后来北宋反孟的思想家如李觏就说："孙、吴之智，苏、张之诈，孟子之仁义，其原不同，其所以乱天下，一也。"①

"孙、吴"指孙子和吴起，两人都是春秋战国时最有名的军事家，所谓"孙、吴之智"指的是打仗的智慧。"苏、张"就是上面说过的战国纵横家苏秦和张仪。在正统儒家看来，"孙、吴之智"和"苏、张之诈"都是不光彩的，不道德的。李觏将"孟子之仁义"和"孙、吴之智"、"苏、张之诈"相提并论，认为他们的主张和活动都是"乱天下"，这就抹煞了孟子思想的道德价值。司马光《疑孟》也指责孟子是"鬻先王之道以售其身"，意思是孟子出卖自己的灵魂，把古圣先王的智慧当商品兜售。这话说得就更刻薄了。

但孟子成了圣人后，便没有人再说他和苏秦、张仪一样，也是靠游说混饭吃了。必须指出，孟子和苏秦、张仪等纵横家有根本的区别，那就是纵横家专门吃战争饭，孟子却是一位最著名的反战人士。

纵横家没有特操。如苏秦到秦国鼓动秦惠王吞并天下，惠王以秦国还不够强大为由拒绝了苏秦的建议。苏秦就转而鼓动其他六个国家联合起来打击秦国，《史记》说他"为从约长，并相六国"②，意思是当了六国联军的总司令并兼任六国总理，可说是备极尊荣。但最后还是落了个车裂而死的下场。（当然，苏秦非常用功学本事也传为佳话。"头悬梁，锥刺骨"的"锥刺骨"，说的就是他。）苏秦感慨"贫穷则父母不子，富贵则亲戚畏惧。人生世上，势位富贵，盖可忽乎哉"！因此为了名利可以不择手段，这体现了时代的巨变对人们人生观、价值观的深刻影响。

孟子则坚持崇高的人生理想，"富贵不能淫，贫贱不能移，威武不能屈"（《孟子·滕文公下》），在什么情况下都坚持自己的政治原则。如果违背自己的政治原则乃至政治理想，诸侯请他都不去。孟子的价值取

① ［宋］李觏著：《李觏集》"附录一"《佚文·常语》，中华书局，1981 年版，五一二页。
② ［汉］司马迁撰：《史记·苏秦列传第九》（卷六十九），中华书局，1982 年版，二二六一页。

向和苏秦的价值取向体现了两种不同的人生观，讲实惠，就学苏秦；讲道德，还是要学孟子。一正一邪，究竟学谁，这是一个不容争执的严峻的人生选择。

前面说过，战国群雄相互拼杀的目的当然是为了实现各自的野心和贪欲，统一天下，也就是将天下都收到自己的口袋中。但统一同样是百姓的要求，天下大乱，战祸连绵，最遭殃的还是百姓。孟子不是反对统一，相反，他也主张使天下"定于一"（《孟子·梁惠王上》）。但他的动机、方法和途径与纵横家完全不同。纵横家费尽心机，煽风点火，唯恐天下不乱，靠充满权诈机谋的小聪明迎合统治者而求得升官发财，孟子则是一心一意要推行仁政王道，也就是通过符合最高道德要求的政治诉求来消弭战祸，统一天下，拯救百姓于水深火热之中，用他的话讲，就是"王天下"（《孟子·尽心上》）。一正一邪，是不容混淆的。

### 3 孟子的"不合时宜"

也正由于这样，孟子尽管是当时最著名的反战人士之一（另一个著名的反战人士是墨子），但他并不绝对地反对战争，例如他认为汤放桀、武王伐纣的战争（商代的开国君主汤推翻夏代非常残暴荒淫的亡国之君桀、周武王讨伐商代同样非常残暴荒淫的亡国之君纣的战争），就是值得肯定的正义战争。是不是正义战争，衡量的标准只有一个：是否符合人民的利益。但是从春秋到战国的战争都不是这样的正义战争，相反，都是统治者争权夺利，兼并土地，给人民带来巨大灾难的非正义战争。孟子沉痛地控诉道："争地以战，杀人盈野；争城以战，杀人盈城。"（《孟子·离娄上》）

为争一块土地而打仗，杀死的人遍山遍野；为争一个城池而打仗，杀死的人填满城池。

因此，孟子强烈地主张："善战者服上刑。"（《孟子·离娄上》）

谁最能打仗，就判谁死刑。

但是，在那样一个靠实力和战争决定国家生死存亡的时代，提出"善战者服上刑"，自然太离谱了。考察春秋战国形势，各国有善战者自然不一定繁荣强大，但没有善战者则一定难以生存发展。最典型的例子莫如赵国。赵国作为战国七雄之一，经过赵武灵王胡服骑射的军事改革，

中华传统文化开讲

空前强大。战国后期，赵国由于有善战的廉颇，才能大破齐国和燕国，又得土地又得城池。秦赵长平之战，赵军开始由廉颇指挥，尽管秦军强大，但廉颇采用坚壁固守之策，秦军3年都劳而无功，对他一筹莫展。等到赵王中了秦国丞相范雎的反间计，撤掉廉颇，换上了只会纸上谈兵，也就是不善战的赵括，赵军就大败于秦军，40万人全部投降，结果除了老弱病残240人，剩下的全都被秦将白起活埋了。白起就这样制造了战争史上最凶残、最大规模的屠杀。

赵国的军事力量经过长平战役，差不多消耗殆尽。后来幸亏又出了个善战的李牧，屡次大败匈奴和秦军，解除了匈奴和秦国对赵国的威胁。但秦国又使用反间计，赵王偏偏爱中秦国的反间计，竟杀害了李牧。不久，赵国就被秦国灭掉了。此外，燕国有乐毅，便能大败强敌齐国，收复失地，并攻占齐国70多个城池，直到拿下齐国首都临淄。齐国有田单，才免遭燕国吞并，先用反间计使燕王撤了乐毅，又使用火牛阵大败燕军，收复了全部失地。楚国在很长时期内一直受三晋的欺负，用厚礼贿赂秦国，才维持了与三晋的和平局面。后来因为有了能文能武的吴起，变法强兵，国势日盛，才有能力抵御三晋，并讨伐强大的秦国，威震诸侯。

没有善战的军事将领，保卫国家则无从谈起。孟子在这样一个战争时代坚决反对战争，不管他有多么充分和高尚的理由，肯定行不通，肯定要不受待见。更为不合时宜的是，孟子不仅提出"善战者服上刑"，还提出"辟草莱、任土地者次之"（《孟子·离娄上》），意思是对主张开荒拓土增强国家实力的人也要给以处罚。这就完全对抗了富国强兵的时代潮流。对孟子最不利的例子就是商鞅变法。

商鞅为秦孝公"为田开阡陌封疆"①，制定贯彻法家的耕战政策，奠定了秦国称霸的基础，使秦国由一个地处西陲的不发达国家逐渐成为傲视群雄的头号强国。孟子的看法当然另有深意，他的动机还是从百姓的利益出发，担心开垦了新的土地，百姓要承担更沉重的赋税。但不管怎样，他的许多主张特别是反战立场确实远离战国实际。他的"仁者无敌"（《孟子·梁惠王上》）的著名见解尽管无比崇高，甚至今天被挂在联合国大厦的墙壁上，但在波诡云谲，充满欺诈，刀兵相见，你死我活的战

① ［汉］司马迁撰：《史记·商君列传第八》（卷六十八），中华书局，1982年版，二二三二页。

国时代，往往并不像他说的那样有效可靠。例如宋襄公泓之战。公元前638年，宋国与楚国会战于泓。楚军渡河之际，宋襄公的谋士司马子鱼劝宋襄公趁楚军渡河处于劣势立刻出击，但宋襄公不听司马子鱼之劝，理由是君子不攻处于险地之敌。后来楚军渡过河，尚未列好阵势之际，司马子鱼又劝宋襄公出击，宋襄公还是不听，理由还是君子不能趁人之危。宋襄公的做法倒是体现了仁者风范，上古时代打仗确实也讲这个风范，这叫打仗之礼。战争互相厮杀也有礼，确乎是礼仪之邦，就像欧洲中世纪那些决斗的骑士开打前要带着白手套互相致敬。但等到楚军列阵完毕，宋军再出征，由于失去了战机，宋军大败，宋襄公自己也身受重伤，不久就送了命。后来毛泽东评点宋襄公，说他的道德是"蠢猪般的道德"。

孟子在你死我活的战国时代主张道德至上，有点宋襄公的影子。因此司马迁在《史记》中说孟子"见以为迂远而阔于事情"①，就是说他的见解迂腐高远得不切实际。从特定的角度看，这个评价确实没有冤枉孟子。

孟子的政治理想终究不能实现，他的出游也就不能不碰上和孔子一样的遭遇，在自己的祖国挨过饿。（因为说话直率得罪了邹穆公，这位国君就停止了给他的馈赠。）在齐国、梁国等大国，国君对他的政治主张最多也就是听听而已。《史记》说他："游事齐宣王，宣王不能用。适梁，梁惠王不果所言。"②

意思是到了齐国为齐国诸侯齐宣王服务，齐宣王未能采纳他的政治主张。到了梁国（也就是魏国，魏国首都称大梁，因此魏国又称梁国），梁国诸侯梁惠王也不照着他说的做。

比较一下同时代的邹衍，孟子的境遇真是令人深深叹息。邹衍是个阴阳家，用今天的话讲就是专门谈天说地、装神弄鬼、蛊惑人心的算命先生（据说他的最后目的还是要推行儒家的治国理念），但他在齐国和梁国均得到高规格的礼遇，可以和国王平起平坐。到了赵国，最有权势的贵族平原君小心翼翼地跟在他侧面走，坐下来之前，还要亲手用袖子为他掸掉坐席上的灰尘。到了燕国，燕昭王毕恭毕敬地拿着扫帚倒退着为

① ［汉］司马迁撰：《史记·孟子荀卿列传第十四》（卷七十四），中华书局，1982年版，二三四三页。
② 同上。

中华传统文化开讲

他清路，并专门为他盖了一座叫碣石宫的高级宾馆。

相较之下，孔子、孟子谈仁说义，却落了个饥寒交迫，四处碰壁。原因正如《史记》所说，他们的主张和那个时代的需要之间，有如方枘圆凿，格格不入。适如侯外庐等所指出："春秋之有管仲、子产的调和政策和战国之有吴起、商鞅的变法政策，乃是历史发展的规律。孟子既不能做前者，又不能做后者，那么他的政治主张便不得不在主观理想上寻找出路了。"①

孟子晚年跑不动了，只好回到家里，和他的学生在一起著书立说。（《史记》说他和"万章之徒序诗书，述仲尼之意，作孟子七篇"②。）

先秦三大儒都是这样。荀子虽曾在齐国"三为祭酒"（"祭酒"相当于礼宾司司长），但终究被人陷害，跑到楚国投奔春申君，做了个县级的兰陵令。春申君死了，荀子的兰陵令立刻就被撤掉，也只好回到家里去写书了。但三大儒政治上的不得意，却成就了一部中国思想史和中国文化史。《论语》、《孟子》、《荀子》，这三部儒家经典中的经典，实际上奠定了中国人的文化性格。

孟子在很多方面都深化与发展了孔子的思想。特别令人惊异的是，时隔两千多年，他的许多思想直到今天仍具有强烈的现实意义和普遍的文化价值，好像针对的就是当代人、当代社会和当代世界。

### 二　民贵君轻——高倡民权，反对专制

#### 1　为弱者呼

翻开《孟子》，扑面而来的是强烈鲜明的民主意识，人民至上的政治理念像一条红线贯穿于《孟子》全书。孟子思想最可贵的价值，首先体现在他永不停歇地为民主呐喊，这呐喊如同利剑和灯塔，射穿了专制制度的黑夜，暴露了社会丑恶的现实，抨击了统治者的残暴，表达了百姓的呼声。

关于民主，孟子有一个著名的理念，那就是："民为贵，社稷次之，君为轻。"（《孟子·尽心下》）

---

① 侯外庐等著：《中国思想通史》，第一卷，人民出版社，1957年版，第390页。
② ［汉］司马迁撰：《史记·孟子荀卿列传第十四》（卷七十四），中华书局，1982年版，二三四三页。

侯外庐等先生评价孟子这个理念是"辉煌的命题"①，这个理念告诉我们，百姓是最宝贵的，百姓的利益是至高无上的。和百姓比起来，决定国家命运的社稷神灵都是次要的，国君在国家的天平上则是分量最轻的。"民贵君轻"的思想在先秦诸子中绝无仅有，它是两千年封建社会中最响亮的民主呼声。

从"民贵君轻"的政治理念出发，孟子强烈抨击了残暴的统治者鱼肉百姓所造成的贫富悬殊：

"庖有肥肉，厩有肥马，民有饥色，野有饿莩，此率兽而食人也。兽相食，且人恶之，为民父母，行政不免于率兽而食人，恶在其为民父母也？"（《孟子·梁惠王上》）

你的厨房里有肥肝厚肉，你的马厩里有肥壮的马，但百姓的脸上都是饥饿的菜色，野上横陈着饿死的尸体。这简直就是率领野兽吃人哪！野兽相残，人都厌恶；你们这些所谓百姓的父母官，奉行的政策就好像率领野兽来吃人，哪里还有资格做百姓的父母官？

在中国历史上，孟子是最勇敢地抨击统治者的残暴，最尖锐地抗议贫富悬殊现象的思想家，因此也是最出色地履行了知识分子天职的思想家。上面一段话和后来杜甫的"朱门酒肉臭，路有冻死骨"，同样令人触目惊心，孟子的言论更迸发出一种愤怒的犀利。

从"民贵君轻"的政治理念出发，孟子坚决反对帝王拥有绝对权力，而将君臣关系视为互相制约、互相对等的相对义务关系，这就是我在前面介绍的："君之视臣如手足，则臣视君如腹心；君之视臣如犬马，则臣视君如国人；君之视臣如土芥，则臣视君如寇仇。"

从"民贵君轻"的政治理念出发，孟子更认为统治者不能体现人民的意志，不能代表人民的利益，犯了严重错误还不改，被统治者就完全有权利更换统治者。例如《孟子·万章下》：

齐宣王问卿。孟子曰："王何卿之问也？"

王曰："卿不同乎？"

曰："不同。有贵戚之卿，有异姓之卿。"

王曰："请问贵戚之卿。"

---

① 侯外庐等著：《中国思想通史》，第一卷，人民出版社，1957年版，第392页。

曰:"君有大过则谏,反覆之而不听,则易位。"

齐宣王向孟子请教卿的职能是什么,孟子回答说,国君犯了严重错误,卿负责规劝他。如果反复规劝国君还不听,卿就可以换掉他。

### 2 抨击暴君

从"民贵君轻"的政治理念出发,孟子甚至明确地肯定人民有报复残暴的统治者,乃至发动革命战争,推翻残暴的统治者的权利。邹国和鲁国发生冲突,邹国官吏死了 33 人,百姓一个都没死,眼望着头儿去死却不救助。邹国的国君很恼火,向孟子诉苦,说杀掉这些见死不救的百姓吧,太多了杀不过来,况且都杀了谁来交税呢?不杀吧,又真是心里不平衡。孟子却说这个国君活该。为什么呢?孟子指出邹国的大小官吏平时残害百姓,等到他们面临危险的时候,百姓当然没有义务帮助他们。不仅如此,孟子还进而认为百姓完全可以把这场冲突看成报复本国官吏的机会,所谓"夫民今而后得反之也"(《孟子·梁惠王下》),"为匹夫匹妇复仇也"(《孟子·滕文公下》)。

就民主理念来说,孟子比孔子要先进。孔子讲出身,强调尊卑等级秩序不可侵犯,抨击僭篡为"大逆不道",如齐国陈氏贵族杀了他的国君,孔子就请鲁君出兵讨伐。孟子则只讲仁政,等级出身等都必须服从于仁政的最高政治目标,凡是行仁政的都可为王,贵族行仁政就可取国君而代之,国君不行仁政就不再有资格做国君,如果倒行逆施,残害百姓,就是独夫民贼,人人皆可得而诛之。例如周武王推翻商纣王,孟子不认为是大逆不道的弑君,而认为是合乎正义地诛杀一个残暴的独夫。"闻诛一夫纣矣,未闻弑君也。"(《孟子·梁惠王下》)

"诛"与"弑"一褒一贬,含有特定的鲜明的政治道德含义。臣下非法地杀害君主,儿女杀死父母等都用"弑"字。合乎正义地讨伐杀死罪犯则用"诛"字。按身份,周还是商的诸侯国,周武王还是商纣王的臣属。但周武王杀掉商纣王,孟子却否认是"弑君",而明确地指出这不过是除掉了一个独夫民贼而已。这种立场和解释对于孔子来说不可想象,不可接受,对于孟子却是天经地义。因此我在前面说,在中国政治思想史上,孟子第一个从根本上颠覆了帝王专制时代"忠君不二"的政治要求,"君要臣死,臣不敢不死"、"君王圣明,臣罪当诛"的奴才政治逻辑，在孟子这里是根本行不通的。

但在孟子之后的两千年，这个奴才政治逻辑一直横行无忌。孟子的呼声差点成了绝响。一直到明末清初，黄宗羲才又大胆地对这个奴才政治逻辑提出挑战，淋漓尽致地鞭挞了封建专制统治的黑暗和残暴。黄宗羲认为，君和臣就像共同抬一根大木头的人，是一个戮力同心、互相合作的关系。（"夫治天下犹曳大木然，前者唱邪，后者唱许，君与臣，共曳木之人也。"①）君和臣只是名称不同，社会职责是一样的。（"又岂知臣之与君，名异而实同耶。"②）他从君臣的平等关系出发，指出"天下之治乱，不在一姓之兴亡，而在万民之忧乐"③，进而尖锐地抨击了帝王家天下的罪恶："以我之大私为天下之大公……屠毒天下之肝脑，离散天下之子女，以博我一人之产业。……敲剥天下之骨髓，离散天下之子女，以奉我一人之淫乐。……然则为天下之大害者，君而已矣。"④

天下的资源从财货资源到美女资源，都被君主垄断独占，君主实在是天下最大的祸害。黄宗羲发表这些言论的《明夷待访录》，是数千年专制社会中最响亮的反封建的檄文，它开启了中国近代反封建思想的序幕。它最早的知音同调却是两千年前的孟子，它和孟子的民主精神显然一脉相通。从孟子到黄宗羲的民主呐喊，是对专制时代暴虐统治的振聋发聩的永恒抗议和正义宣判。因此，冯友兰先生在评价孟子这一思想时指出："君若没有圣君必备的道德条件，人民在道德上就有革命的权利。在这种情况下，即使杀了君，也不算弑君之罪。这是因为，照孟子说，君若不照理想的君道应当做的做，他在道德上就不是君了。……孟子的这个思想，在中国的历史中，以至在晚近的辛亥革命和中华民国的创建中，曾经发生巨大的影响。"⑤

### 三 民主政治——国家大事，由民作主

#### 1 民本与民主

在中国上古社会中，广泛地流传着"以民为本"的政治思想。例如

① 黄宗羲：《明夷待访录·原臣》，《黄宗羲全集》，浙江古籍出版社，1985年版，五页。
② 同上。
③ 同上。
④ 黄宗羲：《明夷待访录·原君》，《黄宗羲全集》，浙江古籍出版社，1985年版，二一三页。
⑤ 冯友兰：《中国哲学简史》，涂又光译，北京大学出版社，1985年版，第89—90页。

中华传统文化开讲

《尚书·五子之歌》说："民唯邦本，本固邦宁。"民谚也说："国以民为本，民以食为天。"孟子却初步提出了比"民本"的政治思想更加先进的民主政治思想。

"民本"与"民主"的区别是"为民作主"和"由民作主"的区别。民本思想认为人民是国家的根本，民主思想则认为人民不仅是国家的根本，还是国家的主人。民本思想认为统治者应善待人民，民主思想认为统治者不仅应该善待人民，还必须遵循人民的意志来制定国家的大政方针。

作为思想家的孟子，他对民主最大的贡献不仅是提出了"民贵君轻"的命题，同时还制定了民主的政治原则来保证百姓的权利和利益。

关于民主的政治原则，孟子提出："国君进贤……左右皆曰贤，未可也。诸大夫皆曰贤，未可也。国人皆曰贤，然后察之；见贤焉，然后用之。左右皆曰不可，勿听。诸大夫皆曰不可，勿听。国人皆曰不可，然后察之；见不可焉，然后去之。左右皆曰可杀，勿听。诸大夫皆曰可杀，勿听。国人皆曰可杀，然后察之；见可杀焉，然后杀之。故曰国人杀之也。"（《孟子·梁惠王下》）

国家要选拔干部了，左右亲近的人说这个人好不行，朝廷上的大臣们都说这个人好也不行，国内的百姓都说这个人好，才能进入考察阶段。考察后确实好，才能用他。任用干部应该走这种民主程序，罢免干部乃至惩罚干部也都应该走这种民主程序。

梁漱溟先生曾说，中国传统有民主精神而无民主制度。在两千四百年前的历史条件下，孟子自然无法设想具体的民主制度，但孟子关于政治原则的看法，实际上就是国家大事归根结底应该由全体国民说了算，这是典型的民主精神。北宋对孟子持否定态度的思想家李觏曾说："孔子之道君君臣臣也；孟子之道人皆可以为君也。"[1]

李觏这一批评却道出了孟子思想的民主性。

## 2　古中国和古希腊的比较

与孟子同时代的古希腊，存在着城邦民主的政治制度。但希腊的这

———————————
[1]　［宋］李觏著：《李觏集》，"附录一"《佚文·常语》，中华书局，1981年版，五一二页。

种民主制度明确地剥夺女性和奴隶的民主权利，民主只能是城邦中少数自由人范围内的民主。孟子的民主原则显然更彻底，更普遍。当然，从另一个角度看，古希腊的民主已经形成一种具体的制度，而孟子这里还只是提供了民主的原则，民主的精神，因此古希腊的民主当然是更成熟的。

孟子民主政治思想最可贵的地方在于，它将政治的出发点从统治者彻底地转向人民，将统治者的利益置于人民利益之下，视人民的利益为评价政治的唯一标准、最高标准。他在两千多年前能够提出一切从人民出发，由民作主的民主观念，实在是世界思想史上惊天动地的大事。

### 四 民生经济——平均地权，鼓励工商

#### 1 最务实的思想家

在先秦诸子百家中，孟子最关注民众的经济问题。从这个角度看，孟子又是最务实的思想家，司马迁说他"迂阔"就有点冤。孟子认为，对于民众来说，首要的问题是解决他们的生存权问题，而解决生存权最重要的是保障民众拥有基本的不容剥夺的财产权，用孟子的话说，就是使民有"恒产"。孟子揭露统治者的贪婪残暴已经剥夺了民众的基本生存权，他说："今也制民之产，仰不足以事父母，俯不足以畜妻子，乐岁终身苦，凶年不免于死亡。"（《孟子·梁惠王上》）还说："民之憔悴于虐政，未有甚于此时者也。"（《孟子·公孙丑上》）

如今百姓的财产，上不足以孝敬父母，下不足以养活妻子儿女，丰收的年景，一年到头过得也很辛苦，遇到灾年，就只有死路一条了。百姓遭受暴政的残害，没有比今天更厉害的了。

针对民众这种悲惨状况，孟子反复地提出自己的经济主张，下面的经济蓝图在《孟子》一书中出现三次之多：

"五亩之宅，树之以桑，五十者可以衣帛矣。鸡豚狗彘之畜，无失其时，七十者可以食肉矣。百亩之田，勿夺其时，数口之家可以无饥矣。谨庠序之教，申之以孝悌之义，颁白者不负戴于道路矣。七十者衣帛食肉，黎民不饥不寒，然而不王者，未之有也。"（三次提出这段话，《梁惠王上》两次，《尽心上》一次。）

在五亩大的宅院中，种植桑树，那么，五十岁以上的人都可以穿上丝棉袄了。鸡、狗、猪等家畜，家家都有饲料和工夫去饲养，那么，七

十岁以上的人都可以有肉吃了。一家百亩耕地，不去妨碍他们的生产，那么，数口之家就可以吃得饱饱的了。好好办些学校，反复地用孝敬父母、敬爱兄长的道理来教育他们，那么，（人人都会敬老，主动为老人服务。）头发花白的老人就不会头顶着重物、身背着重物奔波在道路上了。七十岁以上的人有丝棉袄穿，有肉吃，一般百姓饿不着，冻不着，这样还不能使天下归服的，是从来不曾有的事。

为了实现这个经济蓝图，孟子假托古代历史，提出了关于经济制度的带有鲜明社会主义色彩的土地改革方案，这就是著名的井田制：

"夫仁政，必自经界始。经界不正，井地不均，谷禄不平，是故暴君污吏必慢其经界。经界既正，分田制禄可坐而定也。……方里而井，井九百亩，其中为公田，八家皆私百亩，同养公田。公事毕，然后敢治私事……"（《孟子·滕文公上》）

实行仁政，一定要从划分整理田界开始。田界划分得不正确，作为俸禄的田租收入也就不会公平合理，因此暴虐的君王和贪官污吏一定要打乱正确的田间界线，好趁机侵夺弱者的田产。田间界线正确了，分配给百姓田地，制定官吏的俸禄，都可以毫不费力地做出决定。（井田制的办法是）每一方里的土地为一个井田，每一个井田有九百亩地，当中一百亩是公有田，外边八百亩分给八家作私田。这八家共同来耕作公有田。先把公有田耕作完毕，再来料理私田。

"井田"这个名称并没有见于周代文献，因此井田制的具体情况如何，已经无法考证。孟子提出这种平均地权的经济制度显然融入了自己的理解、想象和创造。有学者指出孔子仅向往尧舜的人格，而孟子则

井田制

虚拟尧舜的制度，[①] 井田制的设想就是一例。这是中国最早的土地改革设想，它影响巨大，甚至启发了两千多年后孙中山"平均地权"的主张。

---

① 侯外庐等著：《中国思想通史》，第一卷，人民出版社，1957年版，第391页。

## 2 孟子和商鞅的对立——孟商悖论

孟子提出井田制，是和法家如商鞅的经济发展战略唱对台戏。商鞅在秦国变法搞改革提出"为田开阡陌"、"民得卖买"，① "阡陌"就是孟子说的"经界"，也就是井田制中的各家田地的边界。商鞅主张废除这个边界，允许土地自由买卖。这被认为是一种进步的改革思想。孟子之所以坚决反对商鞅的这个改革，就是因为担忧这样一来"暴君污吏必慢其经界"，也就是统治者必然以改革为名，滥用手中的权力侵吞民众的田产。这样势必产生富者愈富，贫者愈贫的马太效应，导致严重的贫富悬殊与社会不公。从经济发展的内在规律来看，商鞅的改革主张鼓动人们普遍的求富欲望，以利相诱，不能说没有道理，实践也充分证明商鞅的改革确实十分成功，它直接促进了秦国的经济发展乃至国势强盛，为秦国以后统一天下奠定了雄厚的基础。但商鞅的改革也带来了严重的社会问题，如班固说："庶人之富者累巨万，而贫者食糟糠。"② 董仲舒说得更尖锐："用商鞅之法，改帝王之制，除井田，民得卖买，富者田连阡陌，贫者亡立锥之地"。③

就是说，商鞅变法抛弃传统，实行土地私有的自由买卖，造成严重的贫富悬殊。富人财产千万亿万，贫苦的人却只能吃糠咽菜；富人拥有的田地是那样广阔，连田间的道路都吞没了，贫苦的人却连插一根锥子的地方都没有了。

孟子和商鞅针锋相对，明确地反对"上下交征利"（《孟子·梁惠王上》），也就是上上下下利字当头，更重视社会公平。从经济发展的角度看，商鞅的改革有其必要性；从社会稳定的角度看，孟子的主张也有其合理性。特别是面对强者利用权势肆无忌惮地欺凌侵夺弱者时，孟子的主张就更体现出社会的正义性、道德的崇高性。

## 3 反垄断

特别值得注意的是孟子对发展工商业的主张。他的主张最令人称道

① ［汉］司马迁撰：《史记·商君列传第八》（卷六十八），中华书局，1982年版，二二三二页。
② ［汉］班固撰：《汉书·食货志第四》（卷二十四上），中华书局，1962年版，一一二六页。
③ 同上书，一一三七页。

中华传统文化开讲

的有两点：

一是反垄断。

例如他说："古之为市也，以其所有，易其所无者，有司者治之耳。有贱丈夫焉，必求垄断而登之，以左右望而罔市利。人皆以为贱，故从而征之。征商自此贱丈夫始矣。"（《孟子·公孙丑下》）

古代的买卖，以有易无，这种事，相关的部门管理管理罢了。但却有一个卑鄙的汉子，一定要找一个高地登上去，左边望望，右边望望，恨不得把天下所有买卖的好处都由他一网打尽。人们都觉得这人太卑鄙，因此抽他的税。向商人抽税就是这样开始的。

孟子好像是在讲笑话，税收制度好像不会这样随随便便就开始了。但从这个故事可以看出，孟子是如何地蔑视垄断行为。

二是反对滥收税，主张鼓励工商。

孟子主张"关，讥而不征"、"市，廛而不征，法而不廛"（《孟子·公孙丑上》），就是要求关卡和市场应该检查货物但不能滥收税。市场上，应提供空地储藏货物，但不能征收货物税；如果货物滞销了，应该依法征购，避免长久积压。

孟子为商人想得很周到，这也是先秦儒家对工商的共同态度，在今天看来也是一种十分前卫的经济学思想，其强调贸易自由的理念丝毫不亚于今日自由主义的经济主张。（后来荀子受法家影响而有所改变。）


### 4 可持续发展的生态主义

谈到孟子的经济思想时，我们还不应忘记，他还是最早提出可持续发展理念的思想家。

他说："不违农时，谷不可胜食也；数罟不入洿池，鱼鳖不可胜食也；斧斤以时入山林，材木不可胜用也。……是使民养生丧死无憾也。养生丧死无憾，王道之始也。"（《孟子·梁惠王上》）

这段话明确地阐释了今日看来尤其宝贵的生态主义思想、环境保护思想、可持续发展思想。

孟子两千四百年前的规划，直指今天，可以列入我们的政府工作报告。

看一看我们今天的生态问题，让人触目惊心。例如我们的母亲河——长江，本来含泥沙量很低，但如今每年带入东海的泥沙已达 5 亿吨。

生态保护迫不急待。

### 五　仁政王道——义利之辨，两个视角

#### 1　乐以天下，忧以天下

"仁政王道"是孟子基本的政治诉求、政治理想。这一思想典型地体现了先秦儒家的圣王思想，它强调道德与政治的密切联系，认为只有先解决好道德问题，然后才能解决好政治问题。

仁政王道的思想充满了人道主义精神，体现了对民众生存的关注。孟子提出统治者应"与民偕乐"（《孟子·梁惠王上》）的思想，实际上就是要求统治者必须关怀大众，改善民生，这是仁政王道的具体体现。

孟子由此进而提出了中国政治史上最进步的政治理念："乐以天下，忧以天下"。

"乐民之乐者，民亦乐其乐；忧民之忧者，民亦忧其忧。乐以天下，忧以天下，然而不王者，未之有也。"（《孟子·梁惠王下》）

孟子主张的仁政王道，始终贯彻着关注、同情平民大众的基本立场，始终以平民大众的生存状态作为衡量政治好坏的最高标准，体现了一种人民性的政治理念，形成了"以人为本"的优良政治传统。中国历史上能够名垂青史的政治家，都体现了这种政治理念和政治传统。范仲淹著名的"先天下之忧而忧，后天下之乐而乐"，其思想源泉就出自孟子。

#### 2　王何必曰利

这里特别值得注意的是，孟子在阐释仁政王道时提出的义利之辨。

《孟子·梁惠王上》开篇就讲义利之辨。

"王，何必曰利？亦有仁义而已矣。"

"何必曰利"的思想一直遭到误解与批判。有人一提到孟子的义利之辨，就斥之为迂腐，认为这是孟子用抽象的道德信条束缚经济发展，甚至是剥夺民众的生存权利，不管人民的死活，显然不利于市场经济的发展。今天看来，这种批判太简单化了。

讨论孟子的"何必曰利"，不能丢掉那个"王"字，孟子说的是"王何必曰利"，就是指责统治者，你不要开口闭口都是你的利，你的利已经太多了，天下的利都是你的了，你应该要点脸，讲点义了。

我们看到，孟子的义利之辨其实有两个视角：对统治者讲"义"，对百姓讲"利"。从对统治者的要求说，要求统治者一定要讲"义"，也就是推行仁政王道；而谈到百姓时，孟子则念念不忘保障他们的权益，也就是他们的"利"，这特别突出地表现在孟子要求保障民众的"恒产"，也就是保障其生存权的不容剥夺的私有财产。

因此，孟子的义利之辨，恰好是在为民争利。

孔子和孟子，从道德到政治，一方面树立了伟大的人格理想，另一方面又设计了系统的政经制度。如前所述，他们的思想逻辑就是要求先做人，然后才能做事。做好人，才能做好事。用儒学的术语，叫作"内圣外王"。《大学》所谓八条目："格物、致知、诚意、正心、修身、齐家、治国、平天下"，正是遵循着这个逻辑。因此，儒学实际上是从伦理到政治，是一种伦理政治学，一切都围绕着做人，做有道德的人。因此，人生境界的追求，也就成了儒家的核心诉求。下一讲就讲人生境界问题。

# 第三讲　人生境界的追求

## 一　儒者气象：圣人—大丈夫—君子

### 1　圣人很难当

仁，也就是爱满天下，是以儒做人的根本要求，也是一种人生境界。孔子讲"志士仁人，无求生以害仁，有杀生以成仁。"①"三军可夺帅也，匹夫不可夺志也。"铿锵有力，铮铮铁骨，掷地自作金石声，道出了其人生境界的崇高。一句杀身成仁，激励了多少壮士？

孟子的浩然正气同样令人敬仰。我们熟悉的"富贵不能淫，贫贱不能移，威武不能屈，是之谓大丈夫"，慷慨激昂地宣布了这个人生境界的尊严和不可侵犯。适如李泽厚师所说："这是两千年来始终激励人心、传诵不绝的伟辞名句，它似乎是中华民族特别是知识分子的人格理想。"②

孟子所云："说大人则藐之，勿视其魏魏然。"（《孟子·尽心下》）同样令人肃然起敬。

实现了孔孟的教导，也就成了儒家所敬仰的圣人，也就是实现了人生的最高境界。

但是以儒做人，是不是要求大家都去做圣人呢？是不是要求大家都成为大丈夫呢？不是的。这样要求就麻烦了。

最高境界的实现并不是那么容易。不错，孟子讲过："人皆可以为尧、舜。"（《孟子·告子下》）荀子也说过："涂之人可以为禹。"（《荀子·性恶》）马路上走的人都可以成为大禹，到了宋明，大儒就说："满街都是圣人。"③

---

① 《论语·卫灵公》，见杨伯峻译注，《论语译注》，中华书局，2006年版，第184页。
② 李泽厚：《中国古代思想史论》，台湾三民书局，1996年版，第45页。
③ 朱熹游泉州开元寺，为其写对联："此地古称佛国，满街都是圣人。"王守仁《传习录（下）》亦载他和学生王艮对话，王艮曰："见满街都是圣人。"

但是他们讲这些话，不过都是激励人们不断追求更高的人生境界。说起来，一个社会能够不是"满街都是小人"就不错了，哪里能够"满街都是圣人"？

古往今来，圣人出了几位？几乎没有。就连孔子都坚决否认自己是圣人，他说："若圣与仁，则吾岂敢？"① 谈到圣和仁的境界，我孔丘可不敢当。

我读孔孟，每当读到"士可杀不可辱"、"三军可夺帅也，匹夫不可夺志也"、"富贵不能淫，贫贱不能移，威武不能屈"、"说大人则藐之，勿视其巍巍然"，总是不由地心潮澎湃，热血沸腾。但是静下来想想，"富贵不能淫，贫贱不能移，威武不能屈"，我能做得到吗？结论是，很难做到，或者做不到。为什么呢？因为我是个凡人。凡人都有欲望。古话说得好："无欲则刚"，但是我偏巧有欲。我有很多世俗的欲望，名缰利锁，我根本就跳不出去。我要升职，就得讨好领导；我要挣钱，就得讨好客户。这怎么能做大丈夫？

大丈夫我肯定做不成了，但是不能做大丈夫，就自甘暴弃吗？也不能。不能做大丈夫，可以做君子。大丈夫富贵不能淫，贫贱不能移，威武不能屈。君子呢？不能有所为，可以有所不为。没有能力、没有条件、没有境界做崇高的事，至少保证不要主动地出卖灵魂，不要去践踏道德底线，不要去干伤天害理的事。这一点，一般人都能、都应做得到。

说起来，圣人非常少，十恶不赦的人也非常少，更多的人都是像我这样的人——凡人，说得好听点，就是有缺点的好人。绝大多数人都难免有跌份子的时候，都难免有露怯的时候。随地吐痰，闯红灯，坐地铁不排队，打小报告，抬高自己，贬低别人，这些很不光彩的事，我们可能都做过。但是做过之后，晚上夜深人静时想一想，如果心里感到不安，睡不着觉，觉得不应该这样做，并且暗下决心以后绝不干这样的事，那么这个人就有希望。

2　虽不能至，然心乡往之

那么，既然大家都做不了圣人，大家都是凡人，儒家为什么还提倡

① 《论语·述而》，见杨伯峻译注，《论语译注》，中华书局，2006 年版，第 86 页。

圣人境界呢？既然大家都做不到，干嘛还提倡它呢？有没有意义？有没有价值？我认为，仍然有意义，仍然有价值。那么意义何在？价值何在？我由此想起司马迁歌颂孔子。

司马迁在《史记》里引用了《诗经》中的一句诗来歌颂孔子。诗是这样写的：

孔子教学弟子图

"高山仰止，景行行止。"

然后他由衷地说：

"虽不能至，然心乡往之。"①

这是什么意思？

"高山仰止"的意思是，高高的山峰啊，看到它，我就有攀登的欲望。

"景行行止"的意思是，宽阔的大路啊，看到它，我就有奔走的欲望。

高高的山峰太高了，我登不到顶。珠穆朗玛峰，几个人登得上去？

宽阔的大路太远了，我也走不到头。

尽管登不到顶，尽管走不到头，我的心灵仍向往着它。

这就是"虽不能至，然心乡往之"。

高高的山峰，我可能登不到峰顶，但我还是要努力地攀登；宽阔的大路，我可能走不到终点，但我还是要努力地前进。孔子的境界尽管我无法企及，但是我的心灵向往着它。

孔子的境界，像高高的山峰，像一面旗帜一样引导我；孔子的境界，

---

① ［汉］司马迁撰：《史记·孔子世家第十七》（卷四十七），中华书局，1982年版，一九四七页。

像宽阔的大路，像一种理想一样激励我。在它的引导和激励下，我的人生不断向前，这个不断向前的过程本身就有意义，就有价值。

尽管圣人境界我们很难做得到，但是我们能够以圣人境界为理想，向着它不断努力，我们就能不断地提高自己。还是古语说得好：取法乎上，仅得其中；取法乎中，仅得其下；取法乎下，无所得矣。如果你为自己树立一个高远的理想，能够实现一半就很不错了；如果你为自己树立的理想很平庸，你能实现的就等而下之了；如果你为自己树立的理想十分低下，你这一辈子恐怕就要一塌糊涂了。

## 二 极高明而道中庸

### 1 下学而上达

总之，以儒做人不是要求我们都做圣人，都做大丈夫，都做顶天立地的英雄。一般人都达不到的境界，你偏要那样要求，结果只能出现成群的假道学、伪君子。明代最有批判精神的思想家李卓吾揭露这些伪君子："口谈道德而心存高官，志在巨富"①；"被服儒雅，行若狗彘"②。民间的批判听着更爽："满口仁义道德，满肚子男盗女娼"。今天国学又热了，也很有一些江湖骗子打着弘扬传统道德的旗号，电视上电视下，好像道德卫士，实际上满脑子就是一个"利"字，见利忘义，唯利是图，利欲熏心，可谓新时代的伪君子。孔子早就对这种人有个说法，叫作"小人儒"。他告诫自己的学生，要做君子儒，不能做小人儒。

以儒做人要求我们既要树立远大的理想，又要踏踏实实地做事，孔子告诉我们"下学而上达"。我们平日的学习都是"下学"，看似很平常，但是只要坚持这个"下学"，你的知识水平、文化品位、道德境界就会潜移默化地不断提高，也就是不断地实现"上达"，不断接近理想。有句话说得好：把一切平凡的事情做好就是不平凡，把一切简单的事做对就是不简单。平凡中有不平凡，简单中有不简单。用《中庸》的话说，就是"极高明而道中庸"，这就是君子儒。

① 张建业主编：《李贽全集注·焚书注》，社会科学文献出版社，2010年版，第119页。
② 张建业主编：《李贽全集注·续焚书注》，社会科学文献出版社，2010年版，第223页。

## 2 日日新，又日新

我由此想到商汤王的话："苟日新，日日新，又日新。"① 商汤王将这句话刻在自己洗澡的澡盆上，激励自己为民众服务。它的意思是诚然每天都能更新自己，那就每天都坚持不懈地做下去，每天都要更新自己，提高自己，每天都要让生活有新气象。这是一种多么积极乐观的、昂扬向上的人生态度。几千年来，这种人生态度焕发出巨大的精神力量，激励着中华民族做人做事。就是佛家到了中国，也深受这种人生态度的影响。例如佛家禅宗的云门禅师就说："日日是好日。"

用今天的话说，就是天天都是好日子。这比宋祖英唱的歌还积极，宋祖英唱的拜年歌是"今天是个好日子，明天是个好日子"，但在佛家禅宗看来，在儒家的人生哲学看来，天天都是好日子。天天都是好日子，当然不是天天花天酒地，天天肉山酒海，天天卡拉 OK，而是每天都应创造自己的事业，提高自己的境界，刷新自己的生活。这就是以儒做人的基本要求。

---

① 王国轩译注：《大学·中庸》，中华书局，2006 年版，九页。

中华传统文化开讲

# 第四讲　自强不息的奋斗

"日日新，又日新"这句几千年来激励着中华民族的伟辞名句，体现了积极的、乐观的、昂扬向上的人生态度，直接培育了中华民族自强不息的奋斗精神。

《易经·乾卦》说："天行健，君子以自强不息。"

这句话告诉我们，君子总是能从刚健运行的宇宙得到启示，得到鼓舞，从而自强不息，坚韧不拔地执着于自己的事业和理想。

这句话同样是几千年来激励着中华民族的伟辞名句。它体现了中华民族特有的天人合一的文化观，成为中华民族取之不竭的精神源泉。

## 一　善为易者不占

### 1　文化的转向

《易经》是本什么书？《易经》原来是本占卜的书，也就是算卦的书，那是上古蒙昧初开、中华文明初露曙光的时代，先民的文化创造。在那个时代，先民认为天地万物背后都有一种神秘的力量支配着人类的命运，《易经》的占卜或者说算卦就是和这种神秘力量打交道，希望通过对它的考察认识来预测人间的吉凶祸福，再进一步通过和它的沟通互动来改善自己的命运。这种神秘力量说到底就是我们常说的鬼神。原始巫术、原始宗教等均产生于上古先民这样一种世界意识、自然意识和宇宙意识。但必须指出的是，中国的原始巫术、原始宗教、原始神秘主义从殷周发展到春秋时期，超越性的宗教命令已逐步转化为人间性的道德法则，宗教也走向人文化。天地鬼神都成了人间道德甚至百姓权益的守护者。例如《左传》记载：

"夫民，神之主也。是以圣王先成民，而后致力于神。"[1]

---

[1] 《左传·桓公六年》，见［清］洪亮吉撰：《春秋左传诂》，中华书局，1987年版，二一八页。

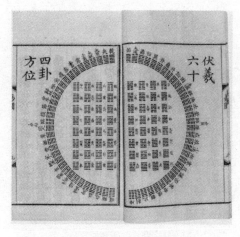

《周易本义》书影

民的地位在神的前面。

再如：

"国将兴，听于民；将亡，听于神。神，聪明正直而一者也，依人而行。"①

任何宗教都是人服从神，这里却是神服从人。

此外如"鬼神非人实亲，唯德是依"②（鬼神绝不因人而决定亲疏，只看你讲不讲道德）、"祭祀以为人也。民，神之主也"③（祭祀鬼神也是为了人，民众才是神之主人），等等。这表明，天的地位下降，人的地位上升；鬼神为人服务，人乃鬼神主宰。这是中国上古史中意义重大的文化转向，决定了中国文化的基本性格。对《易经》的态度，也不能不受到这个转向的影响。

孔子是这个转向中的标志性人物。从孔子开始，就已经不把《易经》看成算卦的书，而是专门阐释里面的哲学道理。就是说，伴随着文明的进步，孔子能够与时俱进，不是把《易经》看成和鬼打交道的书，而是把《易经》看成和人打交道的书，这就空前地提高了《易经》的文化地位。

荀子也早就讲过："善为易者不占。"（《荀子·大略》）就是说，真正懂得《易经》、善于运用《易经》的人是不拿它来算卦的。

其实，早在孔子、荀子之前，就有一位大人物清楚占卜算卦那些东西是忽悠人的，不可被它左右。这位大人物就是姜子牙。

我们知道，姜子牙辅佐周武王伐纣，担任参谋总长，立了决定性的功劳。

武王伐纣之前，曾经命令主管算卦的官儿算了一卦，结果是"大

① 《左传·庄公三十一年》，见［清］洪亮吉撰：《春秋左传诂》，中华书局，1987 年版，二六〇页。
② 《左传·僖公五年》，见［清］洪亮吉撰：《春秋左传诂》，中华书局，1987 年版，二七九页。
③ 《左传·僖公十九年》，见［清］洪亮吉撰：《春秋左传诂》，中华书局，1987 年版，三〇三页。

中华传统文化开讲

凶"。按照这卦，这仗不能打，打了要输得很惨，"大凶"啊！但是姜太公有什么反应？他是坚决地不信邪，扔掉蓍草，踏碎龟甲，说道："枯骨死草，何知吉凶！"坚决主张出兵，结果大获全胜。

如果听算卦的，中国的上古史恐怕都要改写了，有没有周朝都难说了。

春秋时齐国大夫崔杼要娶寡妇棠姜为妻，也占了一卦，结果也是凶卦。但是崔杼也像姜太公一样不信邪，他说："一个寡妇有什么危害！即使真的有危害，她的前夫已经遭受了，于我何干？"最后还是娶了棠姜。

北宋大思想家李觏，更坚决地反对对《易经》作神秘主义解释，认为"八卦之道在人"①、"吉凶由人"②，反对拿神秘的天意说事儿。


## 2 化神奇为腐朽

富于讽刺意味的是，算卦的自己从来算不了自己的命。拿古人来说，西汉有个叫京房的人，算卦很有创造性，发明了所谓"纳甲"法，推算阴阳灾变，名满天下，汉元帝曾经非常赏识他。但也正因为太能算卦了，最后算到皇帝身上，说了难听的话，结果背上诽谤天子、攻击朝政的大罪，被判了死刑，丢了脑袋，还被暴尸三天。说起来这个京房还不像今天那些江湖骗子，他懂天文，晓音律，还是很有才的。但是就因为热衷于算卦定吉凶，竟然招致杀身之祸。其实他的老师焦延寿早就看出了京房乱算卦的危险性，曾经不无忧虑地说："得我道以亡身者，京生也。"果然不幸言中。

讲到《易经》算卦，我还想起两个笑话：

一个说，有位书生相信《易经》八卦可以驱鬼，一天他到深山里读书，怕深山里有鬼，特意带了一本《易经》放在枕头下，用来驱鬼。夜里好像真的听到鬼叫，他就连忙拿出《易经》拼命晃，越晃鬼叫得越响，闹了一夜，这位书生差点吓死。天亮了跑到屋外一看，原来不过是一条绳子，挂在树上，夜里大风一吹发出声响。你瞧，《易经》连一根绳子都吓不跑，还能吓什么鬼？

另一个说，某位老先生十分迷信《易经》，十分相信黄历，举手投足

① ［宋］李觏著：《李觏集》（卷第三），中华书局，1981年版，五〇页。
② ［宋］李觏著：《李觏集》（卷第四），中华书局，1981年版，六六页。

都要看黄历。一天自家的房子塌了，老先生被压在一堵墙下。家人连忙挖起墙土，要将他救出来。他竟然制止，说："赶快看看黄历，今天是否不宜动土？"

迷信《易经》算卦，结果就是举手投足都无所适从，还能做什么事？

关于《易经》研究，有一种观点很值得注意。那就是《易经》的阴爻、阳爻，本是上古时代的文字。如钱穆先生云："易之为书，本于八卦。八卦之用，盖为古代之文字。"①

例如那时候的"天"字，就这样写：☰；"地"就这样写：☷；"水"就这样写：☵；"火"就这样写：☲；"山"就这样写：☶。文字是传达信息的。上古时代，先民居无定所。一个部落的前一拨人走了，后一拨人来了。前一拨人要告诉后一拨人，山上有水，可以居住。怎样传达这个信息呢？那个时候又没有手机。于是就在醒目的地方，写上一个"山"字，山上面再写一个"水"字，山上有水。后一拨人来了看到这个符号，知道山上有水，就在山上住了下来。

但是那个时代毕竟蒙昧初开，先民理性尚不发达，久而久之，就把那个符号神秘化了。你瞧，有这个符号就有水，这个符号有魔力。其实这不过是颠倒了符号和现实的关系。这在宗教学上叫"附魅"，今天科学昌明了，我们的任务是去魅。还装神弄鬼、故弄玄虚地掐来算去，就是忽悠，就是诈骗，就是化神奇为腐朽。

## 二 《易经》的文化精神

### 1 "通"的哲学

那么《易经》的智慧、《易经》的精神到底是什么？《易经》经过孔子等先哲的创造性阐释，确实具有伟大的哲学意义和文化价值，因此被称为"群经之首"。《易经》很多卦象透露或体现了中国古人的深刻智慧，值得我们汲取。例如我们都知道的泰卦和否卦。

泰卦是吉利的卦，它的卦象是这样的：䷀。

坤在上，乾在下。坤代表地，乾代表天。地跑天上去了，天跑地下来了，岂不是阴阳颠倒，乾坤易位，这怎么还是吉利的卦呢？原来这个

---

① 钱穆：《国学概论》，商务印书馆，1997 年版，第 3 页。

卦体现了中国古代智慧的辩证意识。天往下来，地往上去，表明天地相沟通，相反相成，对立统一，如老子云"反者道之动"（《道德经》二十八章），当然吉利。中国古代智慧非常重视"通"，万事万物，通才吉利，不通则凶。如中医看病，就讲一个"通"，所有的病都是由于不通。今天发展经济，有一句话，叫"要想富，先修路"。为什么？修路才能连通外部世界。有了四通八达的路，才有广阔的市场。

相反，否卦则是不吉利的卦，这个卦的卦象和泰卦正好反过来：☰☷。乾在上，坤在下。


2 "三才"：天地人

在我看来，《易经》最可贵的精神有三条。第一条是："天行健，君子以自强不息"。这句话鼓舞了一代代的中华儿女积极、明朗、乐观地开拓生活。

第二条是"天地之大德曰生"，培育了一种呵护天地万物的宇宙情怀。

第三条是讲"天地人"三才，这里重点讲讲"三才"①。《易经》卦象所谓六爻，下两爻为地，中两爻为人，上两爻为天，此即所谓天地人"三才"。我们这里关注的是"三才"的哲学象征意义。前面谈到，"天地之性，人为贵"是中华文化的辉煌命题。"三才"其实是将具有道德性的人类提高到和天地并生的崇高地位。

我曾经以大地震做例子，讲到从自然力的角度看，人在自然面前渺小得很。但是如果不从自然力的角度看，而是从人的道德尊严来看，那么，人生天地间，就具有一种任何力量都无法摧毁的精神气魄。还以大地震为例。地震可以瞬间夺去数万人的生命，但是我们看看汶川大地震中那些可歌可泣的事迹：我们看那位年轻的母亲，她用整个身体护住自己襁褓中的孩子，孩子得救了，她被夺去了生命。后来救护人员在包孩子的小被里发现了一部手机，上面有一条母亲临难前留给孩子的短信："孩子，你如果活着，请你记住，你的母亲永远爱你！"

读到这则短信，我的眼睛不禁湿润了。我只觉得，这不仅是一位母

———————
① 周振甫译注：《周易译注》，中华书局，2012年版，第354页。

亲留给自己孩子的短信，而是一种圣母般的担负人类苦难的大爱。

还有一位青年教师，用自己的两只臂膀死死护住两名小学生。两名小学生都得救了，他却不幸遇难。这位青年教师生前最喜欢唱一首歌："赠给你我的翅膀，供你自由飞翔。"他用生命实践了诺言。虽然他被夺去了无比宝贵的年轻的生命，但是他同样留下了无比宝贵的伟大人格和崇高道德。这种伟大人格和崇高道德，任何自然力量也无法摧毁。

当然，在自然界，有很多动物也具有为保护群体而献出个体生命的行为，例如蜜蜂和蚂蚁。著名的"斑羚飞渡"的故事更是令人震撼。

一群斑羚被猎人逼到悬崖边上。尽管这些斑羚十分善于跳跃，但是山涧太宽，它们每一只都绝不可能凭自己的力量一次性跳过山涧。这时，惊人的场面出现了。这群斑羚竟然自动地分成老少两队，一老一少、一先一后地成对跳跃山涧。它们对时间和方位的掌握是那样精确。老斑羚非常准确地跳到小斑羚的脚下，小斑羚则蹬着老斑羚的背部二次跳跃，成功地越过了山涧，老斑羚自然跌到山涧里粉身碎骨。一对又一对，所有的老斑羚就这样用自己的生命换来了小斑羚的脱险。这情景看起来惊心动魄，却令人心里油然升起崇敬之情。但是老斑羚的壮举也完全是出自动物本能。

人不同于动物的地方在于，他有理性，有选择能力，有意志自由。他清醒地认识到，每个人都只能活一次，这就决定了生命的无上宝贵和尊严。他可以自由选择，面临生死抉择时，他选择自己逃生也未可厚非。但是他却能够将死亡留给自己，将生存留给别人，这就见出人的道德抉择的无比崇高。有句话叫作"慷慨成仁易，从容赴死难"。历史上很多仁人志士，都用自己清醒的理性选择，超越生物性的求生本能，舍生取义，体现了人类道德选择的无比崇高和神圣。例如南宋丞相文天祥被俘后，受尽折磨，也历经诱惑，但是始终坚贞不屈，最后以生命殉了自己的政治气节。"皇恐滩头说皇恐，零丁洋里叹零丁。人生自古谁无死？留取丹心照汗青。"[1] 铮铮铁骨，千古传颂。

明初方孝孺，拒绝为篡夺皇位的燕王朱棣服务。朱棣威胁他说："你就不怕诛九族吗？"方孝孺回答："你就是诛我十族，我也不会为你这逆

---

[1] 文天祥：《过零丁洋》，邓碧清译注，《文天祥诗文选译》，巴蜀书社，1990年，第99页。

贼服务。"专制社会，诛九族，也就是将罪犯的亲属全都杀光，已经是最残暴的刑罚。所谓诛十族，就是还要杀光罪犯的学生、朋友。方孝孺果然被诛了十族。残暴的朱棣命人将他的嘴一直撕到耳根，将他的亲人和学生一个个在他面前杀害，一连杀了876人，他却始终坚贞不屈。

清末谭嗣同变法失败后，本来有逃生的机会，但是他决心用自己的生命警醒世人。谢绝朋友的营救，终于将自己的一腔热血献给了变法事业。他在刑场上从容不迫，义正词严："有心杀贼，无力回天。死得其所，快哉快哉。"慷慨壮烈，令人景仰。

德国大哲学家康德的墓碑上刻着他生前的名言："位我上者灿烂星空，道德律令在我心中。"

世界上只有两种事物令人敬畏，一个是头上的星空，一个是心中的道德。

正是孟子所说的"舍生取义"的道德抉择，使人成为可以和天地相比并的"三才"之一，使人的道德性拥有灿烂星空一般的伟大、崇高和尊严。

当然，《易经》还有丰富的辩证智慧，例如"一阴一阳之谓道"①、"无往不复"② 等等，都可以给我们的现代生活提供深刻的启示。《易经》的卦和爻，可以送到博物馆里去了，看着那些手指头夹满棍子掐来算去的"易学大师"，装神弄鬼，煞有介事，真的是很荒唐，很滑稽，立刻让我想起胡适先生对20世纪20年代中国的描绘："这遍地的乩坛道院，遍地的仙方鬼照相。"③

《易经》拥有伟大的哲学智慧，它是滋养我们的精神资源，但是它和那些"易学大师"的装神弄鬼毫无关系。

### 三 君子居易以俟命

#### 1 有没有"命"

我反对用《易经》来抽签算命，装神弄鬼，反对故弄玄虚，神秘兮兮，恰是继承和弘扬古圣先哲的理性主义精神。这里有一个问题，反对

① 周振甫译注：《周易译注》，中华书局，2012年版，第308页。
② 同上书，第60页。
③ 参见胡适：《科学与人生观·序》，岳麓书社，2012年版。

抽签算命，装神弄鬼，是不是反对讨论命运问题、反对讨论神秘现象？不是的。儒家主张理性主义，绝不是反对讨论命运问题，绝不是否认命运的存在。例如较之孔子更少谈祭祀、也就是更少关注宗教问题的孟子，却不否认"命"，他甚至说"莫非命也"（《孟子·尽心上》）。

那么，孟子说的"命"是什么意思？他给"命"下了个定义：

"莫之致而至者，命也。"（《孟子·万章上》）

没有人叫它来，它竟来了。孟子眼里的"命"，其实就是无形无影无主宰，不可预测又不可把握的力量，以及人生的偶然。

比如你经营一家外向型企业，一切都在顺利运行，订单不断，蒸蒸日上，但突然2008年一场金融危机从天而降，来势凶猛，你的订单就没了，你就受到严重影响，这个你完全无法预料，不由你决定，这就是你的"命"。你这个人朽木不可雕，无所事事，在家啃老。一天睡到10点起来了，上超市买包烟，看到卖彩票的觉得挺好玩，于是花10元钱买了一张，结果一宣布，中奖1 000万，命运彻底改变。

### 2 尽人事，听天命

但儒家反对依靠这个命。儒家对待命的态度也体现了积极的健康的道德的理性精神。看孟子这样说：

"莫非命也，顺受其正。是故知命者不立乎岩墙之下。尽其道而死者，正命也；桎梏死者，非正命也。"（《孟子·尽心上》）

一切都是命，但顺理而行，所接受的便是正命。因此懂得命运的人不站在有倾倒危险的墙壁之下。尽力行道而死的人所受的是正命，犯罪而死的人所受的就不是正命。

尽管命运无处不在，人生不可预测、不可把握的偶然性太多，但孟子除了告诫远离不必要的危险之外，强调的是"正命"，依据道德原则来做事，不管结果如何，都是正命。

《中庸》有句话说得最好："君子居易以俟命，小人行险以徼幸。"

君子居处平易，行为端正，等待命运的安排，小人专门冒险以图侥幸获得利益。前者就是孟子所谓"正命"，是儒家对待命的正确态度，后者则是对待命的错误态度。

总之，面对未知世界、神秘事物、偶然性、不可预测性、不可把握

中华传统文化开讲

性，有六个字最健康最合理，那就是："尽人事，听天命"。

好好地做你的事，命运怎么安排是它的事。好好地做你的事，你的人生就充实，就有意义，就有价值，不管命运如何安排，你总是不枉此生。

# 第五讲　一个世界的取向

## 一　中外比较：一个世界和两个世界

爱满天下的胸怀，人生境界的追求，自强不息的奋斗，都立足于人间世界。中国人就是在一个世界，也就是人间世界的生生死死中，确立了人生的价值和意义。

这和西方文化形成一个重大差异。

如果最简单地概括一下中国文化和西方文化的差异，我想有八个字就够了："一个世界，两个世界"，或者"一个人生，两个世界"。这是李泽厚师比较中西文化时提出的著名观点。[①] 西方文化讲两个世界，中国文化讲一个世界。这是什么意思呢？

### 1　宗教精神：希望在天国，不朽在彼岸

西方文化传统以基督教为精神支柱，是一种宗教型文化。任何宗教型文化都讲两个世界：一个是天国，一个是人间。天国是永恒的、美妙的、欢乐的世界，人间则充满缺陷和罪恶。人来到世间，就是遵循神的使命，勤奋工作，慈爱大众，赎清罪孽，最后回到天国，享受永生。

具有虔诚宗教情怀的宗教徒，就是怀着这样的信念，投入人生事业。我们都知道比尔·盖茨一捐就捐出几百亿美元，还是所谓"裸捐"。他为什么具有如此慷慨的慈善行为呢？这和他的基督教价值观有很大关系。比尔·盖茨十几岁开始背诵《圣经》，是位虔诚的基督徒。在基督教看来，富人是上帝在人间的财富管家，是穷人的财富代理。赚了钱一定要

① 李泽厚关于中西文化比较之"一个人生，两个世界"的阐释，请参看其《实用理性和乐感文化》（三联书店，2005 年版）、《论语今读》（安徽文艺出版社，1998 年版）。此外，钱穆先生对孔子构建一个人生的文化价值亦有精当论述，见其所著《中国文化史导论》（商务印书馆，1994 年版），修订本。

回报社会，才是响应上帝的召唤。

说起来很有意思，世界上第一个股份公司恰好是教会办的，它诞生于12世纪，因为教会要把信徒捐来的钱经营增值，更好地回报社会。

上帝不断告诫那些为富不仁的财主："富人上天堂比骆驼穿过针眼还难。"

小布什当总统时，曾经准备制定一条法律，要取消遗产税。这条法律显然对富人有利，因为越有钱的人，遗产税肯定交得越多。但是恰好就是美国最富有的100位富豪，联名反对取消遗产税。其中有比尔·盖茨的老爸，有金融大鳄索罗斯，有股神巴菲特。他们为什么反对这条看起来对他们有利的法律呢？理由就是这违背了基督徒回报社会的精神，同时不利于培养他们的儿女独立生活的能力。

西方人的很多道德行为，都可以在基督教的宗教背景中得到解释。德国思想家韦伯发现，西方资本主义的发展，也得力于基督教的理念，那就是响应上帝召唤，勤奋工作，生活节俭，积累财富，回报社会。

今日世界，恐怖主义势力有些嚣张猖獗，恐怖主义分子身上绑着炸弹，车上装着炸弹，冲进人群，引爆炸弹，往往造成大量无辜平民的伤亡。这些恐怖主义分子肆无忌惮地杀害无辜平民的凶残行为令人愤怒，令人不齿。但是这里有一个问题，那些"自杀炸弹"何以都那样不怕死？他们为什么不惜自己被炸得粉身碎骨，还是前仆后继，视死如归？这里有一个重要原因，就是"基地"组织利用了宗教信仰。伊斯兰教的《古兰经》有七圣训，第七条就是圣战，也就是为真主而战。为真主而战，献出生命，死后立刻就会升入天堂。例如这样一位男人牺牲了升入天堂，立刻就会有几位美女来迎接你，为你服务，金银财宝用不完。试想，如果这个恐怖主义分子是一个贫困人家的子弟，同时又虔诚地相信这个说法，那么对他该具有多么巨大的诱惑力？前不久媒体披露，在一个"基地"组织的训练营地，就专门展出一些绘画，上面画着美丽的天堂景象：华丽的房屋，门前的河里流着奶和蜜，美丽的处女站成一排，列队迎接圣战牺牲后来到这里的战士。"基地"组织就是用这样的方法来对成员洗脑，使他们心甘情愿地充当恐怖主义的牺牲品。

恐怖主义组织这种做法当然是对伊斯兰教的亵渎和歪曲，伊斯兰教的根本主张还是和平与慈爱。但是这种充满诱惑的宣传确实蛊惑了很多信徒，使他们走上恐怖主义的不归路。相信了这种宣传，他们去自杀也就心安理得，因为他们坚信为恐怖主义袭击献身后，一定能升入天堂获得那样的待遇。

### 2  人间情怀：只羡鸳鸯不羡仙

但是，这一套对中国人就不管用。因为中国的文化不是一种宗教型的文化，他对另外一个世界的真实性总是表示怀疑，他只相信他活着的这个世界才是真实的、可靠的。这就是一个世界的文化观。还是孔子，对中国人形成这个文化观做出了突出贡献。

孔子关注的核心问题就是中国人的社会生活特别是道德生活，因此他特别注意做人的问题。与人间生活没有关系的事，孔子很少关心，也很少讨论。例如庄子评价孔子："六合之外，圣人存而不论。"① "六合"就是天地东西南北，是世界的别名。这句话的意思是，人间世界之外的事，孔子可能承认它存在，但绝不讨论它。

庄子不是孔子的"粉丝"，因为庄子是道家的代表人物。但是，看来还是庄子最了解孔子。例如对宗教问题就是这样。关于宗教涉及的生死、鬼神问题，孔子的著名态度是："未能事人，焉能事鬼?"② "未知生，焉知死?"③

学生子路问孔子怎样服侍鬼神，孔子回答"未能事人，焉能事鬼"，意思是，人我还没伺候明白，哪里有时间去伺候鬼？

子路又问他死后世界是怎样的，孔子回答"未知生，焉知死"，意思是，活着的事我还没有搞明白，哪里有时间去研究死的事？

另外一位学生子贡还是追问老师："死人有知无知也?"

老师你一定要回答我："人死后到底有没有灵魂？有没有知觉?"孔子怎样回答呢？他这样回答："赐欲知死人有知将无知也，死徐自知之，犹未晚也。"④

意思是，这件事你不必忙着考虑，等你死了，自然就知道了。

① 《庄子·齐物论》，见陈鼓应注译，《庄子今注今译》，中华书局，1983年版，七四页。
② 《论语·先进》，见杨伯峻译注，《论语译注》，中华书局，2006年版，第129页。
③ 同上。
④ 刘向：《说苑·辨物》，见向宗鲁校证，《说苑校证》，中华书局，1987年版，四七四—四七五页。

这就是孔子，对鬼鬼神神、另外一个世界等谈不清楚的事，他一概不谈。这是一种十分聪明的回避态度，也是一种十分老实的态度。谈不清楚的事情就不谈，讲不明白的问题就不讲，绝不故弄玄虚，绝不不懂装懂。所谓"知之为知之，不知为不知"，一方面是严肃真诚的求知态度，另一方面又是关注人间的文化诉求。

孔子的文化态度培育了中国人专注人间的实用智慧。执着人生，珍爱人间，一个世界，是中国人的基本文化取向。千年等一回，等的也是这辈子。因此民谣说："只羡鸳鸯不羡仙。"

"鸳鸯"这种鸟总是出双入对，出来是一双，进去又是一对。人们看到鸳鸯这个习性，就用它来象征恩爱夫妻。魏夫人的《菩萨蛮》："溪山掩映斜阳里，楼台影动鸳鸯起"，韦庄的《菩萨蛮》："桃花春水渌，水上鸳鸯浴"，都是借鸳鸯来憧憬恩爱情侣的美丽诗句。其实，据今天的动物学家研究，鸳鸯这种鸟并没有那么恩爱。它们是出双入对，但是每次出来带的都是新欢，不是原来那位了。但是千百年来，约定俗成，人们还是把鸳鸯当作恩爱夫妻的象征。"只羡鸳鸯不羡仙"的意思就是，只羡慕人间的恩爱夫妻，温暖生活，不羡慕当什么神仙。当神仙又怎么样？苏东坡《水调歌头》有词："起舞弄清影，何似在人间。"

这是说谁呢？说嫦娥呢！嫦娥偷了丈夫的灵药，吃下去后成了仙，飞到月亮上去了。但是成了仙、飞到月亮上又怎么样呢？孤单、寂寞、凄冷，只有一个叫吴刚的老头儿陪着她，老头每天砍树不理她。她只好养了两只宠

荷花鸳鸯图

物，一只兔子，一只蟾蜍。寂寞难耐，也只好自娱自乐，独自起舞，凄清的影子更显得孤孤单单。因此唐代诗人李商隐《嫦娥》中说："嫦娥应悔偷灵药，碧海青天夜夜心。"

嫦娥应该后悔偷那个灵药呀，成仙飞到月亮上去，无数个漫漫长夜，无尽的碧海青天，多么难熬啊！

就连毛泽东都很同情嫦娥的寂寞，写《蝶恋花》一词说："寂寞嫦娥舒广袖。"

百姓的歌谣是这个态度，大文豪是这个态度，今天的流行歌曲也唱："在人间已是癫，何苦要上青天，不如温柔同眠。"

最后，民间谚语用一句话作了总结：好死不如赖活着。

由于中国人讲一个世界，西方人讲两个世界，于是看似同一种人生追求也遵循着不同的路径。例如中国人和西方人都讲"四海之内皆兄弟"，但是中国人，例如《论语·颜渊》这样讲："君子敬而无失，与人恭而有礼，四海之内，皆兄弟也。"

西方人呢，你看贝多芬第九交响乐后面的大合唱《欢乐颂》，那是今天欧盟的盟歌，就像我们开会唱国歌一样，欧盟一开会就唱《欢乐颂》。《欢乐颂》的词作者是18世纪德国大文豪席勒，他也讲"四海之内皆兄弟"，但是你看他怎样讲：

"欢乐女神

圣洁美丽

灿烂光芒照大地

我们心中充满热情

来到你的圣殿里

你的力量能使人们消除一切分歧

在你光辉照耀下，四海之内皆成兄弟"

中国人是在人的道德关系中实现"四海之内皆兄弟"，而西方人是在神的圣殿里实现"四海之内皆兄弟"。

### 二　实用主义：中国人的宗教心理

那么，中国有没有宗教呢？中国当然有宗教。我们有自己土生土长的道教，并且外面来了什么宗教我们都可以接受。举一个最能说明问题的例子。西方基督教在公元 5 世纪形成一个宗派,叫聂斯托利派,这个宗派由于主张基督二性说,将耶稣的神性和人性分开,不符合主流教义,结果被打成异端,聂斯托利被革去教职遭流放。但就是这个基督教异端聂斯托利派,却于公元 7 世纪传到中国,在唐朝兴盛了二百多年,后来在元朝再度传入中国。中国人尽管对宗教十分包容,但对宗教的态度却是人间的、实用的,或者说是功利的。例如中国唯一的土生土长的宗教道教,就是一种追求长生不死的宗教,它的得道成仙,它的神仙世界,并不在另外一个天国,它就是能够永远常驻的理想化的人间世界。这在世界宗教史上是独一无二的。适如李泽厚师所指出:"中国的实用理性使人们较少去空想地追求精神的'天国';从幻想成仙到求神拜佛,都只是为了现实地保持或追求世间的幸福和快乐。人们经常感慨的倒是'譬如朝露,去日苦多'、'他生未卜此生休'、'又只恐流年暗中偷换'……总之非常执着于此生此世的现实人生。"[1]

### 1　为什么多神

由于对宗教采取人间的、实用的、功利的态度,中国宗教的特点就是多神,并且大搞偶像崇拜。道教就以多神著称。而真正成熟纯正的宗教其实都是一神论,并且反对偶像崇拜。例如宗教精神最强烈、护教热情最高的伊斯兰教,就只崇拜真主,并且真主还不能有偶像。伊斯兰教义认为崇拜偶像要下地狱。其实基督教、佛教原来也这样主张。但佛教到了中国后,为了本土化,也搞起了偶像崇拜,神也多了起来,其中许多神都是道教掺进去的。在保留了更多印度原始佛教精神的南传佛教,也就是小乘佛教(上座部佛教),诸如今天我国的西双版纳,还有泰国、缅甸等国家信奉的佛教,寺庙里面一般只供释迦牟尼一尊佛。特别值得注意的是,从人间的、实用的、功利的角度出发,中国人崇拜的许多神,其实都是死了的人(如老子、关羽等),因此有学者认为中国的宗教就是祖先崇拜。任何祖宗,任何人,只要死后还能发挥作用,都能变成神,中国人给神的"编制"是十分慷慨的。

---

[1]　李泽厚:《中国古代思想史论》,台湾三民书局,1996 年版,第 328 页。

## 2 对神的二重性态度

清代有位外国传教士指出，中国人崇拜神又忽视神。孔子劝人"敬鬼神而远之"①，民间有谚语："祭神如神在，不祭也无碍。拜神如神来，不拜也不怪"。其实中国人岂止是忽视神，有时还亵渎神。例如龙是中华民族的图腾，是吉祥高贵的象征，但一到过年过节，我们还不是举着它耍来耍去？到了二月二，我们还吃龙鳞，吃龙胆。你瞧，神都可以拿来吃！

为了防止灶王爷上天说人的坏话，我们竟能够把他的嘴用糖封起来。行贿都行到神的头上了。

老舍曾说，佛不是保险公司的老板，他不能替你保险一切。中国人确实就把宗教的神当成了保险公司的老板，当成了做买卖的对象。无事不登三宝殿，敬神没问题，什么神我都可以敬，但是有一个条件，我敬你多少，你也要还报多少。如果不灵，对不起，就拜拜了，这个神啊，我就换掉了。你瞧，连神都可以换。孟子当年就说，"牺牲既成，粢盛既絜，祭祀以时，然旱干水溢，则变置社稷。"（《孟子·尽心下》）

今天说到"牺牲"，指的是为正义事业而献身，但是"牺牲"的原意是祭祀时供献的牲畜，如牛羊猪等。今天所谓"社稷"，指的是国家，所谓"执干戈以卫社稷"②，就是拿起武器来保卫国家。但是"社稷"的原意是两个神，社是土神，稷是谷神，一个保佑土地，一个保佑粮食，多么重要！但是孟子说了，我们祭祀你们这两位神，供献的牲畜完全合格，祭祀用的器皿干干净净，祭祀的时间分秒不差。但是我的国家还是今天水灾明天旱灾，对不起，你们这两位神不称职，还是下岗吧。你瞧！炒鱿鱼都炒到神的头上了。

这种宗教态度有两重性。正面的效应是，我们没有宗教发达国家常有的那种宗教迷狂，宗教极端主义所带来的各种问题。梁漱溟先生就曾指出中国人的善于调适的"非宗教文化心态"、"好讲情理的民风"是和合人际的重要文化润滑剂。而本来是为了团结凝聚群体的宗教却往往造

---

① 《论语·雍也》，见杨伯峻译注，《论语译注》，中华书局，2006年版，第69页。
② ［清］孙希旦撰：《礼记集解》，中华书局，1989年版，二八二页。

成社会的人群分裂，如基督教世界的诸多宗派，如最重宗教的印度的社会分裂。①

我们中国人无论如何也不能理解：怎么为了宗教信仰还能发动战争？就像西方人也无论如何不能理解：我们一个人怎么还能信好几个神？

宗教心态实用化的负面效应是，由于缺乏虔诚、强烈、执着、纯净的宗教信仰，我们往往就缺乏对神圣事物的敬畏心和庄严感，缺乏只有宗教才能带来的文化深度。

### 三 生死问题

#### 1 死生亦大矣

但是问题来了。中国人再热爱生活，再留恋这个人间世界，也要离开这个世界呀！好死不如赖活着，不管好死赖死，人都要死。不生的死终将夺去有死的生，面对死亡，人类感到格外惶惑，格外恐惧，因为他是有理性的存在，他意识到死亡而活着，他是走向死的生。

一次，一位古罗马统帅率领着他的百万大军行进。场面该是何等壮观！任何电影大片恐怕也很难描绘这个壮观场面。但是这位统帅看着行进中的大军，突然落下了眼泪。旁边的下属问他："您是这百万大军的统帅，世界上还有比您更威风的吗？怎么还伤心落泪呢？"

这位将军回答："100年后，这百万大军都在哪里啊？"

这位将军在百万大军的无比壮观的场面中，分明看到了死亡无可抵御的阴影。

古希腊有个耐人寻味的神话：太阳神阿波罗和牧羊人伊达斯都看中了少女玛尔珀萨。两位争得不可开交，就来到众神之王宙斯面前，请他裁决。宙斯说："还是让这位少女自己来选择吧！"少女选择了谁？她没有选择英俊的太阳神阿波罗，而是选择了放羊的凡人伊达斯。她为什么这样选择？请听她的理由：阿波罗是神，神是超越时间的，不死的，他会永远这样年轻，而我呢，总有一天会变成个老太太。那时候还怎样和他在一起？我不如嫁个凡人，和他一起慢慢变老吧！

不朽属于神，人注定要走向衰老，走向死亡。

---

① 参见梁漱溟：《东方学术概观》，中华书局香港分局，1988年版，第84—85页。

因此大文豪歌德感慨："岁月给我们送来了昨天、今天和明天，但有一天他不送了，他给我们带走了昨天、今天和明天。"

尽管也有不尽的忧伤和感慨，但是死亡问题对于虔诚的宗教徒是一个多少已经解决了的问题。前面说过，他将在另外一个超越的世界，在天国获得永生。任何宗教的重要功能都是解决死亡问题，也就是所谓的"终极关怀"。什么是终极关怀？就是对人生最后一个问题的关怀。人生最后一个问题就是死亡。宗教通过天国的设定，解除信徒的死亡恐惧，让他们相信死后有一个美好的永恒的世界等待着他，信上帝，就意味着不朽。

那么对于不相信另外一个世界的中国人，怎样解决这个问题呢？

由于缺乏虔诚的宗教情怀，中国人面对死亡，更是充满无尽的悲哀。古往今来，最惊心动魄的就是感叹人生短暂的死亡诗篇。

因此，孔子首先喊出："死生亦大矣！"[1]

是啊！人生大事就是两件：一个生，一个死呀！

你读《古诗十九首》："白杨何萧萧，松柏夹广路，下有陈死人，杳杳即长暮。"

你瞧那墓地中，风刮过白杨树，飒飒响；松柏在道两旁，阴森森，下面就埋着那死去的人。死者面前，漫漫黑夜无尽头……

你读陶渊明的《归园田居》："人生似幻化，终当归空无。"

这样一位伟大的隐士面对死亡也不能超然，仍不能解脱生命的慨叹。

就连曹操这一世枭雄，也不能不感慨："对酒当歌，人生几何！譬如朝露，去日苦多。"[2]

百姓呢，谈到死亡同样充满无奈的感伤。你瞧下面这首打油诗：

"城外土馒头，馅草在城里。一人吃一个，莫嫌没滋味。"

过去城里人死了抬到城外去埋。坟墓的形状像一个土堆成的馒头，因此叫"土馒头"。里面的尸体是城里人，因此说"馅草在城里"。

有人可能要问，怎么馒头还带馅儿呢？古代的馒头就是今天的包子，带馅的。《水浒传》里，好汉进了酒店坐下来大喊："要二斤牛肉馒头！"那不是说来二斤酱牛肉再加几个馒头，就是二斤牛肉馅包子。

---

[1] 《庄子·德充符》，见陈鼓应注译，《庄子今注今译》，中华书局，1983 年版，一四四页。

[2] 曹操：《短歌行》，《曹操诗文选》，北京人民出版社，1975 年版，第 45 页。

"一人吃一个"，每个人都得吃一个，意思是每个人都要死。

"莫嫌没滋味"，没滋味也得吃，怕死也得死。

你瞧，中国人特有的幽默、调侃中透着无奈、感伤。

## 2　不朽在人间

那么，面对无可逃避的死亡，中国人怎么办？前面说了，宗教徒在神的怀抱里解脱死亡，获得永生。不信这一套的中国人呢？他又如何解脱死亡的恐惧，获得永生？他不在神的怀抱里，不在天国，就在人世间，就在这一个世界里，完成生命的不朽。

肉体的不朽靠传宗接代，因此中国人特别重视血缘亲情，重视家族关系。说起来，中国人格外重视生男孩，和这个传宗接代都有关系。古代社会，只有男孩才列入排行，女孩是不能列入排行的。例如，孔子在兄弟中排行第二。前面讲了，他本来有 9 个同父异母的姐姐，但是都不算数。有一个同父异母的哥哥，尽管是残废，也算数。因此他的字叫"仲尼"，"仲"就是排行第二的意思。古代社会兄弟排行，老大叫伯，老二叫仲，老三叫叔，老四叫季，所谓伯、仲、叔、季。女孩不列入排行，男孩才列入排行，这当然是重男轻女，但是为什么有重男轻女的观念，除了经济原因、政治原因之外，还有文化原因。对于中国人来说，认为只有男孩才能传宗接代，女孩出嫁后就不是自己家的人了。这个看法说起来好像很荒唐，但是它却获得了现代科学的"证实"。现代遗传学已经破译了人体基因密码，也就是 23 对半染色体。生男孩和生女孩的奥秘被揭开了，在遗传学的层面上得到解释。原来，男性精子的染色体是 X 和 Y，女性卵子的染色体是 X 和 X。男性的 X 和女性的 X 结合，就生女孩；男性的 Y 和女性的 X 结合，就生男孩。这个 Y 非常重要。如果不发生基因突变，一个家族始终有男孩传下来，那么这个 Y 也就传下来。这个 Y 真的就是这个家族不变的骨血。从这个意义上说，男孩传宗接代的说法确有道理。当然，讲这个道理不是让你去重男轻女。

肉体上的不朽靠传宗接代，精神上的不朽呢？那就是著名的"三不朽"："太上有立德，其次有立功，其次有立言。虽久不废，此之谓不朽。"[①]

---

① 《左传·襄公二十四年》，见［清］洪亮吉撰，《春秋左传诂》，中华书局，1987 年版，五六七页。

"太上"就是最高的意思。人生最高的不朽就是道德上的成就，能做圣人，做不了圣人就做君子。中国人把道德不朽视为最高不朽，很有深意。孔子讲："我欲仁，斯仁至矣。"① 孟子讲"人皆可以为尧舜"，都是说追求道德的不朽，人人平等。不管什么人，不管你是干什么的，只要你想在道德上有教养，都有可能。道德的不朽没有条件。从卖土豆的到国家总统，在道德的平台上都是平等的。这就在最高意义上宣示了人人平等。

人生的第二个不朽是"立功"，也就是建功立业。政治家安邦定国，军事家保家卫国，企业家富民强国，都属于"立功"，立功不像立德，要有点条件。什么条件？就是机会，还有运气。一个人不是说你想当总统就一定能当总统，想当将军就一定能当将军，想当李嘉诚就一定能当李嘉诚。立功除了个人奋斗外，还需要机会和运气配合你。你的企业做得非常好呢，突然赶上个金融危机，你也没辙。你什么都不是，偶然买张彩票中了1 000万，你的个人命运也就彻底改变了。

人生的第三个不朽是"立言"，这是文化人的事。科学家搞科研，文艺家写诗做文章，理论家著书立说，都是"立言"。立言也有条件，那就是天赋。没有天赋，再努力成就也有限。不能说你喜欢写诗就一定能成为李白，你喜欢研究物理学就一定能成为爱因斯坦。

冯友兰先生说得很俏皮：你可以说人皆可以为尧舜，但是你不能说人皆可以为唐太宗，人皆可以为李白。②

总之，"三不朽"都是人间的事。中国人就是在这人间的一个世界中寻找人生意义，创造人生价值，实现人生不朽。

当然，我们讲中国文化性格关注一个世界、一个人生，不是说中国人没有超越的追求，不是说中国文化没有价值系统和现实系统的区别，但中国人的超越追求也紧扣这个现实世界，这和西方文化就大不一样。关于这个问题，余英时先生析之甚详，他指出："西方哲学上本体界与现象界之分，宗教上天国与人间之分，社会思想上乌托邦与现实之分，在中国传统中虽然也可以找得到踪迹，但毕竟不占主导的地位。中国的两

① 《论语·述而》，见杨伯峻译注，《论语译注》，中华书局，2006年版，第85页。
② 参见冯友兰：《三松堂学术文集》，北京大学出版社，1984年版。

中华传统文化开讲

个世界则是互相交涉，离中有合，合中有离的。而离或合的程度则又视个人而异。我们如果用'道'来代表理想的世界，把人伦日用来代表现实的人间世界，那么'道'即在'人伦日用'之中，'人伦日用'也不能须臾离'道'的。"①

宋代大儒张载有名的"四句教"，概括了中国人的人生哲学：

"为天地立心，为生民立道，为往圣继绝学，为万世开太平。"②

这个四句教，寄托着儒家的人生理想。"为天地立心"就是发挥《易经》的"天地之大德曰生"，呵护一个和谐的自然；"为生民立命"，就是实现孔子所说"富之教之"，孟子所谓仁政王道，建立一个和谐的社会；"为往圣继绝学，为万世开太平"，就是继往开来，弘扬优秀传统，开拓新的生活，走向一个和谐的世界。

中国人就是这样，以一种实用的智慧执着人生，热爱人生。就像当代大哲李泽厚师所说：使四大非空，一切如实，宇宙皆有情，万物都盎然生意。何必玩世逍遥？何必诅咒不已？执着（体验）而又超脱它（领悟），不更好么？这就是生命的故园情意，同时也就是儒家的"立命"。"生命多么美好，自然如此美妙，天地何等仁慈！那么，又何必去追求虚无，讲究寂灭，舍弃生命，颂扬苦痛，皈依上帝呢？就好好地活在世界上吧！"③

"存，吾顺事，没，吾宁也。"④

活着，我就好好干事，死了，我就安宁了。

这也是张载的名言。这句名言，道出了中国人的一个世界的生死观。

① 余英时：《中国思想传统的现代诠释》，台湾联经出版事业公司，1987年版，第10页。
② 章锡琛点校：《张载集》，中华书局，1978年版，三七六页。
③ 李泽厚：《人类学历史本体论》，天津社会科学院出版社，2010年版，第17页。
④ 章锡琛点校：《张载集》，中华书局，1978年版，六三页。

# 第六讲 儒道比较

## 一 日月交辉，儒道互补

### 1 太阳的精神和月亮的精神

如果说儒家教我们做人，要求我们培育一种道德情怀，积极地投入生活；道家则教我们养生，要求我们养成一种自然态度，潇洒地对待生活。前者即所谓"以儒做人"，后者即所谓"以道养生"。

儒家的智慧，主要体现为一种太阳的精神。我们来看太阳，无论日出还是日落，无论朝阳还是夕阳，都是那样灿烂辉煌，太阳每天都是新鲜的。因此先哲要求我们"日日新，又日新"，让生活每天都有新气象。我们来看《易经》，头一卦就是乾卦，乾卦就象征着太阳、运动、生长、活力、刚强等。这都是儒家智慧的特征，都是以儒做人的要求。

但是儒家的智慧之外，还需要道家的智慧，太阳的精神之外又需要月亮的精神，就好像《易经》在乾卦之外还需要有坤卦，男人之外还要有女人，缺了哪一方都不会有人类，都不会有世界。月亮的精神就是道家精神，大智若愚，大巧若拙，知足常乐，韬光养晦，柔弱胜刚强，不为天下先，无为无不为，道是无情却有情……多少人生智慧蕴藏在道家不露声色的谦卑中！这种不露声色的谦卑，就像无声地呵护大地的月光。你看那月光，多么温柔，多么谦虚，但是月亮可是个艺术家，她转瞬之间就替我们变换了世界，丑的变成了美的。朦胧的月色下，不是一切看上去都很美吗？

日月交辉，儒道互补，是中国的一大智慧。儒家和道家的互相补充，就像太阳和月亮交替运行，就像乾坤一体，阴阳互摄，刚柔相济，虚实相生。儒家风骨和道家气象，入世和出世，有为和无为，兼济天下和独善其身，悲歌慷慨和愤世嫉俗，身在江湖和心存魏阙，那样奇妙地相得益彰，组成了中国智慧既空灵又丰实的壮观画面。

### 2 儒和道的共同诉求

儒道两家可以互补，是因为它们在立场的差异和观点的对立之外，还有着共同的追求。例如老子讲"反者道之动"，儒家《易传》讲的"复"也是这个道理："寒往则暑来，暑往则寒来"①，"日中则昃，月盈则食"②，正所谓"无往不复，天地际也"③。此外，儒道两家都重视中庸，都既反对不足，更反对过分，强调"勿太过"，讲究"度"的智慧，追求恰到好处的境界。④

因此，儒道两家尽管是双峰并峙，二水分流，但正像《易传·系辞下》所说："天下同归而殊途，一致而百虑。"两家最后还是汇成中国传统文化的同一条大河，共同滋润着中华民族的思想园地。

## 二 道家和道教

### 1 联系和区别

谈到道家，有人一定会想到道教，想到张天师、全真七子、八仙过海、白云观、武当山。那么，道家和道教是什么关系？

首先要指出，道家和道教具有密切联系，甚至可以说，没有道家就没有道教。道家的主要代表老子后来成了道教的教主，是三清之一，也就是太清道德天尊。更重要的是，老子和道家另外一位重要代表庄子，为道教提供了理论基础。老子《道德经》在道教这里被称为《道德真经》，《庄子》一书在道教这里被称为《南华真经》（唐玄宗封庄子为南华真人，因此《庄子》一书被道教称为《南华真经》）。

但是道家和道教也有重大区别。简单地说，道家是一种哲学，道教是一种宗教。

按冯友兰先生的看法，"道家与道教的教义不仅不同，甚至相反。道

---

① 《易传·系辞下》，周振甫译注，《周易译注》，中华书局，2012年版，第339页。

② 《易经·丰卦·象传》，周振甫译注，《周易译注》，中华书局，2012年版，第257页。

③ 《易经·泰卦·象传》，周振甫译注，《周易译注》，中华书局，2012年版，第60页。

④ 参见冯友兰：《中国哲学简史》，北京大学出版社，2010年版，第16—17页。士林按：陈鼓应先生等反对视《周易》为儒家学派著作（见所著《周易今注今译·前言》，商务印书馆，2005年版），自不会同意上述阐释。本文还是认为《易经》（含《易传》）首先是儒家经典，后来道家乃至释家也十分重视它，于是《易经》遂成为道家"三玄"之一，佛家也有《周易禅解》。

老子授经图

家教人顺乎自然，而道教叫人反乎自然。"①

　　冯先生的理由是，道家无论老子还是庄子，都认为有生有死是自然过程，所谓"方生方死，方死方生"②，人应当平静地顺应这个自然过程，但是道教的主要教义则是如何避免死亡的原理和方术，追求长生不老，这显然反自然。③

　　当然，道教中人肯定不同意冯先生的看法，在他们看来，道教的长生术不是反自然，而恰好是挖掘自然潜力，融入自然，追求所谓"天地与我并生，而万物与我为一"④ 的境界。

　　2　怎样看道教的长生术

　　说到道教，很多人确乎立刻就想到炼丹服药、吐故纳新、导引辟谷、长生不老……

　　道教确乎以延年益寿、长生不死为愿景，例如道教重要经典《太平经》的主题就是讨论如何长生不死，认为："三万六千天地之间，寿最为善。"⑤

---

①　冯友兰：《中国哲学简史》，北京大学出版社，2010 年版，第 3 页。
②　《庄子·齐物论》，见陈鼓应注译，《庄子今注今译》，中华书局，1983 年版，五四页。
③　参见冯友兰：《中国哲学简史》，北京大学出版社，2010 年版，第 3 页。
④　《庄子·齐物论》，见陈鼓应注译，《庄子今注今译》，中华书局，1983 年版，七一页。
⑤　《太平经合校》，中华书局，1960 年版，第 223 页。

中华传统文化开讲

这是明确地将健康长寿立为人生的最高目标。

还有的道教经典说："上德者神仙，中德者倍寿，下德者增年不横夭也。"①

这是说，人生最高境界是成仙，中等境界是长寿，最低境界也是乐享天年避免夭折。

这个养生理论典型地体现了道教作为土生土长的中国宗教所体现的中国文化性格，入世的、人间的价值取向。

道教讲养生，目的在于延年益寿乃至成仙不死，这对于生命有限并且只能活一次的人类，自然具有无比巨大的诱惑力，但是，其中的糟粕也毋庸讳言。中国历朝历代都有皇帝为了追求长寿甚至成仙热衷于服食道士炼的丹药，结果既没有长寿，更没有成仙，很多皇帝却反而丧了命。中国的第一位皇帝秦始皇和清朝的雍正皇帝，这两位最残暴又最精明的皇帝，都是吃丹药吃死的。唐朝的皇帝格外崇信道教，结果一朝之内竟然有六位皇帝中毒送命，其中包括大名鼎鼎的唐太宗。

我们这里说的"以道养生"，主要不是道教的长寿理论和实践，更不是追求荒诞不经的长生不老，而是道家阐释的一种人生智慧、文化价值。

### 三 儒道生命观的比较

比较一下儒道两家的生命观，可以看出这两家的人生诉求有着鲜明的差异。道家讲养生，甚至讲生命至上，这和儒家就大不一样。例如儒家讲杀身成仁，孔子说"朝闻道，夕死可矣"②，"志士仁人，无求生以害仁，有杀身以成仁"③，孟子更说"舍生取义"（《孟子·告子上》）"虽千万人，吾往矣"（《孟子·公孙丑上》），真理在手，前面即便有千军万马，我也要勇往直前。真的是境界崇高，令人敬仰。但是道家就从来不讲这些东西。老子讲"长生久视"（《道德经》五十九章），"功遂身退"（《道德经》九章），"柔弱胜刚强"（《道德经》七十八章），庄子讲"为善无近名，为恶无近刑……可以保身，可以全生"④。

---

① 《正一法文天师教戒科经》，见《道藏》，第18册，天津古籍出版社，1988年版，第232页。
② 《论语·里仁》，见杨伯峻译注，《论语译注》，中华书局，2006年版，第40页。
③ 《论语·卫灵公》，见杨伯峻译注，《论语译注》，中华书局，2006年版，第184页。
④ 《庄子·养生主》，见陈鼓应注译，《庄子今注今译》，中华书局，1983年版，九四页。

第六讲 儒道比较

什么意思？做好事不要太高调，搞得谁都知道你，也就是谁都惦记你。乱来点儿也要注意分寸，不要违法乱纪，让警察找上门来。这样，你才能够保证安全，得享天年。庄子还讲"终身不仕，以快吾志"①，一辈子不做官，只求满足自己的精神志向，功名利禄都是摧残生命的垃圾，彻底地抛弃这些垃圾，就能"天地与我并生，万物与我为一"，和天地同寿，和日月齐光，和万物融为一体，这就是后来说的神仙了。

总之，道家从一开始就珍视生命，主张一种自然的养生的人生观，认为这样也才有社会和谐，天下大治。例如道家早期思想家杨朱指出："古之人损一毫利天下不与也；悉天下奉一身不取也。人人不损一毫，人人不利天下，天下治矣。"②

后来儒家的孟子曾指责杨朱"拔一毛利天下而不为"（《孟子·尽心上》），是"无君"，是"禽兽"（《孟子·滕文公下》），但杨朱的意思是大家都爱惜自己的身体，不为外物所诱惑，大家才都能活得好；大家都不去"利天下"，也就不会产生种种纷争冲突，才真的实现天下太平。

后来道家伟大的思想家庄子发展和深化了早期道家杨朱等人的思想，崇尚自然，珍爱生命，摒绝物欲，反抗异化，成了道家的一条红线。因此，我说"以道养生"。

儒家孔孟并称，道家老庄并称。但老子和庄子其实也有很大区别。下面就先谈谈老子。

---

① ［汉］司马迁撰：《史记·老子韩非列传第三》（卷六十三），中华书局，1982 年版，二一四五页。
② 《列子·杨朱》，见杨伯峻撰，《列子集释》，中华书局，1979 年版，二三〇页。

# 第七讲　老子的智慧

## 一　老子和孔子

### 1　神和人

和孔子比起来，老子更有传奇色彩和神秘意味。孔子只是在汉代很短一段时间内被当作神，说他是"黑帝之子"。孔庙尽管一直香火旺盛，但坐在里面的孔子一直是个文化人，而不是神，当然是中国最有文化的人，中国文化第一人。老子就不同了，他是道家的创始人，又是道教的教主。最晚从东汉末年开始，老子就被道教徒奉为太上老君。老子姓李，唐朝的皇帝也姓李，为了给自己增加神圣的色彩，唐朝从立国开始就大力地抬举老子和道教，所谓儒释道三教，道教排第一，儒教排第二，佛教排第三。唐太宗李世民还追任老子为"太上玄元皇帝"。又是神仙，又是教主，又是皇帝，老子想不出名都不行了。孔子一直是人，老子则由人变成了神，这里面就隐藏着儒家和道家的不同追求，不同境界。

### 2　子中之子

前面说过，老子是他的母亲怀胎81年后，在一棵李子树下，自己剖开左侧的肋骨生出来的。由于诞生在李子树下，所以老子姓李。81年了，生下来头发就白了，还长了长长的胡子，因此被称为老子。这个故事当然比孔子的"龙生虎养鹰打扇"更荒唐，但是故事尽管荒唐，里面却也藏

老子像

着道理，那就是：大器晚成。像老子这种人物，不经过异乎寻常的酝酿，是不会诞生的。有趣的是，先秦诸子大都是姓后面称子，以示敬重。例如孔子姓孔，尊称孔子；孟子姓孟，尊称孟子。其他如孙子、墨子、庄子，都是这样。只有老子，姓李却不称为李子，偏偏称为老子，为什么呢？一方面是老子确实太老了，老得好像成了精。老子无论形象还是思想，都给人成精的感觉；另一方面也说明老子是先秦诸子中的老资格，是子中之子。

### 3 孔子求教和老子化胡

例如《史记·孔子世家》就记载着孔子向老子请教的故事。孔子在老子面前就像一个小学生，俯首贴耳地接受老子的训导，过后回味老子的教导，竟好几天说不出话来，搞得学生很着急，说老师怎么到老子那儿去了一趟还得了抑郁症？看学生着急了，孔子对学生说："天上的鸟怎样飞我们看得见，地上的兽怎么走我们也看得见，水中的鱼怎么游我们甚至也能看得见，但是老子的思想，真的是神龙见首不见尾，太玄了！"最后，孔子由衷地赞叹老子是龙。后来道家中人特别喜欢宣传这个故事，目的不外乎是要把孔子说成老子的"粉丝"，证明道家比儒家高明。

此外还有"老子化胡"的故事，说老子西行出关到了印度，变成释迦牟尼佛，创立了佛教，培养了一大批佛教徒。这个故事的原创者不是别人，正是中国最早的佛教徒，这不是自己贬低自己吗？不是的。原来他们编这个故事的目的，是为了借助老子的权威树立在中国的正统地位，实现在中国的本土化，排除弘扬佛法的障碍。后来西晋有位叫王浮的道士又编造了《老子化胡经》，大肆渲染这个故事，目的不外乎是要证明道教比佛教高明。今天看来，"老子化胡"固然不可信，孔子是否真的拜访过老子也很可疑。不过，这丝毫也不影响老子在中国文化史上的地位。老子确实是中国文化史上可以和孔子齐名的伟人。如果将中国的智慧比喻为水墨画，那么孔孟是墨，老庄就是水，没有老子和庄子，这幅水墨画就没有了布白，没有了虚灵空旷的美。①

---

① 关于"老子化胡"的传说，可参见《后汉书·襄楷传》、《三国志·魏书》等。

中华传统文化开讲

## 4　世界级大哲学家

老子是世界级的大哲学家，在国际上给中国人争了不少分。德国那位最有名的哲学家黑格尔提起孔子充满蔑视，他批评孔子说："（《论语》）里面所讲的是一种常识道德，这种常识道德我们在哪里都找得到，在哪一个民族里都找得到，可能还要好些，这是毫无出色之点的东西。孔子只是一个实际的世间智者，在他那里思辨的哲学是一点也没有的——只有一些善良的、老练的、道德的教训，从里面我们不能获得什么特殊的东西。"①

黑格尔甚至由此认为："为了保持孔子的名声，假使他的书从来不曾有过翻译，那倒是更好的事。"②

意思是，孔子的书真不该翻译，不翻译还能保持一个圣人的形象，翻译了就露怯了。当时欧洲的一份报纸上登载了一幅孔子的漫画，漫画下附了几句编造的孔子语录："外面有雾，开车要小心！天要下雨，别忘了带雨伞。"话都不错，但全都是正确的废话。这些语录很能代表当时欧洲人对孔子的印象。黑格尔乃至某些欧洲人对孔子的轻视当然有其文化背景的局限，我们也不必过分在意。这里要说的是，尽管黑格尔对孔子很不以为然，但是对老子显然更重视。

较之孔子，《哲学史讲演录》给老子留了更多的篇幅。据联合国教科文卫组织统计，世界上翻译语种最多、发行量最大的一本书，是基督教的《圣经》；排在第二位的，就是老子的《道德经》了。我在美国时，从东部到西部，每次走进一个大点的超市，总能在超市的"文化之角"发现《道德经》，中英文对照。基督教传教热情非常高，《圣经》有很多是赠送的，不要钱。《老子》却是要花钱买的。如果论销售码洋，《老子》的发行量可能就世界第一了。

老子作为哲学家为世界尊重，但他在中国，最早却被当成兵家。这是怎么回事？

---

① 黑格尔：《哲学史讲演录》（第一卷），贺麟、王太庆译，商务印书馆，1959 年版，第 119 页。
② 同上书，第 120 页。

## 二 老子的军事智慧：反战的老子

### 1 善战者不怒

唐代有位叫王真的政治思想家，说老子《道德经》五千言句句谈兵。宋代苏东坡的弟弟苏辙说老子和孙子没什么区别。这些看法尽管有严重的夸张和歪曲，但也不能说丝毫没有根据。据说，毛泽东也认为《老子》是一部兵书。翻开《老子》，直接讲兵的地方确实很多。

谈到老子论兵，立刻碰到《道德经》军事思想和《孙子兵法》的关系。学界有一个争论，到底是老子抄孙子，还是孙子抄老子？如果老子在前，就是孙子抄老子；如果孙子在前，就是老子抄孙子。之所以发生这个争论，是由于老子和孙子有很多相似的军事智慧，但是他们两人到底谁在前，谁在后，学界一直没有定论。

例如，《孙子兵法》说："主不可以怒而兴师，将不可以愠而致战。"①

君王不能一怒之下就用兵，将军不能愤恨不已就开战。

看老子怎么说："善战者，不怒。"（《道德经》六十八章）

善于作战者绝不为愤怒激昂情绪所左右。

这个看法十分英明。战争需要十分冷静地判断敌情，十分周密地谋划打法，一怒之下做出的决策往往耽误大事，耽误大事的结果往往就是国破家亡。

三国时期，蜀国大将关羽被吴主孙权杀害，他的结拜兄长刘备悲痛欲绝，不听诸葛亮劝阻，愤怒中亲自率领70万大军讨伐东吴。东吴大将陆逊率军迎敌，采取坚守战策，消耗远道而来的蜀军。蜀军阵前叫骂，百般羞辱吴军，甚至脱了衣服，赤身裸体，躺在阵地上，想方设法激怒陆逊，诱他出战。但是陆逊就是坚守不出，以至于他的部下都说他是胆小鬼，甚至跑到孙权那里告他的状，说他临阵怯敌，不敢出击。但是孙权信任陆逊，不听信"小报告"。陆逊仍然坚持防守，等待时机。刘备激愤中犯了致命的错误，竟然在山林中连营扎寨，犯了兵家大忌，结果让陆逊抓住破绽，火烧连营，取得著名的夷陵大捷。后人写诗赞颂陆逊说：

---

① 《孙子兵法·火攻篇》，［三国］曹操等注，《十一家注孙子校理》，中华书局，1999年版，二八三页。

中华传统文化开讲

"三分自是多英俊，又显江南陆逊高。"①

刘备全军覆没，几十万人马只剩下一百多人逃到了白帝城，最后演出了白帝托孤的悲剧，含恨而亡。刘备的教训就是忘记了老子说的："善战者不怒"，不仅大仇未报，还破坏了孙刘联合抗曹的战略联盟，使蜀国长期处于被动局面。

还是三国的事。魏国主帅司马懿率大军和蜀国对战，蜀国主帅诸葛亮深知蜀国国力远远不如魏国，长期打下去肯定耗不起，于是想办法速战速决。司马懿老谋深算，看透了诸葛亮的战略意图。他也像那位吴国的陆逊一样，任凭蜀军百般挑衅，就是坚守不出。诸葛亮为了激怒司马懿，甚至派人给他送去女人的裙子、耳环等等，说他身为大军统帅、七尺男儿，却像个女人一样胆小如鼠，不如穿上裙子、戴个耳环，做个女人吧！您瞧，要让司马懿变性！这对于一个堂堂大军统帅，该是何等的奇耻大辱！但是司马懿一笑置之，不为所动。最后诸葛亮硬是没耗过司马懿，病逝五丈原，"出师未捷身先死，长使英雄泪满襟"，蜀军只好撤回了本土。蜀国和魏国的战略角逐，以蜀国失败而告终。司马懿之所以成了赢家，一个非常重要的原因，就是他记住了老子的话："善战者不怒。"

## 2　将欲取之，必故与之

再来看《孙子兵法》："兵者，诡道也。故能而示之不能，用而示之不用，近而示之远，远而示之近。"②

所谓战争，就是狡诈手段的较量。因此，擅长却要装作不擅长，采用却要装作不采用。本来在近处，却制造在远处的假象；本来在远处，却要制造在近处的假象。

这也就是人们常说的兵不厌诈。

再来看老子版的兵不厌诈："将欲歙之，必固张之；将欲弱之，必固强之；将欲废之，必固举之；将欲取之，必固与之。"（《道德经》三十六章）

---

① 参见罗贯中：《三国演义》（第八十四回）"陆逊营烧七百里，孔明巧布八阵图"。
② 《孙子兵法·计篇》，[三国] 曹操等注，《十一家注孙子校理》，中华书局，1999 年版，一二一一三页。

你想封闭他，就先让他张扬张扬；你想削弱他，就先让他强横强横；你想废掉他，就先让他兴旺兴旺；你想夺取他，就先给他点甜头。

我们来看渔民打渔。那渔网首先总是要张开来抛出去，鱼儿进来了，才将渔网收起来。这是典型的"将欲歙之，必固张之"。欲擒故纵，也就成了战争惯用的套路。春秋时期吴国打败越国，越王勾践卧薪尝胆，立志复国，但表面上却对吴王百依百顺。吴王要什么给什么，粮食、马匹、兵器、战船，大量战略物资还有美女等等，源源不断地从越国运到吴国。吴王对勾践放了心，转而向齐国和晋国两大强国挑战，结果国力耗尽，勾践趁机起兵，一举灭掉了吴国。这是古代的例子。现代的解放战争时期，蒋介石心腹爱将胡宗南率20多万王牌军进攻延安。中共中央主动撤离延安，诱敌深入，胡宗南占领延安，得意洋洋，以为占了大便宜，结果解放军集中优势兵力，各个击破，几个战役下来，胡宗南的精锐部队损失殆尽，只好狼狈地逃离了陕北。这都是"将欲取之，必固与之"的典型战例。

总之，战争的艺术，就是想尽办法制造假象，千方百计迷惑敌人，这就是兵家的辩证法。老子和孙子都深通这个辨证法。

### 3 兵者，不祥之器

但老子谈到战争最宝贵的思想不在于这个战争辩证法，而是他在谈论战争时体现的人道情怀、和平精神和反战意识。

出于关注民生疾苦的人道情怀，老子令人惊心动魄地指出了战争的破坏性后果：

"师之所处，荆棘生焉。大军之后，必有凶年。"（《道德经》三十章）

军队驻扎之处，一定荆棘丛生。一场大战过后，必然出现荒年。

因此老子强烈地提出了反战主张："夫兵者，不祥之器，物或恶之，故有道者不处。"（《道德经》三十一章）兵戈是不祥的东西，大家都厌恶它，所以有道的人不使用它。

老子又警告说："以道佐人主者，不以兵强天下，其事好还。"（《道德经》三十章）

意思是说，用大道辅佐君主的人，不靠兵力逞强于天下。如果迷信武力，很容易遭到报复，这就叫"其事好还"。如孟子所谓"杀人之父，人亦杀其父；杀人之兄，人亦杀其兄"（《孟子·尽心下》），我害人，人也害我。冤冤相报，恶性循环，无休无止，大家都输。

因此人对人，国对国，都是冤家宜解不宜结，仗是能不打尽量不打。你看今天的中东，以色列人和巴勒斯坦人打得不可开交。你今天几颗自杀炸弹，他明天一阵狂轰滥炸，互相报复不断升级，双方都生活在恐惧和仇恨中，不仅给自己，也给世界带来了大麻烦。

老子在战争问题上和孔子有共同语言。前面谈儒家的时候提到，孔子之所以称赞管仲够得上仁，就是因为管仲作为齐国政治的"CEO"，多次召集诸侯，却没有一次是靠武力威胁。

那么老子是不是一味地、绝对地反战，从而抹煞了正义战争和非正义战争的区别呢？

不是的。他明确地指出，尽管战争不能不造成很大的破坏，但也有"不得已而用之"（《孟子·尽心下》）的时候，"不得已而用之"，应该就是指不能不打、不得不打的战争了。

与此有关，老子关于战争还提出一个深刻的命题："故抗兵相若，哀者胜矣。"（《道德经》七十一章）

两军对阵，实力相当，哀痛的一方才能获得胜利。

所谓哀兵必胜，典故就出在这里。哀兵必胜的知识产权是属于老子的。

为什么哀兵必胜？因为"哀兵"通常是被欺负的一方，被侵略的一方，悲愤的一方，正义的一方，人道的一方，被侮辱与被损害的一方，他们为了保家卫国才不得不拿起武器，具有一种悲壮感，具有一种道德力量。像二战时期中国的抗日军民，苏联抗击德国法西斯的红军，就都是哀兵。哀兵必胜的思想同样体现了老子的和平精神。

### 4 反战传统，好生之德

我们看老子的军事智慧，简直就是反战的智慧。他对战争破坏性的揭露，对战争手段的厌恶，简直和他的对立派儒家的孟子异曲同工。孟子在战国时代，也就是主要靠战争来决定国家生死存亡的时代，响亮地提出"善战者服上刑"，谁最能打仗，就判谁死刑，这种主张对于那个时代自然太离谱，没有一个统治者会听孟子的。但超越时代的局限，孟子的反战思想却表现出强大的人道力量和批判精神。请看他对战争残酷性的揭露、控诉和抨击："争地以战，杀人盈野；争城以战，杀人盈城。此所谓率土地而食人肉，罪不容于死。"这和老子说的"师之所处，荆棘生焉。大军之后，必有凶年"，不正是同样震撼人心的控诉吗？

　　孟子尽管是战国时代最著名的反战人士之一（另一位著名的反战人士是墨子），但孟子也和老子一样，并不绝对地反对战争，例如他认为武王伐纣的战争就是值得肯定的正义战争。是不是正义战争，衡量的标准只有一个：是否符合人民的利益。但是孟子认为从春秋到战国的战争都不是这样的正义战争，相反，都是统治者争权夺利，兼并土地，给人民带来巨大灾难的非正义战争。他所提出的"善战者服上刑"，锋芒所向，正是这些非正义战争的发动者。即便在今天，我们对这样的善战者，当然也要谴责和打击，例如二战后世界正义力量审判和惩罚日本、德国的法西斯战犯。但孟子对正义战争的理解未免过于乐观。他有一句著名的话："尽信《书》，则不如无《书》"（《孟子·尽心下》），完全相信书上说的，不如没有书。孟子为什么发这样的议论呢？原来他对《尚书》中关于武王伐纣的一段描述深表怀疑。这段描述说武王伐纣，仗打得十分惨烈，以至于"血之流杵"（《孟子·尽心下》）。杵就是过去洗衣服时用来捣衣服的木槌子，又粗又长又重。"血之流杵"的意思是说，血流成河，乃至捣衣服用的长木槌都漂了起来。孟子认为武王伐纣是正义战争，是"以至仁伐至不仁"（《孟子·尽心下》），也就是周武王这样极为仁道的人讨伐商纣王这种极不仁道的人，仁者无敌于天下，武王所到之处，敌军肯定望风披靡，纷纷归降，怎么可能打得那样惨烈，乃至"血之流杵"呢？

　　孟子显然忽略了战争的复杂性和艰巨性。但他的动机和老子一样，都是希望哪怕在正义战争中也应该尽量减少伤亡。这种战争中的人道关注是中国军事文化的优秀传统。它体现了中华民族推崇的仁厚之心，好生之德。

　　老子对于战争则提出了更彻底的人道要求：

　　"兵者，不祥之器，非君子之器，不得已而用之，恬淡为上。胜而不美，而美之者，是乐杀人。夫乐杀人者，则不可得志于天下矣。杀人之

众，以悲哀泣之，战胜以丧礼处之。"（《道德经》三十一章）

翻译成现代的话就是，兵戈是不祥的东西，不是君子所使用的东西，万不得已而使用它，最好要淡然处之。胜利了也不要得意洋洋，如果得意洋洋，就是喜欢杀人，喜欢杀人的，是不会得天下的。战争杀人众多，应该对它有一种哀痛的心情，即使打了胜仗也要用丧礼的仪式来处理。

对老子这个说法，自然要具体分析。当正义之师战胜了邪恶势力时，意味着灾难的结束，那么庆祝胜利就是十分正当的、合情合理的行为。例如唐朝安史之乱时，政府军战胜割据势力，平息了叛乱，杜甫的反应是"漫卷诗书喜欲狂"[1]，谁也不能说杜甫就是喜欢杀人。八年抗战胜利，日本天皇宣布投降，中国抗日军民欢天喜地，上街庆祝；德国法西斯灭亡后，苏联红军脚踏法西斯的军旗游行，都是十分正当的、合情合理的行为，不能理解为胜利者的骄横得意。

但是，不能由此否定老子的人道情怀。战争毕竟是人类的互相残杀，毕竟是大规模的毁灭和破坏。

后来诗人李白写诗说："兵者是凶器，圣人不得以而用之"[2]，就是在直接宣传老子的反战、厌战以及慎战的思想。

诗人杜甫也写诗宣传老子的战争观："杀人亦有限，立国自有疆。苟能制侵陵，岂在多杀伤。"[3] 对外战争应该只限于保家卫国，制止侵略战争，不应该毫无节制地扩大战争，一定要搞得伤亡惨重。他的《兵车行》，更是千古绝唱，流露出深厚的人道情怀：

"车辚辚，马萧萧，行人弓箭各在腰。爷娘妻子走相送，尘埃不见咸阳桥。牵衣顿足拦道哭，哭声直上干云霄。"

这是写亲人上战场，家人送别的悲惨场面：生离死别，难割难舍，哭声震天……

杜甫又写战死的冤魂：

"……君不见青海头，古来白骨无人收。新鬼烦冤旧鬼哭，天阴雨湿声啾啾。"

---

① 杜甫：《闻官军收河南河北》，《全唐诗》（第二百二十七卷），中华书局，1960年版，二四六○页。
② 李白：《战城南》，《全唐诗》（第十七卷），中华书局，1960年版，一六六页。
③ 杜甫：《前出塞九首》之六，《全唐诗》（第二百十八卷），中华书局，1960年版，二二九二页。

你看那古战场，多少阵亡者暴尸荒野，已经化成磷磷白骨。阴惨惨的天空，凄风苦雨，好像战死的冤魂在哭泣，在诉说……

唐朝另外一位诗人陈陶的一首《陇西行》，更是令人痛断肝肠：

"誓扫匈奴不顾身，五千貂锦丧胡尘。可怜无定河边骨，犹是春闺梦里人。"

战士奋不顾身，血染沙场，战死在无定河边的阵地上。可怜他的妻子独守闺房，还在日思夜想地盼着夫君回家团聚，一天，果然在梦中和自己的夫君团聚了。但是这位妻子哪里想得到，梦中相见的夫君，早已经化成了无定河边的白骨！

古话讲，乱离人不如太平犬。统治者穷兵黩武给人民造成了巨大的灾难。所谓乱世英雄起四方，英雄多，百姓苦；英雄越多，百姓越苦。就连"大军阀"曹操也写《蒿里行》惊叹战乱造成的人间惨剧："白骨露于野，千里无鸡鸣。"《兵车行》、《陇西行》都是撼人心魄的控诉，都是欲哭无泪的同情，它艺术地体现了从孔子、老子、孙子、墨子、孟子开始的中华民族的人道主义、反战意识与和平精神。

当然，历史的真实是，仁厚之心阻挡不住贪欲制造的残暴。战国末期，秦将白起俘虏40万赵军，除了240个老弱病残，其余的竟然都被他活埋了。秦末战乱，20万秦军向西楚霸王项羽投降，后来竟然全部被项羽活埋。文明越进步，战争越残酷。20世纪发生了两次世界大战，第一次世界大战夺去了1 600万人的生命，第二次世界大战夺去了6 000万人的生命。一次大战中的凡尔登战役，德法双方投入兵力100万，打的完全是消耗战，消耗的是什么？是一批批年轻的生命，一个个活生生的血肉之躯。一场战役下来，70万人命丧沙场，因此凡尔登战役被称为"绞肉机"、"屠场"、"地狱"。二次大战，日本法西斯军国主义分子夺去了1 800万中国人的生命，仅南京大屠杀就杀害30万中国军民。苏联五年卫国战争中有多达2 700万人被夺去生命，仅红军就阵亡近900万。由于牺牲者大多数是男性，造成苏联战后性别比例严重失调。战争狂人不仅给他们侵略的对象造成了巨大的灾难，就是他们自己国家的人民，也饱受战争摧残。例如二战末期，日本法西斯分子居然逼迫本国的妇女儿童集体自杀，残暴到了极点。

这种战史上的罕见暴行，说明了道德要求在强权面前的脆弱。孔子、老子、孙子、墨子、孟子，都只有仰天长叹了！

说了半天老子的军事智慧，并不意味着承认《老子》是兵书，更不是承认老子是兵家，世界上哪里有老子这样反战的兵家？唐代王真说《道德经》五千言句句谈兵，显然太夸张了。老子尽管有军事艺术的精辟论述，但是我们最应该注意的是老子谈论战争时的人道精神，和平主义。老子论战，着眼点恰好不在打打杀杀，而是一种令人感动的好生之德。

这种好生之德，更鲜明地体现于老子的政治智慧。

李泽厚师指出："似乎只能说，《老子》辩证法保存、吸取和发展了兵家的许多观念；而不能说，《老子》书的全部内容或主要论点就是讲军事斗争的。作为道家代表的《老子》与记录、思索、总结历史上的'成败、存亡、祸福、古今之道'相关。这个'道'不仅是军事，而更是政治。"①

老子谈兵，就是要从军事智慧中引申出政治智慧。下面就来谈老子的政治智慧。

### 三　老子的政治智慧：治大国若烹小鲜

1　最早指出"马太效应"

老子的政治思想中充满了对百姓的同情，对贪得无厌的统治者的憎恨。

如他说："民之饥，以其上食税之多。是以饥。"（《道德经》七十五章）百姓之所以忍饥挨饿，就是由于统治者收的苛捐杂税太多。

老子更进一步尖锐地批判腐败的统治者，痛斥他们是强盗头子："大道甚夷，而人好径。朝甚除，田甚芜，仓甚虚；服文采，带利剑，厌饮食，财货有余，是为盗夸，非道也哉。"（《道德经》五十三章）

翻译成现在的话就是，大道平平坦坦，但是君王偏偏喜欢走邪路。朝政腐败极了，农田已经非常荒芜了，百姓的粮仓已经十分空虚了，但统治者呢，还照样地穿着绫罗绸缎，佩着锋利的宝剑威吓百姓，精美的饮食都吃厌了，国家的财富都刮净了。这就叫强盗头子呀，他们是多么地无道啊！

老子由此感慨道："天之道，损有余而补不足。人之道，则不然，损

---

① 李泽厚：《中国古代思想史论》，台湾三民书局，1996年版，第86页。

不足以奉有余。"(《道德经》七十七章)

自然的规律是减少有余的来补充不足的，人间的规律却是剥夺不足的来供奉有余的。

损不足以奉有余，富者愈富，贫者愈贫，这就是今天的经济学家们经常谈起的"马太效应"。

"马太效应"的典故出自基督教的《圣经》。《圣经·新约·马太福音》中有这样一个故事：一个国王远行前，交给三个仆人每人1锭银子，吩咐他们："你们去做生意，等我回来时，都来向我汇报。"国王回来时，第一个仆人汇报说："主人，您交给我的1锭银子，我已赚了10锭。"国王听了非常高兴，于是奖励他10座城镇。第二个仆人汇报说："主人，您给我的1锭银子，我已赚了5锭。"国王听了也很高兴，于是奖励他5座城镇。第三个仆人汇报说："主人，您给我的1锭银子，我一直包在手巾里存着，我怕丢失，一直没有拿出来。现在您回来了，我原封不动地还给您吧!"国王听了很生气，于是命令将第三个仆人的那锭银子赏给第一个仆人，并且说："凡是少的，就连他所有的，也要夺过来。凡是多的，还要给他，叫他多多益善。"

国王的意思自然是奖励积极的创业者。后来西方的经济学家们将这个故事拿过来打比方，把贫者愈贫，富者愈富，赢家通吃的社会经济现象称为"马太效应"。

在中国，老子最早揭示了这个"马太效应"。"损不足以奉有余"七个字，精练地概括了所谓"马太效应"。老子如果活到今天，恐怕还要产生关于马太效应的知识产权纠纷，他会不会和西方人打打官司，说应该将"马太效应"改成"老子效应"呢？当然不会。后面我要谈到，老子奉行的是不争哲学，他是不会为任何问题去打官司的。

有人批评老子不讲感情，专谈权术，十分冷酷，但从老子的政治批判来看，他其实非常关注民间疾苦，痛恨统治者的腐败和贪婪，抨击贫富悬殊和社会不公，很有正义感，是个热心肠的老头儿。胡适甚至说老子是位革命家。[1]

政治如此黑暗，出路何在？老子不仅是批判家，他还热心地追求自

---

[1] 胡适：《中国哲学史大纲》，北京大学出版社，2013年版，第44页。

中华传统文化开讲

已心目中的政治理想。谈到老子的政治理想，人们立刻就会想到"无为而治"。无为而治的意思就是统治者的政策要顺其自然，不要骚扰百姓。

### 2　治大国若烹小鲜

老子说："圣人常无心，以百姓心为心。"（《道德经》四十九章）用今天的话说，就是符合正义的执政者绝不自作聪明，异想天开，更不会心存私欲，他们就把百姓的愿望当作自己的愿望，把百姓的心当作自己的心，这就是无为而治，很有点像今天我们说的全心全意为人民服务。

这样的政治家真难找。将希望寄托于圣人的政治道德，来实现"以百姓心为心"，恐怕很不可靠，必须得有个制度，真正让百姓的心决定官员的命运，他得不到百姓的心，就保不住乌纱帽。这样，他才不得不以百姓心为己心。

老子关于治国还有一句千载传诵的名言，那就是"治大国若烹小鲜"（《道德经》六十章）。这句话最生动地体现了老子无为而治的政治理想。

"小鲜"就是小鱼的意思。治理一个大国，就像煎一条小鱼一样。会煎鱼的都知道，煎一条小鱼不能总去翻腾它，翻来翻去就翻碎了。治国的道理也是这样，不能总去折腾百姓。这就是无为而治。很有点像今天我们说的政府职能转换，多服务少命令，行政权力的干预越少越好，需要行政审批的项目越少越好。

"治大国若烹小鲜"，老子谈政治，竟然想出这样生动而独特的比喻，发明这种出人意表的命题，真的是令人惊叹！令人叫绝！据说，老子这句话受到商汤王的丞相伊尹的启发。伊尹原来是位厨师，他将治国比作炒菜，火大了不行，火小了也不行，咸了不行，淡了也不行，五味调和，恰到好处，才是高明的厨师，从政的道理也一样。

美国前总统里根对老子的这个治国智慧非常欣赏，还将它引到自己的国情咨文中。

除了不折腾的意思之外，老子这句话更是道出了从政的一种境界：举重若轻，以小观大，四两拨千斤。政治在老子这里，已经不是复杂的权力角逐，利害相争，而是一种带有审美意味的行为艺术。中国历史上有境界、有气象的政治家，都或多或少地体现了老子的智慧。

天地万物，有什么能大于日月？能大于乾坤？但是你看杜甫的《衡州送李大夫七丈勉赴广州》：“日月笼中鸟，乾坤水上萍。”

日月如笼中之鸟，乾坤若水上浮萍。

人间万事，有什么能大于改朝换代？但是你看邵雍的话：“唐虞揖让三杯酒，汤武征诛一局棋。”[①]

唐尧将帝位禅让给虞舜，商汤王讨伐暴君夏桀，周武王推翻残暴的商纣王，都是历史上改朝换代、惊天动地的大事，但是邵雍这位老夫子却把它轻松地点化为喝几杯酒，下一盘棋，这不正是“治大国若烹小鲜”的老子气象！

中华文化是一种艺术气质非常浓厚的文化，悠悠无尽的历史烟云，惊心动魄的政治事件，都可以被中国人用时光之水洗尽它的污浊和血腥，再将它们化成审美意象，欣赏之，玩味之。正所谓：“白发渔樵江渚上，惯看秋月春风。一壶浊酒喜相逢，古今多少事，都付笑谈中。”（杨慎，《廿一史弹词》）

德国哲学家尼采曾经说，对于人生，你如果从现实的角度去看，那真是悲惨得无可救药；但是你从艺术的眼光去看，那又是赏心悦目的大戏。中国人就非常喜欢用艺术的眼光看人生。老子一句“治大国若烹小鲜”，将天下国家的头等大事顿时化成了烹调般的艺术。

### 3　怎样理解无为

老子讲无为，人们常说这是消极的、无所事事的态度。朱熹就批评老子光占便宜不做事。但这是误解。实际上无为并不是躺在床上睡大觉什么也不干，并不是懒汉哲学。“治大国若烹小鲜”，这小鱼不能乱翻，但也不能总是不翻，那样也把鱼煎糊了。如果这样，用今天的话说就是失职渎职，行政不作为。

在老子这里，无为的意思就是不妄为，更不能胡作非为，也就是顺乎自然。无为应该和自然连读，叫作“自然无为”。老子的原话是“无为而无不为”，无为是为了无不为，只有无为，才能无不为。这话听着好像绕口令，是不是？其实老子的意思就是一句话：只有遵循自然的规律，才能解决一切问题。违背自然的有为，就是自作聪明地瞎折腾，只能适

---

① ［宋］邵雍：《伊川击壤集》（卷二十），《首尾吟》一百三十五首之一百一十五。

得其反，搞得民怨沸腾。因此无为而治表面上看很消极，实际上却是积极的政治智慧。由此看来，宋代的大儒朱熹批评老子对国家天下没有丝毫责任感，就实在是冤枉了老子。胡适谈到老子的无为政治时分析道："欧洲十八世纪的经济学者、政治学者，多主张放任主义，认为当时的政府实在太腐败无能，不配干涉人民的活动。老子的无为主义，依我看来，也是应为当时的政府不配有为，偏要有为；不配干涉，偏要干涉……老子对于那种时势，发生激烈的反响，创为一种革命的政治哲学。"①

胡适对西方所谓"放任主义"（实即古典自由主义）经济学和政治学的分析，当然失之简单化，但他指出老子无为政治的正义性，却不无道理。

老子的无为而治，说到底，就是要求统治者不要滥用手中的权力欺压百姓，折腾百姓，以满足自己的贪欲。有良心的政治家应该体谅民生的艰难，轻徭薄赋，尽量减轻民众的负担，尊重和保障民众的福祉，与民休息，让民众自由发展。这显然是一种关注民生的进步的政治思想。这种政治思想和儒家主张的仁政可以说是异曲同工，在历史上也产生了良好的影响，发挥了积极的作用。汉初的黄老之治、文景之治，都以老子的无为而治作为国家发展战略。丞相萧何提出的"与民休息"、"轻徭薄赋"、"清静俭约"三大治国原则，都是直接发挥老子的政治思想，它对医治秦末战争创伤，巩固西汉政权，民众安居乐业，发挥了决定性的作用。不仅汉初，历朝历代在改朝换代初期，只有贯彻了老子无为而治的国家发展战略，让民众休养生息，政权才能巩固。

### 4　政治家的等级

特别值得注意的是，老子依据自己的无为理论给政治家评了一个等级：

"太上，不知有之；其次，亲而誉之；其次，畏之；其次，侮之。"（《道德经》十七章）

"不知有之"一句，王弼注本与郭店简本为"下知有之"，意为"民众只是感觉到统治者的存在"，更多版本都作"不知有之"。"不知有之"

① 胡适：《中国哲学史大纲》，北京大学出版社，2013 年版，第 45 页。

显然更加意味深长，更符合老子"帝力于我何有哉"的政治境界，故本书取此。

翻译成现代汉语就是：最好的政治家，是人民根本没有感觉到他的存在；其次的政治家，是人民亲近赞美他；再其次的政治家，是人民害怕他；最差的政治家，是人民蔑视嘲笑他。

老子在两千多年前就给天下的政治家评了一个等级。这个等级到了今天仍然值得我们琢磨，特别值得官员们思量。

"太上，不知有之"，百姓感觉不到他存在的政治家是最棒的政治家，这是在说，不折腾百姓的政治家是最好的政治家。老子是在告诫统治者，不要炫耀权力，好大喜功，苛捐杂税，贪污腐败，瞎指挥，胡折腾，大搞形象工程，专门制造假政绩。你到北欧去看，你正在街上溜狗呢，突然发现有位老太太也在你旁边遛狗，你定睛一看，这不是咱们的女王吗？你到超市买鸡蛋，正挑着呢，突然发现旁边有位老头也在挑鸡蛋，你定睛一看，这不是咱们的首相吗？这样的女王和首相，就是老子说的"太上，不知有之"。

"其次，亲而誉之"，第二等的政治家，是百姓赞美他，亲近他。

中国历史上的皇帝，汉文帝算是体现了这种标准的政治家。汉文帝在位23年，全面遵循老子无为而治的政治思想。老子曾说自己有"三宝"："一曰慈，二曰简，三曰不敢为天下先。"（《道德经》六十七章）

这三宝，一为慈爱，二为简朴，三为不敢居于天下人前面。

老子的治国"三宝"，适如胡寄窗评价的那样："老子去奢保俭的主张与其他先秦各学派思想比较，虽无若何特殊之处，但这一主张的提出，至少也反映了老子对当时贵族阶级穷奢极欲、残酷剥削人民所持的反对态度。"[①]

汉文帝至少做到了老子治国"三宝"的头两条。

先来看他的"慈"。

汉文帝做了皇帝，在法律上立刻明令减轻刑罚，在历史上首次废除割鼻子、剁脚等残酷的肉刑。他当了20多年皇帝，监狱中犯人非常少。

再来看他的"简"。

---

① 胡寄窗：《中国经济思想史》，转引自陈鼓应《老子今注今译》，商务印书馆，2003年版，第311页。

经济上撤掉关卡，自由通商，大幅降低税赋，甚至长达 12 年免收田赋，徭役 3 年一次，这在历史上绝无仅有；思想文化上废除舆论管制，广开言路；个人生活上节俭自律，本来想修个露台，但是一听说要花费"百金"，相当于 10 户中等以上人家的家产，立刻作罢。自己的一件袍子修修补补穿了 20 多年，皇后的衣服不许裙摆拖地，帷帐不让绣花。特别是为自己修筑的坟墓，要求利用现有的山头，不允许专门起坟，陪葬品只用瓦器，不允许用金银铜铁锡等贵金属，以节省劳动力和费用。汉文帝的政治表现和生活作风充分体现了老子主张的"慈"和"俭"，因此他顺利克服了即位初期的政治危机，使国家进入正常发展的轨道，很快呈现了经济繁荣、社会稳定、民众安居乐业的太平景象，开启了历史上有名的"文景之治"。汉文帝因此获得民众的广泛赞誉。直到西汉末年，农民起义军打进长安，捣毁所有能捣毁的帝王陵墓，唯独对汉文帝的坟墓灞陵，却专门加以保护。

"其次畏之"，第三等的政治家，是百姓害怕他，这自然是指专制国家的统治者，像前伊拉克总统萨达姆这样的独裁者。想当年萨达姆穷兵黩武，遭到国际制裁，国内经济陷入危机。妇女生孩子、儿童生病都没有药了，他还给自己盖一个又一个总统行宫，一个行宫就花费几亿美金。他的卫生部长对他的内外政策提出批评，立刻就被他抓了起来。这位部长的夫人找他求情，说自己的丈夫错了，请萨达姆撤他的职，让他回家反省吧！萨达姆将这位卫生部长还给了他的夫人。但是还给这位夫人的是什么？用麻袋装着的切碎了的尸体。对这种骇人听闻的凶残暴行，伊拉克民众却只能敢怒不敢言。

百姓害怕的政治家还不是最差的政治家，最差的政治家是百姓拼命编他的笑话，嘲弄他，蔑视他。这就是老子说的"其次侮之"。

无论多么不可一世的独裁者，在百姓的轻蔑和嘲弄中，立刻就变成小丑。一个政治家台上台下被百姓拼命编笑话，在老子看来，就是最失败的政治家。

例如希特勒这个法西斯魔头，能量大得很，欧洲差点全都陷于他的铁蹄之下，但在百姓的嘲弄中，立刻就变成一个可怜可笑的小丑。有一个关于他的笑话说：

一次希特勒来到一个精神病院视察，问一个病人，是否知道他是谁，病人摇摇头。于是，希特勒大声宣布："我是阿道夫·希特勒，你们的领袖。我的力量之大，可以与上帝相比！"

病人们微笑着，同情地望着他。其中一个人拍拍希特勒的肩膀说道："是啊，是啊，我们开始得病时，也像你这样子。"

在这种辛辣的讽刺、轻蔑的嘲弄中，穷凶极恶的希特勒顿时就成了一个可怜虫。

最后，老子对胡作非为、凶残暴虐的统治者发出了严重警告："民不畏死，奈何以死惧之？"（《道德经》七十四章）

百姓被逼得忍无可忍，造反了，那时你再怎么镇压屠杀也没有用。百姓已经不怕死了，你还用死亡来威胁他们，岂不是枉费心机？

这是几千年来回荡在统治者头上的惊雷般的怒吼！深沉的老子，也有金刚怒目的一面。历史一再证实着老子，最典型的例子就是秦朝的命运。

"秦王扫六和，虎视何雄哉？"① 秦始皇统一天下，建立了历史上第一个中央集权大帝国，八面威风，不可一世。但是秦始皇以为马上打天下，也可以马上治天下，靠暴力能够统一中国，靠暴力也能够为所欲为地压榨百姓。于是严刑酷法，横征暴敛，滥杀无辜，穷奢极欲。秦始皇嗜杀成性，是历史上少有的杀人魔王。一次他出游梁山宫，看到丞相的随行车马很多，心里很不高兴。有人告诫丞相，丞相从此便减少了车马。这个暴君知道后大怒，猜测身旁的随行将自己的不满告知了丞相，竟然下令将自己身旁的随从全都杀了。公元前211年，有不满秦始皇暴政的人在一块陨石上刻下"始皇帝死而地分"。这个暴君知道后，立刻派人追查。找不到刻字的人，竟然将住在陨石附近的百姓全都杀光。"焚书坑儒"的暴行更是尽人皆知，遗臭万年。就是这样一个杀人魔王，今天居然还有人肉麻地美化他。例如某位江湖先生竟然为秦始皇的焚书坑儒辩护，说是那些被活埋的儒生很讨厌，总背后议论政治。议论政治就讨厌，讨厌就该活埋，这是什么逻辑？秦始皇千古之后总算找到了知音。可叹这位江湖先生还是学佛之人，心肠竟如此歹毒。此外，秦始皇又是"仁君"，又是"纯爷们"，这类令人作呕的吹捧，都在电视台上堂而皇之地

<hr>

① 李白：《古风》其三，《全唐诗》（卷一百六十一），中华书局，1960年版，一六七一页。

招摇。但是当年秦朝的百姓可不这么看。尽管秦始皇和他的儿子——二世皇帝胡亥，乃至李斯、赵高等凶残无比，动辄以酷刑、屠杀来威吓百姓，但是"民不畏死，奈何以死惧之"？900个小百姓揭竿而起，天下响应，很快就结束了秦朝暴政。貌似强大无比的秦帝国，只存在了15年，传了两代就终结了。

有人总拿秦始皇统一中国来说事，说这证明了秦始皇的伟大。这些人的见识和明末思想家王夫之相比，真是不可同日而语。

王夫之谈到秦始皇，有一个著名的看法："天假其私以行其大公。"①就是说，秦始皇当年统一天下，废封建、立郡县、车同轨、书同文等举措，不过都是为了满足他的私欲，都是为自己的家天下盘算。但是天道在冥冥中借着他的私欲实现了统一的大公。统一天下却改变不了历史对秦始皇的定论：独夫民贼，凶残暴君。统一实现了，他的私欲、他的家天下却很快就灰飞烟灭。不可一世的秦始皇，最后也只能成为天道的工具。这就是历史的无情，西方人把这叫作历史的诡计，中国人把这叫作人算不如天算。

老子的警告穿越历史的天空，令那些独夫民贼心惊肉跳。

## 5  关于愚民政策

但老子的政治智慧不是一片光明，关于统治者如何对待百姓，老子有一个似乎让我们不能容忍的思想，那就是愚民。他说：

"古之善为道者，非以明民，将以愚之。民之难治，以其智多。故以智治国，国之贼，不以智治国，国之福。"（《道德经》六十五章）

意思是，古代善于治国的人，不是教百姓聪明，而是让百姓愚蠢。如今的百姓之所以难以治理，就是因为他们有太多的智谋心机。因此用智谋去治理国家，是国家的灾难；不用智谋去治理国家，是国家的幸福。

这就是后来被我们严厉批判的"愚民政策"。

"愚民政策"的知识产权，原来也是属于老子的。

愚民政策确实影响恶劣。秦始皇和他的丞相李斯"焚书坑儒"，大搞

---

① 王夫之：《读通鉴论·秦始皇》，中华书局，1975年版，二页。

思想统治和文化专制，就被汉代的大思想家、大政治家贾谊称为"愚黔首"①，也就是愚弄百姓。（"黔首"从战国到秦代，特别是秦代，都是百姓的代称。）而"愚黔首"显然就是发挥了老子的思想。当然，专制统治者愚弄百姓是自以为得计，愚民政策不可能真正长久有效地维护残暴的专制统治。贾谊写《过秦论》总结秦代短命的教训，说得非常明白："故夫民者，至贱而不可简也，至愚而不可欺也。故自古至于今，与民为仇者，有迟有速，而民必胜之。"②

百姓尽管地位低贱，但不可侮辱；尽管看似愚蠢，但不可欺压。从古到今，和百姓对立的人，或迟或早，肯定要被百姓推翻。

这话说得铿锵有力，掷地自作金石声，和汉代的一首民谣完全可以对应。这首民谣说：

"发如韭，剪复生；头如鸡，割复鸣。吏不必可畏，（从）［后］来［不］必可轻。"③

头发像韭菜一样，剪了还会长出来；头颅像公鸡一样，砍掉了还要鸣叫。当官的没什么可怕的，小百姓从来就不可任意地轻视欺凌。

但回过头来，我们再揣摩一下老子的话，他的意思好像和秦始皇、李斯的做法还不是一回事。他说"以智治国，国之贼"，那么是谁以智治国呢，显然不能是百姓，而只能是统治者。他要求统治者不要以智治国，也就是说，统治者也应该愚蠢些。他不仅愚民，还要愚官，他的政策不仅是愚民政策，还是愚官政策。

这里插一句，老子所有的政治主张，都不仅仅是针对百姓，同时也针对统治者，甚至主要是针对统治者。例如，他说：

"我无事，而民自富；我无欲，而民自朴。"（《道德经》五十七章）

我不扰民，百姓自然就富起来；我没有贪欲，百姓自然就朴实无争。

谈到愚的要求，老子是要求国家上上下下、大大小小，从帝王到百姓都变得很愚蠢，认为这样国家就太平了，理想社会就实现了。

这似乎听起来很好笑，其实正好符合老子的一贯思想。

① 《贾谊集·新书·过秦上》，上海人民出版社，1976 年版，二页。
② 《贾谊集·新书·大政上》，上海人民出版社，1976 年版，一五〇页。
③ 《太平御览》（卷九百七十六）所录之崔寔《政论》，河北教育出版社，1994 年版，第 8 册，第 823 页。

中华传统文化开讲

何以见得？

因为老子不仅要愚民、愚官，他是连自己也要一起愚进去。例如他不无欣赏地自我评价："我愚人之心也哉！沌沌兮！俗人昭昭，我独昏昏。俗人察察，我独闷闷。众人皆有以，而我独顽且鄙。"（《道德经》二十章）

什么意思？我真是愚人的心肠啊！世人都明明白白，唯独我糊里糊涂；世人都精明得很，唯独我傻傻乎乎；世人都很有作为，唯独我愚蠢而笨拙。

老子甚至认为自己"沌沌兮"、"如婴儿之未孩"（《道德经》二十章），就是说浑浑沌沌，像一个初生的婴儿。

冯友兰在谈到所谓大智若愚时指出："圣人的'愚'是大智，不是孩子和普通人的'愚'。后一类的'愚'是自然的产物，而圣人的'愚'则是精神的创造。"①

话到这里，我们应该明白，老子说的愚蠢其实就是纯朴自然，没有算计之心，是一种精神境界。老子认为社会之所以黑暗，政治之所以败坏，统治者之所以贪婪残暴，百姓之所以悲惨无助，都是文明惹的祸，都是由于随着文明的进步，人太聪明了，于是耍心眼，玩阴谋，天天互相算计，互相争夺，互相坑害，互相残杀。用他的话说，叫作"智慧出，有大伪"②，人越聪明，越虚伪。这样的结果只能是大家都输，大家都过不下去。只有回到纯朴自然的状态，才能结束这种人间悲剧。因此，老子把回到自然纯朴状态的所谓愚蠢叫作大智若愚。认为这种愚蠢才是大智慧，而现在人们互相盘算的所谓智慧不过是小聪明，到头来一定是聪明反被聪明误，就像《红楼梦》里说王熙凤"机关算尽太聪明，反算了卿卿性命"。③

关于老子的所谓"愚民政策"，徐复观先生的分析很有道理："老子自己以'愚人'为理想的生活境界……当然也以此为人民的理想生活境

---

① 冯友兰：《中国哲学简史》，涂又光译，北京大学出版社，2010 年版，第 87 页。

② 士林按：郭店简本无此句，陈鼓应先生《老子今注今译》十八章（商务印书馆，2003 年版，第 145 页）据郭店本删此句，本文依旧本保留。有人将"智慧出"的"出"解释为"黜"，亦通。但本文不取此义。

③ 见《红楼梦》第五回"金陵十二支曲"之"聪明累"。

界。他的愚民，正是把修之于自身的德，推之于人民；这正是他视人民如自己，决没含有半丝半毫轻视人民的意思。"[1]

大智若愚，是老子主张的意识形态，遵循这个意识形态，才能实现无为而治。那么怎样才是大家都很愚蠢，也就是都很自然纯朴的理想社会呢？

老子提出了无为而治的意识形态，还设计了无为而治的政治模式，那就是小国寡民，也就是主张小政府、小社会乃至小国家，下面就是他著名的政治设计：

"小国寡民……使民复结绳而用之。甘其食，美其服，安其居，乐其俗，邻国相望，鸡犬之声相闻，民至老死，不相往来。"（《道德经》八十章）

意思就是：国土不大，百姓不多，国家就应该是这种规模。使百姓回到结绳记事的远古时代。大家都能享受甜美的饮食，好看的衣服，舒适的居所，欢乐的习俗。邻国之间，人们互相都能看得见，鸡鸣狗吠的声音互相都能听得到，但百姓从生到死，都不会互相来往。

先秦时代的儒家、道家、墨家，都特别喜欢怀古，特别喜欢发思古之幽情，特别喜欢向往远古的黄金时代，并且一个赛一个地看谁向往的时代更古老。儒家向往周代，墨家向往夏代，道家的怀古更彻底，一下子就要回到小国寡民、结绳记事的时代，那已经是原始社会了。侯外庐等指出："老子所理想的经济社会是社会发展史上的氏族公社。"[2] 实际上，老子向往的还是氏族公社的早期阶段，即母系氏族社会阶段。

我由此想到，老子经常强调贵柔守雌，还搞女性生殖器崇拜，他说："谷神不死，是为玄牝。玄牝之门，是谓天地根。"（《道德经》六章）

意思是说，虚空的变化永不停歇，这就是微妙的母性。微妙的母性之门，是天地的根源。有一种解释认为，"牝"就是女性生殖器，"玄牝"就是女性生殖器崇拜，这个解释不无道理。再参考老子经常强调的"柔弱胜刚强"等，可以肯定老子的思想带有浓厚的母性文化色彩。从这一点来看，老子要回归的原始社会还是最早的母系氏族社会。为什么要回

---

[1]　徐复观：《中国人性论史（先秦篇）》，上海三联书店，2001年版，第312页。
[2]　侯外庐等著：《中国思想通史》第一卷，人民出版社，1957年版，第280页。

到那么早的时代呢？因为那是一个还没有被文明污染的时代，国家从领袖到百姓都是自然纯朴的。

法国大革命的精神领袖卢梭在 18 世纪提出了一个著名看法：文明是人类罪恶的根源，人类为了拯救自己，应该回到自然状态。这个著名看法使卢梭名噪天下。但这个著名看法的基本精神，早在中国的两千多年前，就已经由老子首先提出来了

老子的第一个"大粉丝"庄子最明白老子讲的道理，他明确地点出了道家向往的原始社会：

"当是时也，山无蹊隧，泽无舟梁……"①

"卧则居居，起则于于，民知其母，不知其父……耕而食，织而衣，无有相害之心，此至德之隆也。"②

那个时代，山中没有道路，水上也没有舟桥。那时候的人，想睡便睡，香香甜甜，绝不做噩梦；说起便起，舒舒服服，没有烦心事。百姓都是只知道母亲是谁，不知道父亲是谁。大家都耕田吃饭，织布穿衣，互相之间绝对没有相害之心。那真的是一个最道德的时代呀！

他还用自己最擅长的讲故事的方式来宣传老子的道理，普及老子的思想。这就是那个有名的混沌的寓言。

今天我们说到混沌，指的是原始自然未开化的状态。但是在庄子的故事里，混沌却是个神，是主管中央地区的神，叫作"中央之帝"。混沌长得很有特点，他就是一个大肉球，既没有鼻子也没有眼睛，既没有嘴巴也没有耳朵，七窍全无。尽管混沌没有七窍，看不见也听不着，但是非常好客。当时主管南方地区的南方之帝叫倏，主管北方地区的北方之帝叫忽。今天我们说"倏忽"是极快的意思，当时却是两个神。倏忽二帝经常到混沌这儿来做客。混沌每次都十分热情地招待他们。这两位十分感激混沌，私下里商量：这混沌对我们这么好，我们应该好好报答他呀？怎么报答呢？两位思来想去，达成个共识：你看这混沌，既没有鼻子又没有眼睛，既没有嘴巴又没有耳朵，七窍全无，看不见、听不见、闻不着，连话也不能说，活得多憋屈呀！我们给他凿七窍吧！于是这两

① 《庄子·马蹄》，见［清］王先谦撰：《庄子集解》，中华书局，1987 年版，八三页。
② 《庄子·盗跖》，见［清］王先谦撰：《庄子集解》，中华书局，1987 年版，二六二页。

位就动手给混沌凿七窍。每天凿一窍，到了第七天，七窍造成了，混沌也死了。庄子的原话是："七日而混沌死。"①

在这个寓言里，混沌就象征着原始自然纯朴的状态，七窍则象征着文明。混沌本来活得好好地，偏偏倏、忽多事，自作聪明，硬要给他凿什么七窍，结果七窍凿成了，混沌也送了命。文明诞生了，自然就死掉了。

庄子还拼命反对"机事"，什么叫"机事"？机事就是机械之事。庄子又讲起了故事，这次是拿孔子最有名的学生之一——子贡当"托儿"。说子贡有一天来到汉水边，看见一位老汉打水浇菜。这位老汉抱着个大坛子，沿着隧道进到井里，用这个大坛子淘上水来，又抱着它到菜地里，哗哗地浇灌，看着十分费力，效率又低。子贡就对他说，有一种机械，用它来打水浇地，既省力，效率又高。老汉立刻接过来说："我知道你说的那个机械，它利用杠杆原理，一头绑着石头，一头吊着水桶，这边一压，那边水就上来了，十分省力。它的名字叫桔槔。"

你瞧这老汉，门儿清。这个桔槔可是当时的高科技。但是老汉为什么不用这个桔槔呢？听老汉的高论："我的老师早就告诉过我，'有机械者必有机事，有机事者必有机心'。机心存于胸中，则纯白不备；纯白不备，则神生不定；神生不定者，道之所不载也。"②

你弄这个机械，必定要经过一番算计，这就是机事。算计要用心来算计，于是又有了机心。人一有了机心，也就是算计之心，就丧失了纯洁的天性，这就叫"纯白不备"。纯洁的天性丧失了，你就心神不宁，这就叫"神生不定"，心神不宁，就违背了自然的大道了。

最后老汉说："吾非不知，羞而不为也。"③

我哪里是不知道用这个桔槔来打水更省力，效率也更高。但是它造成的后果更可怕。由于研究这种东西，大家都来算计，大家就都丧失了自然纯朴的天性，罪恶的时代就开始了。因此，我实在是耻于使用这种东西呀！

自然纯朴，看似愚蠢，但是大家都活得很透明，不设防，幸福快乐，

---

① 《庄子·应帝王》，见［清］王先谦撰，《庄子集解》，中华书局，1987年版，七五页。
② 《庄子·天地》，见［清］王先谦撰，《庄子集解》，中华书局，1987年版，一○六页。
③ 同上。

因此这个愚蠢实在是大智慧。文明诞生，人看似聪明了，但是有了这个所谓聪明，也就有了互相算计，于是烦恼、痛苦、冲突、罪恶全都来了，结果是人人从此就不再快乐。这样看来，这个聪明实在不值得提倡。因此老子才说"大智若愚"。

后来，苏东坡就写词很自豪地宣称："谁似东坡老，白首忘机。"[1]

谁能像我苏东坡，老白毛了，还丝毫没有算计人的心机！

东方的先哲这样考虑问题，西方的先哲何尝不是如此？例如亚当和夏娃为什么被逐出伊甸园？这两位一男一女，人类的始祖。本来生活在伊甸园里无忧无虑，自自在在。上帝告诫他们，千万不要吃那树上的果子，只要不吃那个果子，他们会永远这样欢乐地生活在伊甸园里。但是有魔鬼（即蛇）来诱惑了，说那树上的果子非常好吃，上帝不让你们吃，是他留着自己吃。赶紧尝尝吧！人啊，哪里经得起魔鬼的诱惑！于是两人偷吃了禁果。没吃之前，一男一女，坦诚相见，互不设防。一吃了果子，哎呀！怎么这么不害羞呀！一男一女，什么都不穿，天天在这儿裸奔哪！连忙找些树叶遮住了下体。上帝看见说：坏了，一定偷吃了禁果了。于是将他们罚出伊甸园，来到人间，遭受熬煎。

这个禁果也具有深刻的象征意义。它也象征着文明。亚当和夏娃在没吃禁果之前，就像天真的儿童，完全是纯朴的状态，没有互相算计和防备，因此也没有羞耻，没有罪恶，一切都自自然然。但是一吃了禁果，就不同了。文明诞生，罪恶开始。就像小孩子成人了，算计心、防备心、羞耻心，全都来了，因此才赶快遮住下体。

但是，不管怎样宣传自然纯朴，老子提倡的理想社会、他的小国寡民的政治设计当然是痴人说梦。母系氏族社会的生产力低下得可怜，人们在大自然面前非常脆弱，不可能像老子和庄子宣传的那样，生活得那样滋润。今天有些人鹦鹉学舌，瞎感伤，瞎浪漫，痛骂现代文明，主张回到原始社会。这其实都是站着说话不嫌腰疼。

历史总是不断前进，文明总是不断发展，欲望总是不断膨胀，人心总是越来越复杂。用今天的话说，人民群众有不断增长的物质文化需求。老子要求小国寡民、自然纯朴当然是空想。不仅是空想，真的按照老子

① 苏轼：《八声甘州·寄参寥子》，见唐圭璋编，《全宋词》，中华书局，1965年版，二九九页。

第七讲　老子的智慧

说的做，后果很可怕。

想当年，美洲的印第安人很纯朴，澳大利亚的土著很原始，非洲的黑人很自然，结果都差点被白人殖民者灭了种。特别在今天这个时代，全球化汹涌澎湃，高科技突飞猛进，市场竞争空前激烈。在这样一个时代，置身于互相使劲玩心眼的世界，博弈的世界，你一味地讲愚，讲自然纯朴，讲返璞归真，讲憨厚，不讲点智慧，肯定要吃大亏。

但是，老子对自然纯朴和谐境界的憧憬是否毫无意义呢？

不是的。我们可以说老子的憧憬在政治上是空想，甚至很幼稚，但他对于人生境界的探求却总能够发人深省。冯友兰先生说，老子的小国寡民表面上是在描绘一种社会状态，实际上是在谈一种精神境界。① 我同意这个看法。我甚至可以说，老子是借谈政治来谈人生，他的政治智慧通向人生智慧，下面就来谈老子的人生智慧。

### 四　老子的人生智慧：柔弱胜刚强

#### 1 "老子心最毒"

谈到老子的人生智慧，我想起了宋代大儒朱熹批评老子时说过的一句最狠的话："老子心最毒。"②

为什么？看朱熹的完整论述：

"老子一书……只要退步不与你争。如一个人叫哮跳踯，我这里只是不作声，只管退步。少间叫哮跳踯者自然而屈，而我之柔伏应自有余。老子心最毒，其所以不与人争者，乃所以深争之也，其设心措意都是如此。闲时他只是如此柔伏，遇着那刚强的人，他便是如此待你。"③

据朱熹的说明，老子表面上总说不争，实际上他内心深处正在和你争。他的不争是一种不争之争。不争只是手段，争才是目的。他的"柔弱胜刚强"正是这个意思。朱熹举例说，例如一个人大吵大闹，大蹦大跳，要和老子叫板。老子只是退到一边去不作声，等到那个人精疲力尽了，老子已经养足了精气神，就可以反过来掌握主动权，从容不迫地收拾他。朱熹还说老子是个只占便宜、不肯做事的人。外面天翻地覆他都

---

① 冯友兰：《中国哲学史新编》（上），人民出版社，1998 年版，第 347 页。
② ［宋］黎靖德编：《朱子语类》（卷一百三十七），中华书局，1986 年版，三二六六页。
③ 同上。

不动心，只是琢磨怎样保护自己，十分自私。这自然是在批评老子讲无为等等。

朱熹的批评有没有道理呢？我们知道，朱熹是儒家，并且是中国古代后期最伟大的儒家代表。儒家如前所述，讲担当精神，讲杀身成仁，讲以天下为己任，讲知其不可为而为之，都正好和道家唱对台戏。从这个角度看，朱熹的批评当然有道理。但老子也有老子的道理。道不同，不相为谋，老子和同时代的孔子还能谈几句，和朱熹这样的理学家就无法交流了。

那么，老子的不争到底是什么意思呢？他的最有名的"柔弱胜刚强"又是什么意思呢？真的像朱熹说的那样阴险毒辣自私吗？

## 2　不争哲学

先来谈不争。

前些年日本出了本书，叫《日本可以说不》。过了几年，中国也有人出了本书，叫《中国可以说不》，"不"先生正经活跃了一阵子。后来又有人写了本书，叫《中国不当"不先生"》，这是对"不先生"说不了，抨击了"不先生"的狭隘民族主义。其实中国第一位"不先生"是老子，老子特别喜欢说不，也特别善于说不。一部《道德经》，满纸都是"不"字。

但老子说不，发自深刻的人生体会和哲学思考，和今天那些炒作狭隘民族主义的"不先生"们根本不是一回事。

老子说不，最主要的意思确实就是"不争"。《老子》全书八十一章，有七章八处谈到"不争"。其他的"不"，不要这样，不要那样，都围绕着不争，或者说都从不争开始。老子关于不争的核心看法是：

"夫唯不争，故天下莫能与之争。"（《道德经》二十二章）

正因为不和人争，所以天下没有人和他争。

或者说：

"夫唯不争，故无尤。"（《道德经》八章）

只因为有不争的美德，所以不招人怨恨。

老子的不争，有丰富的含义。如陈鼓应分析的那样："求全之道，莫过于'不争'。'不争'之道，在于'不自见（现）''不自是''不自伐''不自矜'。"① 也就是说，人生也好，事业也好，若想达到完全圆满的境界，必须做到不争，也就是不自我夸耀，不自以为是，不自我矜持。

那么总是不争，资源都被别人抢去了，你还怎么活呢？奥运会每一次只能在一个国家的一个城市举办，你不去争就永远得不到举办机会。

老子立刻安慰说：

"天之道，不争而善胜。"（《道德经》七十三章）

自然的规律，总是不争而善于得胜。


### 3 柔弱胜刚强

老子由此提出了他的著名的人生智慧："柔弱胜刚强"。

不争看来是柔弱，但最后获得胜利的还是柔弱的一方，不争的一方。

老子创立了两个理论来论证他的"柔弱胜刚强"，一个是水的哲学，一个是婴儿哲学。先来看水的哲学。

老子说："上善若水。水善利万物而不争……"（《道德经》八章）

最善的品性莫若水了。水善于滋润万物而不和万物相争，但是水却是最终的得胜者。

老子进而指出："天下莫柔弱于水，而攻坚强者莫之能胜。"（《道德经》七十八章）

天地万物，没有比水更柔弱的，但最能战胜坚强的东西就是它。

老子说的没错，我们常说的水滴石穿，就是这个道理。

再说婴儿哲学。

不言而喻，婴儿的特征也是柔弱。

老子却向往婴儿的境界，他说："专气致柔，能如婴儿乎？"（《道德经》十章）

凝聚精气以致柔弱，能进入婴儿的境界吗？

为什么要进入婴儿的境界呢？老子指出了婴儿的三种现象：

"骨弱筋柔而握固。未知牝牡之合而朘作……终日号而不嗄……"（《道德经》五十五章）

第一个现象："骨弱筋柔而握固。"

---

① 陈鼓应注译：《老子今注今译》，商务印书馆，2003 年版，第 163 页。

刚出生的小孩子，小骨头小肉该有多么嫩？一掐都能掐出水儿来，这就叫"骨弱筋柔"。但是尽管"骨弱筋柔"，他那小拳头却总是握得紧紧的，这就叫"握固"。小骨头小肉那么嫩，小拳头却握得紧紧的，掰都掰不开。这是为什么呢？

第二个现象："未知牝牡之合而朘作。"

牝是雌性，母性。牡是雄性，公性。"牝牡之合"就是男女交合。"朘"指男性生殖器，"作"就是勃起。

襁褓中的小孩子，性意识还没有萌生，哪里懂得男女交合这回事？但是尽管不懂，你看躺在床上的小男孩，他那小鸡鸡一会儿倒下去，一会儿立起来了，特别好看。这是为什么呢？

第三个现象："终日号而不嗄。"

"号"就是哭，"嗄"就是沙哑。你看小孩子，他整天哭，但是很少听说哪个小孩子嗓子哭哑了。

这又是为什么呢？

老子的观察有多细致！他的答案是：小孩子之所以出现这三种情况，就是因为他精气充足，元气纯和。他的原话是"精之至也"、"和之至也"。（《道德经》五十五章）

万物中，水最柔弱。人类中，婴儿最柔弱。但就是水和婴儿的柔弱却体现了自然的纯真，因此也体现了自然的力量——自然的潜力、自然的魅力、自然的生命力、自然的内在法则。

对自然的崇尚，是老子思想的灵魂。侯外庐等曾认为老子的这类论述实际上是在谈"自然法"，并就此指出："自然法或自然秩序是不争、不有、无为、平等、自均、不主、不私、不长的合法则运动。这是宇宙永久的法则，超乎一切时代、超乎一切场合的不变的绝对的运动律。"[1]

那么，对立的一面，也就是刚强的一面是什么情况呢？

老子认为"物壮则老"（《道德经》五十五章），任何事物过于强壮就会走向衰老，容易消亡。

所谓月盈则亏，水满则溢。月亮到了最圆的时候，就开始出缺了。水倒得满满的了，就开始往外漾了。人不正是这样吗？过了壮年就是老

---

[1]　侯外庐等著：《中国思想通史》第一卷，人民出版社，1957年版，第299页。

年啊！意大利 13 至 14 世纪的大诗人但丁，曾经把人生的轨迹比作一个穹形，像大门洞一样。这个"大门洞"的顶点是 35 岁，意思是人生 35 岁前是往上走，过了 35 岁就走下坡路了。但丁那个时代，人生七十古来稀，因此他把 35 岁定为顶点。今天的人比那时候的人长寿，八九十岁也很平常。但是即便平均寿命 90 岁了，顶点定到 45 岁了，你仍然逃不掉"物壮则老"的悲哀！歌德曾充满感伤地说："岁月给我们送来了昨天、今天和明天，但是有一天他不送了，他给我们带走了昨天、今天和明天。"

"送来了"和"带走了"，那感觉真的大不一样。对于年轻人，面前摆着一个未来，人生之路刚刚开始，他的感觉是，岁月给他送来了"昨天、今天和明天"。对于老年人，人生苦短，日薄西山，活一天少一天，他的感觉却是，岁月给他带走了"昨天、今天和明天"。同样是岁月流逝，同样是一种光景，不同年龄的人，不同人生阶段的人，感受就大不一样。南宋词人蒋捷的《虞美人·听雨》：

"少年听雨歌楼上，红烛昏罗帐。壮年听雨客舟中，江阔云低、断雁叫西风。而今听雨僧庐下，鬓已星星也。悲欢离合总无情，一任阶前、点滴到天明。"

同样是听雨，少年人干嘛呢？在听歌玩儿呢！疯狂作乐呢！下不下雨，和他们毫无关系，少年不识愁滋味嘛！

壮年人呢，不一样了，上有老，下有小，要勤于事业。客舟是旅途上乘的船，人在旅途，为生计奔波，事业不好做啊！这样的念头在脑海盘桓，外面宽阔的江面上，乌云低垂，凄凉的秋风秋雨中，南归大雁的叫声时断时续……多么悲怆啊！

人老了又是一番心境。"僧庐"就是庙，"鬓已星星"就是鬓角出现白发了。人老了，到庙里隐居了，下不下雨也都无所谓了，所以是"一任阶前、点滴到天明"。

人生不同阶段，对下雨这一种自然现象，感受就是如此不同。

老子不厌其详地大举例子证明他的"物壮则老"，刚强不好。他先举自然界的例子说：

"飘风不终朝，骤雨不终日。孰为此者？天地。天地尚不能久，而况于人乎？"（《道德经》二十三章）

狂风刮不了一早晨，暴雨下不了一整天。是谁造成这种情况？是天地。天地的狂暴都不能持久，何况人呢？

老子又举人世间的例子说：

"人之生也柔弱，其死也坚强。"（《道德经》七十六章）

你看人的生死：活着时，身体是柔软的，可以做体操，做瑜伽。死了呢，赶紧穿衣服，不穿穿不上了。为什么？僵硬了，也就是"坚强"了，刚强了。

老子更尖锐地警告："强梁者不得其死。"（《道德经》四十二章）

强暴的人不得好死。

最后老子得出结论：

"天下之至柔，驰骋天下之至坚。无有入无间。吾是以知无为之有益。"（《道德经》四十三章）

天下最柔软的东西，驾驭天下最坚硬的东西。无形的力量能够穿透没有间隙的东西。我由此知道"无为"的好处。

老子的"柔弱胜刚强"，显然很有道理。我们知道，生活中一切缓冲的举措，都是运用了这个原理。软着陆的说法不是很流行吗？那是典型的"柔弱胜刚强"。

台风袭来，高大的树木很容易就被吹倒，吹折，甚至连根拔起了，但小草呢，却不会有这种遭遇，相反，它倒在那里迎风起舞，安然无恙，很得意的样子。正像俗话说的："齿落而舌长存"，"舌柔在口，齿刚易折"。

当然，老子的分析也有严重的问题。他说明自己的观点用的是例证法，也就是举例说明，而不是逻辑证明，这也是我们中国传统思维模式的特征。这种举例说明有一个致命的弱点，就是你可以举例子来说明你的观点，我也可以举例子来反驳你的观点，结果是不能形成具有普遍意义的思想。例如你老子可以用水和婴儿做例子来证明"柔弱胜刚强"，但是我也可以举出很多相反的例子来否定你这个"柔弱胜刚强"。例如全世界的鸡蛋团结起来，也砸不碎一块大石头；例如你拿一把锤子砸向一个西红柿试试！

4 "为后世阴谋者法"

那么，从老子的"不争"到"柔弱胜刚强"，是否像朱熹批评的那样，不争是为了争，以不争为争，骨子里是要使劲和你争，彻底和你争呢？好像有这个意思。既然是柔弱胜刚强，还是要胜嘛！

老子在这个问题上似乎有些老谋深算。例如他说："天长地久。天地所以能长且久者，以其不自生，故能长生。是以圣人后其身而身先；外其身而身存。非以其无私邪？故能成其私。"（《道德经》七章）

用现在的话说就是：天长地久。天地之所以能够长久，乃是因为它们的一切运行都不是为自己，所以能够长久。因此圣人凡事不当头，不扛旗，不抢先，反而能赢得爱戴。碰到利益置身度外，反而能保全自己。这不正是由于他不自私，反而能够成其私吗？

老子又说："是以圣人终不为大，故能成其大。"（《道德经》六十三章）

因此圣人从来不自大，所以能够成其大。

但历史的事实是，很多利欲熏心、不学无术、热衷钻营的无耻小人却青云直上，很多光明磊落、胸怀韬略、无私敬业的正直君子却终身不得志。历史上下五千年，从赵高到袁世凯，有多少奸佞小人不可一世？从屈原到谭嗣同，有多少耿介君子身死非命？看透了历史的污浊，官场的黑暗，才有陶渊明的"不为五斗米折腰"[1]，挂冠而去；才有李太白的"安能摧眉折腰事权贵，使我不得开心颜"[2]。老子的高调，能够抚平历史的不公吗？

但是从另外一个角度看，老子又很有道理，甚至很有境界。

有心栽花花不活，无心插柳柳成荫。你挖空心思地争名逐利，拼命作秀，献出肉体，最后也许除了露怯，跌份子，什么也得不到。相反，你虚怀若谷，宠辱不惊，谦卑低调，心态平衡，或许就能得到你该得到的。

那么，这是不是以退为进，吃小亏占大便宜，或者用老子自己的话说："将欲取之，必固与之"呢？有人更由此认为老子是阴谋家，鲁迅的老师、清末民初的大思想家章太炎就说老子"为后世阴谋者法"[3]，老子

① ［唐］房玄龄等撰：《晋书·列传第六十四隐逸》（卷九十四），中华书局，1974年版，二四六一页。
② 李白：《梦游天姥吟留别》，《全唐诗》（卷一百七十四），中华书局，1960年版，一七八〇页。
③ 章太炎：《訄书·儒道》，徐复注，《訄书详注》，上海古籍出版社，2000年版，第64页。

中华传统文化开讲

成了后世阴谋家的老祖宗。

如果再恶搞一下老子，老子的"柔弱胜刚强"，或者说不争哲学，说得好听，是君子大度，谦卑礼让，虚怀若谷；说得难听，就是装孙子，以求一逞。春秋有孙子兵法，还有孙子哲学。老子的哲学就是孙子哲学，不过是装孙子。

### 5 祸莫大于不知足

但问题没有这么简单。如果仅仅把老子的不争哲学或者"柔弱胜刚强"理解为装孙子，是以退为进的狡诈伎俩，甚至是某种阴谋，就抹煞了老子智慧的文化深度，就是把老子妖魔化了。如果是在今天，老子就可以告你诽谤。那么，老子的深度何在？

老子当过周朝的守藏史，官名又叫柱下史。因为这个官职上朝时站立的位置是大殿的一根柱子旁，因此被称为柱下史。（由于老子担任过周朝的柱下史，后来有人也把老子这个人和《老子》这本书称为"柱下"。）这个官职相当于今天的国家图书馆馆长、档案馆馆长、文物局局长。总之，是最有文化的官职，最懂历史的官职。

毛泽东曾讲过一句话："历史的经验值得注意。"老子既然是搞历史的，对历史的经验自然十分注意。什么是历史的经验？历史的经验就是"成败、存亡、祸福"。老子最懂历史，出于职业的敏感，他始终关注着历史的成败、存亡、祸福，他最清楚历史的无情、诡诈、血腥、黑暗和防不胜防的阴谋。老子眼中的王朝历史是怎样的呢？成者为王，败者为寇，这就是历史的定义；乱哄哄你方唱罢我登场，这就是历史的现场；旧时王谢堂前燕，飞入寻常百姓家，这就是历史的安排；滚滚长江东逝水，浪花淘尽英雄，这就是历史的命运。就拿历史中最得意的君王阶层来说，他们又往往是最悲惨的历史牺牲，所谓刀光血影帝王家。你从春秋战国一路看过去，一直看到明清帝国，哪一个王朝不是在杀戮的循环中血腥登场。改朝换代不用说，就是在任何一个王朝内，君臣相害，父子相残，亲骨肉互相算计，不正是王朝新闻的永不厌倦的主题吗？因此，苏东坡说："高处不胜寒。"黑格尔曾说，东方专制国家只有一个人有自由。这个人的自由也不能是真自由，因为他生活在猜忌、虚伪、仇视和恐怖中，他不仅遭到来自政敌的挑战，而且还遭到来自亲人的暗算。我们去看黄仁宇的《万历十五年》，看那个万历皇帝当得有多遭罪。

以曹操为例。曹操为什么要害死荀彧？这个荀彧本来是袁绍的部下，他看曹操能成大事，才离开袁绍投靠了曹操，一生为曹操出了很多好主意，差不多成了曹操的参谋总长。曹操本来对他也很信任，很器重，称他是自己的张子房，像刘邦尊重张良那样尊重他。但就因为荀彧不赞成曹操封国公，享受国家最高领导人的待遇，还给曹操讲了一番忠于汉室的大道理，曹操就不露痕迹地害死了他。手段是赠他一个食盒（装食物的盒子）。荀彧打开盒子一看，里面什么也没有。他立刻就明白了，这是断了自己的活路啊！于是吃毒药自尽。荀彧看来是明白得晚了点，他没有想到，早就挟天子以令诸侯的曹操，怎么可能屈居汉室之臣？荀彧死后第二年，曹操就称了魏公。但他称了魏公又怎么样呢？你看到了曹氏家族怎样篡夺了汉的政权，怎样欺负汉代的刘姓皇帝，你就看到了司马氏家族怎样推翻了魏的政权，怎样欺负魏国的曹姓皇帝，你会感到司马氏绝对是"克隆"了曹氏的凶残和冷酷，历史就是这样在不断重演。

为什么历史会如此可怕？为什么人对人会如此凶残？老子认为祸根就是人的贪得无厌的欲望。

因此，他警告我们："咎莫大于欲得，祸莫大于不知足。"（《道德经》四十六章）

最大的灾祸就是不知足，最大的罪恶就是贪得无厌。

老子由此劝告我们："少则得，多则惑。"（《道德经》二十二章）

少取反而能多得，贪多反而陷入迷惑。

我常常想，老子如果生当今日，炒股票准能发大财。他不贪，知足常乐，见好就收，这样肯定套不住。可惜的是，我们的许多股民不懂得"少则得，多则惑"的道理，经常是在利令智昏的时候被牢牢套住。

我们都听过那个吕洞宾度人的笑话吧！吕洞宾下山传道，一时间找不到合适的人选，就想办法考验。一次碰到一个人，吕洞宾随手一指，点石成金，送给那个人，那个人说不要。吕洞宾又点了较大的一块石头，送给那个人，那个人还是不要。吕洞宾暗暗高兴，心想这个人不贪，是个成仙的好材料。他又最后一次点了更大的一块石头，送给那个人，那个人还是不要。吕洞宾于是觉得可以谈谈了，便问他："这么大块的金子为什么不要？"心想这人一定回答：我一心向道，不贪恋人间财物。没想

中华传统文化开讲

到这个人回答说："我不想要金子，我想要你那个点石成金的手指头。"吕洞宾听了，只有赶紧腾云驾雾，开溜！

这就是人的贪欲。

## 6 文明批判

然而，贪欲的后果是什么呢？老子从人的感性欲求的角度指出：

"五色令人目盲；五音令人耳聋；五味令人口爽……"（《道德经》十二章）

五色本来是视觉享受，但是光怪陆离的色彩把人的眼睛都晃瞎了；五音本来是听觉享受，但是强烈刺激的音响把人的耳朵都震聋了；五味本来是味觉享受，但是山珍海味都吃腻了，已经令人舌不知味。

老子说的太有道理了，这是二千五百年前的中国人做出的最深刻的文明批判。他好像在批评几千年后的今天，针对的就是过度膨胀的消费主义，针对的就是艺术趣味的丧失，感官刺激的泛滥。我们来看今天的艺术，从现代乃至后现代的历史就是不断地研究各种佐料，不断地制作浓度越来越高的"麻醉品"，来加强感官的刺激。

古典艺术什么样？那是高山流水，气韵生动；那是深沉隽永，耐人寻味。特别是东方艺术，那样讲究含蓄，讲究此时无声胜有声，讲究不着一字，尽得风流。

例如元代剧作家王实甫的名作《西厢记》，写张生和崔莺莺恋爱的故事。张生和崔莺莺邂逅相遇，一见钟情。但是崔莺莺的母亲不同意女儿和张生谈恋爱，理由是门不当户不对。幸亏崔莺莺有个小丫鬟叫红娘，聪明绝顶，巧妙安排这对恋人幽会，终于使"有情人终成眷属"。其中有个情节，在红娘的安排下，张生跳过粉墙，到崔莺莺的闺房里和心爱的人幽会。热恋中的男女到了一起，自然会有一番光景。这番光景，王实甫这样写：

"软玉温香抱满怀，春至人间花弄色，露滴牡丹开。"

这写什么呢？就写张生和崔莺莺做爱呢！但是你看到的只是一副美丽的画面，在这幅美丽的画面前，你去想象吧！

音乐怎么样？古典音乐讲究旋律的美。"子在齐闻韶，三月不知肉味"①，韶乐的旋律太美了，以致孔子听了，好几个月吃肉都吃不出滋味来。现在哪里有孔子这样的音乐发烧友？一唱三叹，余音绕梁，这才是音乐。但是今天呢？节奏开始代替旋律，咣咣咣！咣咣咣！

唐苏思晟墓壁画《乐舞图》局部

舞蹈呢？古典的舞蹈是曼妙轻盈，深情款款，韵味无穷，是霓裳羽衣舞，是生命的美妙的律动，是天地间最动人的和谐。今天呢？迪斯科、摇滚已经不够用，有的舞蹈已经退化成发作的癫痫。

正像西方文化学家本雅明说的那样，古典的韵味在震惊中四散。美国大片给你的就是震惊，能够把人们留在电影院的只有惊悚、震撼、魔幻，还有血淋淋的怪诞。

总之，听觉和视觉本来是最重要的审美器官，它们应该将我们带入只有人类才能体验的精神境界，但是在今天，在后现代，视听享受已经退化为动物似的纯粹的感官刺激。

"五色令人目盲，五音令人耳聋"，千真万确，老子说的多有远见！多精彩！

"五味令人口爽"，这又是深刻的批判。

中国的文化是一种实用的文化，是一种热爱生活的文化。凡是涉及到人生日用的文化，在中国都格外发达。中国人的吃，就是一个突出表现，东西南北，八大菜系，琳琅满目，美不胜收。世界上哪个民族还有中国人这样的好口福？

我们的老祖宗早就说过："食色，性也。"（《孟子·告子上》）

什么是人性？一个是吃，一个是性。这是人的根本欲望，叫作"饮

① 《论语·述而》，见杨伯峻译注，《论语译注》，中华书局，2006年版，第79页。

中华传统文化开讲

食男女，人之大欲存焉"①。

不光是人，任何动物都离不开吃和性。吃，维持个体生存，一顿不吃饿得慌。性呢，维持群体生存，群体繁衍要靠性。

但是人的吃不同于动物的吃，人的性也不同于动物的性。动物的吃和性不过是一种生物本能。在人这里，吃和性在生物本能的基础上又升华为一种文化。

例如一只猫，它产生性要求叫发情，不叫色，你不能说那只猫很好色。此外，任何动物每年只是在特定季节特定那么几天发情交配，完成生物繁衍的本能需求。但是人就不一样了，因为性在人这里已经不仅具有繁衍群体的生物意义，它更成了一种文化享受，情感享受。

吃也是这样。同样是吃，人拿起刀叉筷子、煎炒烹炸的吃，和一头狮子扑向一只羚羊的吃，肯定大不一样。特别是在我们中国，更把烹调发展到了极致，甚至把它变成了一门艺术，变成了一种丰富的文化享受。

在中国古代，吃饭的筷子上经常刻着四个字，叫作"人生一乐"。我们的老祖宗讲"美"，也和吃有关。

中国最早的词典《说文解字》这样解释"美"："美，甘也。从羊从大。"

这是什么意思？

所谓"美，甘也"，翻译成今天的话就是：美就是好吃！"从羊从大"是讲"美"字的构成。我们来看这个"美"字，上面是个"羊"字，下面是个"大"字，这就是"从羊从大"，意思是羊大为美。为什么羊大为美？羊大了肉肥，好吃，好吃就是美。直到今天，我们还把好吃的称为"美食"，把会吃的人称为"美食家"。孔夫子曾经感叹："人莫不饮食也，鲜能知味也。"② 人都要吃饭，但是真正懂得品尝味道的人可就不多了。当个美食家也不容易。

但是，吃得过分了，就走向反面，吃不是享受了，反而成了一种折磨。西晋开国丞相何曾，"食日万钱，犹曰无下箸处"③，每天花上万贯钱摆下宴席，还说没什么可吃的，筷子夹哪儿哪儿烦，这哪里是享受？

① ［清］孙希旦撰，《礼记集解》，中华书局，1989 年版，六〇七页。

② 《中庸》，中华书局，2006 年版，五三页。

③ ［唐］房玄龄等撰：《晋书·何曾传》（卷三十三），中华书局，1974 年版，九九八页。

人的贪欲过分强烈了，追求享受过分扭曲了，就会走向反面。

印度圣雄甘地说得好：自然能满足人的需要，但不能满足人的贪欲。

怎么办？老子提出了他著名的"知足论"。

"知足之足，常足矣。"（《道德经》四十六章）

知道适可而止的人，永远是满足的。

知足常乐，这个中国人熟知的人生智慧的知识产权也是属于老子的。

看了范伟主演的电视剧《老大的幸福》，心里很感动。他塑造的老大是个十分普通、其貌不扬的小人物，但就是这样一位小人物的人格魅力深深地感染了观众。他的幸福观比当下所有关于人生幸福的演讲加在一起都更有说服力。

老大为什么幸福？第一，他拥有一颗纯真的爱心。他对亲人、对一切人都是那样真诚地关爱，就在这个关爱中，他感受到无尽的幸福。这不是一种占有的幸福，而是一种付出的幸福。第二，他总是那样知足。老大靠足疗为生，但他不以此为下贱，为失败，而是十分敬业地从事自己的工作，在里面挖掘人生的价值。他动不动就介绍自己是养生专家，那绝不是自嘲的调侃，也不是虚荣的粉饰，他是实实在在地在很多人看来是平常微贱的工作中体验着、追求着事业感甚至神圣感。一个咸鸭蛋，永远那样有滋有味；一个酸菜馅包子，胜过任何山珍海味，他就在这种知足中活得那么滋润，幸福得不得了。

有人可能说老大没出息，但什么叫出息呢？看看他的四个弟妹，无论是面子的追求，金钱的追求，官位的追求，当这些追求本身成了人生的唯一目的，代替了人生根本的价值，代替了亲情、友情和爱情时，就都陷入了病态。结果非但得不到幸福，反而是心理脆弱，情感变态，性格乖戾，烦躁不安，最后差点连命都搭进去。

老大的幸福，生动地体现了儒家讲的爱满天下，又生动地体现了老子讲的知足常乐。就像剧中主题歌唱的那样，"知足才是最幸福"。

当然，知足常乐不等于不求上进。你看那些浙江人，走南闯北，什么苦都能吃，什么活儿都能干，掌鞋、弹棉花，点点滴滴，集腋成裘，其中有很多就成就了大事业。你知道温州炒房团中有多少原来是弹棉花的！所谓大人物，就是一直不断努力的小人物。你不能说人要知足，就要那些浙江人总是掌鞋、弹棉花。有一句大家都知道的话，据说是拿破

中华传统文化开讲

仑说的："不想当将军的士兵不是好士兵"。这句话讲进取，讲志当存高远，讲你当了兵，应该严格要求自己，不断进步，争取有一天也能当将军。这有点儒家积极进取的精神。孟子说得好："舜何人也？予何人也？有为者亦若是。"（《孟子·滕文公上》）舜怎么着？我怎么着？我好好干也不比他差。但实际的情况是，绝大多数士兵都肯定当不上将军。从这个角度看，你可以说，不想当将军的士兵不是好士兵，但是你不能说，当不上将军的士兵就不是好士兵。那么，当不上将军怎么办？就闹心吗？就不好好干吗？还是要好好干，尽士兵的责任。《中庸》说得好："素富贵，行乎富贵；素贫贱，行乎贫贱。"

你是富贵之人，就想想富贵之人应该做什么，不应该做什么。例如你应该乐善好施，应该回报社会。你不能为富不仁，不能骄奢淫逸。你是贫贱之人，就想想贫贱之人应该做什么，不应该做什么。例如你应该自强不息，应该吃苦耐劳。你不应该自暴自弃，不应该人穷志短。

老大的幸福观启发我们，人生要以道家的精神做儒家的事业，这样你就为自己筑了一道心灵上的防火墙，有了这道防火墙，你就可以像庄子说的："知其不可奈何而安之若命。"① 事情只能这样了，目前的经济条件只能在门口摆个摊儿，那就好好摆摊儿，不要天天看着对面的超市炉火如焚，老想着我现在怎么就不能开个超市。人生很多烦恼都来自于不能正确评价自己的境遇、能力和条件，不切实际地好高骛远，一味攀比。为什么我们觉得不快乐？是因为我们追求的不是快乐，而是比别人快乐。

这个时候，你就要发扬道家的知足精神，在现实中、在自我中安顿生命，平衡心态，在心态平衡的基础上，你就可进可退，能屈能伸。

老子为我们筑的防火墙就是：

"持而盈之，不如其已；揣而锐之，不可长保。金玉满堂，莫之能守；富贵而骄，自遗其咎。功遂身退，天之道也。"（《道德经》九章）

翻译成现在的话就是：

占有太多，不如适可而止；锋芒毕露，势头难保长久。金玉满堂，无法永远拥有；富贵而骄，难免自取祸殃。功成身退，才合于自然的

① 《庄子·人间世》，见［清］王先谦撰，《庄子集解》，中华书局，1987年版，三八页。

大道。

功成身退，是老子深刻总结历史形成的人生大智慧。一部历史，有多少位不懂得功成身退的元勋重臣身败名裂，死于非命？赵匡胤杯酒释兵权是最客气、最文明的了。我们都知道越王勾践卧薪尝胆的故事。勾践复仇有两个人为他出生入死，帮了大忙，起了决定性的作用。这两个人一位是范蠡，一位是文仲。范蠡深知功成身退的道理，深知"大名之下，难以久居"的道理，帮助勾践复国后，他十分清楚勾践这个人"长颈鸟喙，鹰视狼步，可以共患难，而不可以共处乐"[1]，他立刻提出辞职，弃官从商，带着越国选美冠军西施回归江湖，做买卖还发了大财。金钱美女，得其所哉！人送美号：陶朱公。天下商人都把他当偶像，其实天下从政的，也得学学陶朱公。后来唐代诗人汪遵写《五湖》诗赞扬范蠡说：

"已立平吴霸越功，片帆高扬五湖风。不知战国官荣者，谁似陶朱得始终。"

范蠡临行前，曾写信给文仲，劝他说"飞鸟尽，良弓藏；狡兔死，良犬烹"，不及时地功成身退，终有一天要被勾践杀害。但文仲还傻乎乎地跟在勾践身边，毕竟功高震主，遭勾践忌恨，不久就找了个借口杀害了他。

"是非成败转头空。青山依旧在，几度夕阳红？"（杨慎，《廿一史弹词》）

当我们发出这样的历史感慨时，再谈到老子主张的功成身退，似乎就不能再说他以不争为争，心最毒等等。他主张功成身退，其实就是主张从险象环生、杀机四伏的政治舞台回归平民生活，投身自然境界。这种追求和不负责任、没有担当精神扯不到一起去。儒家不是也讲"达则兼济天下，穷则独善其身"吗？"邦有道，则仕；邦无道，则隐。"国家政治清明，就出来做贡献。国家政治黑暗，不愿同流合污，就退隐江湖。孔子甚至说"道不行，乘桴浮于海"[2]。政治理想不能实现，干脆出国移民了。

① 杨明照撰：《抱朴子外篇校笺》，中华书局，1991 年版，五一八页。

② 《论语·公冶长》，见杨伯峻译注，《论语译注》，中华书局，2006 年版，第 48 页。

中华传统文化开讲

儒道两家的智慧启示我们，人生要当进则进，当退则退，云卷云舒，张弛有致；该清醒的时候清醒，该糊涂的时候糊涂，该紧张的时候紧张，该放松的时候放松。这样才有节奏，有韵味，有韧性，有生命力。

冯友兰先生曾经赠给李泽厚先生一副对联，上联是："西学为体，中学为用"；下联是："刚日读史，柔日读经"。下联的八个字取自曾国藩家书，但有所改动，曾国藩原来的对联是："刚日读经，柔日读史；怒而写竹，喜而绘兰。"我们且不管冯先生的上联，也不管曾国藩，更不用管刚、柔原来的意思，那都无关宏旨，和我要谈的没有重要联系。就看这"刚日读史，柔日读经"，真是有深意，耐琢磨。

什么叫刚日读史，为什么要刚日读史？我的心得是，"刚日"就是一个人剑拔弩张、志得意满的时候，这个时候要读读史，历史的沉重阴暗会使你清醒冷静，不至于得意忘形。什么叫柔日读经，为什么要柔日读经？"柔日"就是一个人消沉萎靡的时候，这个时候读读经，经典的道德呼唤会使你振作昂扬，不至于得抑郁症。

现在我们应该明白了，老子正是由于深通历史的兴亡教训，才告诫人们要学会韬光养晦，要学会谦卑不争，要学会不为天下先，懂得柔弱胜刚强，要从根本上控制自己的欲望，不要利欲熏心，贪得无厌，这样从政的才不至于身死非命，百姓也才能过上安稳日子。例如，老子的大智慧更在于他深通历史人生的辩证法，请听他的悟道之言：

"祸兮，福之所倚；福兮，祸之所伏。孰知其极？其无正。正复为奇，善复为妖。人之迷，其日固久。"（《道德经》五十八章）

意思是，灾祸旁边就是幸福，幸福里面藏着灾祸。有谁能明白它们的奥秘？它们根本就没有一个明确的标准。正忽然变成了邪，善忽然变成了恶，这已经成了人们永远解不开的迷惑。

《淮南子·人间训》上有一则塞翁失马的故事，最能说明祸福相依的道理。说是北方边塞有一位先生，擅长马术。一天，自己的一匹马丢失了，跑到了边塞外胡人的领地。大家都来安慰他。他的父亲却说："怎么知道这是祸，不是福呢？"过了几个月，丢失的马回来了，还竟然带回了一大群胡地的良马。大家又来祝贺他。他的父亲却说："怎么知道这是福，不是祸呢？"家里多了几匹良马，这位先生又喜欢骑马，于是天天骑着马兜风。终于有一天从马上摔下来，把腿摔折了。大家又来安慰他。

他的父亲又说："怎么知道这是祸，不是福呢？"过了一年，胡人大举入侵，边塞壮丁全都被征兵，上了战场，抵抗胡人的入侵。仗打得十分惨烈，上战场的壮丁绝大多数都牺牲了，唯独这位先生因为腿摔折了，没有被征兵，于是保住了性命，父子得以平安。福之为祸，祸之为福，真的是深不可测。

"祸兮，福之所倚；福兮，祸之所伏"，老子此言，值得琢磨。当然，这不是主张消极地顺应祸福。老子通过祸福相依的道理告诉我们：

"圣人方而不割，廉而不刿，直而不肆，光而不耀。"（《道德经》五十八章）

圣人总是十分谨慎，他正直但不得罪人，精明但不伤害人，坦诚直率但不肆无忌惮，心地光明但不惹人注目。

这才能够避祸得福，保身全生啊！

西汉周亚夫是汉文帝和汉景帝两朝重臣，历史上著名的太平盛世——文景之治，也有他的汗马功劳。周亚夫治军非常严格，皇帝到了军营都得遵守他的规矩，因此深得明君汉文帝赏识。汉景帝时期，七个诸侯王发动叛乱，叛军来势汹汹，中央政权危在旦夕，是周亚夫率军平定了叛乱，使景帝转危为安，因此景帝也对他感激得不得了。但这位周将军就是有点儿居功自傲，为人太直，脾气还特别不好。遇事一点不讲策略，对皇帝也直来直去地顶撞，还为一些鸡毛蒜皮的小事撂脸子。一次景帝大宴群臣，周亚夫的座位前没放筷子，周亚夫就悻悻而去，一甩袖子走了。这样得罪了很多人，最后连景帝对他也不耐烦了。要命的是，景帝担忧，"此怏怏者非少主臣"①，这人对他都这么傲，以后他死了，周亚夫还能伺候接班的小皇帝吗？于是心里暗动杀机，再加上小人陷害，可叹周亚夫两朝功臣，竟然被投入监狱，气得绝食五日，送了性命。

相反的例子是唐朝的郭子仪。郭子仪是平定安史之乱的大功臣，没有郭子仪，天下恐怕早就姓安而不姓李了。连皇帝唐肃宗都感激他说："虽吾之家国，实由卿再造。"② 江山虽然是我李家的，但实在是因为有了你郭子仪，才又从贼人手里抢了回来呀！郭子仪为唐朝立下了丰功伟

① ［汉］司马迁撰：《史记·绛侯周勃世家第二十七》（卷五十七），中华书局，1982 年版，二〇七八页。
② ［后晋］刘昫等撰：《旧唐书·郭子仪传》（卷一百二十），中华书局，1975 年版，三四五二页。

中华传统文化开讲

绩，因此被封为汾阳郡王，但是他却能够做到"权倾天下而朝不忌，功盖一代而主不疑"①。权倾天下，朝廷却不忌妒他；功劳盖世，皇帝却不怀疑他。原因就是，郭子仪记住了老子的教导，地位越高，越是谨慎；功劳越大，越是谦虚。

你看他的待客之道。已经封了王了，有客人来访，郭子仪一律热情相待。特别是有心术不正的小人来见他，即便官很小，地位很低，他也一定见，并且是穿上礼服，格外恭敬地接待。家人看了很奇怪，问他："很多达官贵人来了，你也没有这样恭恭敬敬地特意穿上礼服接见呀！"

郭子仪答道："正因为他们是小人，我才更恭敬地接待他们。你看这些小人，心术不正，但人很聪明，特别会巴结，万万不能得罪他们。万一他们将来做了大官，所谓小人得志，你得罪过他，他肯定怀恨在心，想尽办法报复你。"

这就叫"宁得罪君子，不得罪小人"。郭子仪的话果然应验。那些善于巴结的小人，由于很会讨主子的欢心，很多都当了大官。凡是得罪过他们的人，无一例外地遭到报复。在这些小人中，有一个叫卢杞的。每次他来郭家拜访，郭子仪都让身边的妻妾们退下。他的儿子很纳闷，问父亲："其他客人来访，总是妻妾满堂，说说笑笑。为什么唯独这位卢杞来了，您就让她们回避？"

郭子仪回答："你没看到这位卢杞的尊容吗？相貌丑陋，脸色发蓝。我怕那些妇人们看到了忍不住讥笑。这个卢杞为人阴险狡诈，受此羞辱，肯定记仇，有一天他小人得志，我们就麻烦了。"

果然，这个卢杞后来当了宰相，谋害了很多人，唯独对郭子仪一家，却很客气。

苏东坡在《留侯论》里说："古之所谓豪杰之士者，必有过人之节。人情有所不能忍者，匹夫见辱，拔剑而起，挺身而斗，此不足为勇也。天下有大勇者，卒然临之而不惊，无故加之而不怒，此其所挟持者甚大，而其志甚远也。"②

古代所谓英雄豪杰，一定有超过普通人的修养，一定有一般人所不

① 同上书，三四六七页。
② 苏轼：《留侯论》，《苏轼文集》（卷四），中华书局，1986年版，一〇三页。

能忍受的度量。凡夫俗子，一旦遭到侮辱，立刻就拔剑而起，挺身而斗，这不能算是勇敢。天下真正有大勇的人，意外突然降临而不惊慌，无缘无故地侮辱他，也不发怒。这是由于他有伟大的抱负，又有高远的志向。

《留侯论》这段议论，充满了老子的精神，闪烁着老子的智慧。

张良能成大事，从他能恭顺地为黄石公捡鞋出发；韩信挂帅封侯，从他能从容地接受胯下之辱开始。

但最能体现老子的文化深度和博大襟怀的，还是他下面的话：

"明白四达，能无知乎？"（《道德经》十章）"生之……蓄之……生而不有，为而不恃，长而不宰，是谓'玄德'。"（《道德经》五十一章）

意思是：懂得天地万物的大道理，可以不用心机吗？它生成万物，蓄养万物。但生成而不占有，养育而不依靠，引导而不主宰，这就是自然之德。

老子非常重视"生而不有，为而不恃，长而不宰"，也就是生成而不占有，养育而不依靠，引导而不主宰，《道德经》第十章和第五十一章两次重复强调了这个思想。那么，都已经"生而不有，为而不恃，长而不宰"了，还能说他是投机取巧，以不争为争，心最毒吗？

其实，最能理解老子智慧的是一个英国人，这个人叫罗素，是20世纪世界级的大哲学家。他在20世纪20年代到中国讲学时，非常赞赏地提到老子的"生而不有，为而不恃，长而不宰"，并谈心得说：

人类的本能有两种冲动：一种是占有的冲动，一种是创造的冲动。占有的冲动，是要把某种事物据为己有。这些事物的性质是有限的，排他的，是不能兼容的。例如经济上的利益，这个项目甲拿去了，乙就没机会了；那个工程，丙中标了，丁就出局了。再如政治上的权力，总统的位置只有一个，甲当选了，乙就落选了；皇帝的宝座只有一个，丙赢了就做皇帝，丁输了就是贼寇。这种冲动强烈起来，人类便天天陷于互相争夺、互相残杀，所以这不是好的冲动，应该加以制约。创造的冲动正好和它相反，是要把某种事物创造出来，与大众共同占有。这些事物的性质，是无限的、共享的、兼容的。例如哲学、科学、文学、美术、音乐，任凭每个人自由创造。创造者将自己的创造传播给他人，自己却没有丧失什么。如果得到大众的认可共鸣，更是感到无比快乐。每位艺术家都希望自己的"粉丝"越多越好，每位科学家都希望自己的成果造福人类。这种冲动发达起来，人类便天天进化。所以这是好的冲动，应该提倡的。

罗素认为老子的"生而不有，为而不恃，长而不宰"，就是提倡创造的冲动，是十分有益的哲学。

话到这里，我们对老子就能多几分理解，少几分责难了。

老子在自己的《道德经》八十一章，也就是最后一章的最后总结中说：

"圣人不积，既以为人己愈有，既以与人己愈多。天之道，利而不害；人之道，为而不争。"

意思是：圣人不中饱私囊，他尽量帮助别人，自己反而更加充足；他尽量给与别人，自己反而更加丰富。

自然的规律，利物而无害；人间的法则，施为而不争。

这个最后总结也算是老子为自己彻底地翻了个案，在某种程度上也证实了罗素对老子的认识。

我们再重复其中的两句：

"既以为人己愈有，既以与人己愈多。"

他尽量帮助别人，自己反而更加充足；他尽量给与别人，自己反而更加丰富。

这不正是罗素说的创造的冲动吗？

老子的博大胸襟，使他的珍爱生命的哲学充满了崇高的意味。

当然，老子确实说了许多好像很无情的话，谈到权术，他也针针见血，令人齿冷。前面说过的"将欲歙之，必固张之；将欲弱之，必固强之；将欲废之，必固兴之；将欲夺之，必固与之"，道尽了人间的心机，不仅是军事智慧，也是政治智慧和人生智慧。老子的本意是揭示历史、政治和人生的本来面目，但本来面目太可怕了，老子揭示出来，未免令人毛骨悚然，也令小人想入非非，所谓"小人行险以徼幸"。这就产生了副作用。

著名学者季羡林先生在世时，温家宝总理去探望他，季老有言：假话全不说，真话不全说。温总理补充得也十分到位：由于环境、条件的限制，有些真话也不能说。有深意啊！有深意！老子就是真话说得太多，以致有海盗之嫌，所谓教猱升木，教唆坏人干坏事。就像现在的警匪片，你既不应该把侦破的方法交待得太清楚，也不应该把犯罪的手段描绘得太具体。君子看了倒无妨。小人看了，既增强了反侦查能力，又学会了犯罪伎俩，这岂不贻害无穷？

那么，老子为什么喜欢那样毫无忌讳地说真话呢？把老子和孔子比较一下，很有意思。老子敢于什么都说，和自己的角色定位有关。老子尽管也从过政，但后来就成了彻底的"在野党"，一心一意做隐士，没有丝毫名利观念，所以敢大胆说话，经常讲些不同政见，经常揭穿政界老底。孔子呢，却总想做官，所谓"三月无君，则皇皇如也"（《孟子·滕文公下》），三个月得不到君主的召唤，就惶惶不安了，这样他怎么敢像老子那样大胆说话？当然，孔子要做官，也是为了黎民百姓，绝不是为了自己升官发财。但要做官就必须遵守官场的游戏规则，其中怎样讲话，讲什么话，就不能不斟酌了。

但老子和孔子最大的不同，是孔子只关心、只讨论伦理政治问题，也就是人间问题，老子还关心、还讨论宇宙问题。孔子的学生子贡说老师，"夫子之言性与天道，不可得而闻也"①，意思是说，没听到过老师就万物本性和宇宙原理的问题发表意见。但老子就大不一样，他关于宇宙的看法构成了中国智慧最有哲学味道的层面。下面就谈谈老子的宇宙智慧。

### 五　老子的宇宙智慧

老子的宇宙智慧，是老子智慧的制高点，前面所谈的军事智慧、政治智慧、人生智慧，都归本于宇宙智慧，都以宇宙智慧为纲。老子的宇宙智慧，也是特给中国人提气的智慧。有了他的宇宙智慧，中国哲学和世界上任何哲学相比，就都毫不逊色了。

老子是道家的创始人。道家之所以被称为道家，就是因为它把"道"当作核心的范畴。老子宇宙智慧关注的焦点，就是对道的定位。老子讲道，给道定位，有三点十分重要，一是道的本质，二是道的作用，三是道的规律。

---

① 《论语·公冶长》，见杨伯峻译注，《论语译注》，中华书局，2006年版，第52页。

1  道的本质

什么是道的本质?

老子说:"人法地,地法天,天法道,道法自然。"(《道德经》二十五章)

人取法于地,地取法于天,天取法于道,道取法于自然。

道法自然,这就是道的本质。

老子说的道,从威力上看,和基督教的上帝一样,无处不在,无时不在,无所不能,是一切存在的来源,也是一切价值的来源,但老子说的道又和基督教的上帝有根本的区别,道不是一个人格化的神,不是那位形体和人一样(因为上帝按自己的模样造人)有灵魂、有意志、有性格的最高存在,不是那位长着大胡子的威严的老先生。老子说的道,原来就是自然的体现,自然的化身。李白的《日出行》:"谁挥鞭策驱四运,万物兴歇皆自然。"说的就是这个自然。在这里,我们想到老子反复强调的自然无为。道是自然的,自然是无为的,无为而无不为,这就是道啊!

道的本质就是自然。老子用自然解释道,规定道,这个道就不是神秘的存在,就不是高不可攀的主宰,而是孕育着我们,也为我们所拥有,托载着我们,又在我们之中,和我们的生命息息相关,它就居住在我们那亲切、可靠的天地家园。以道养生,最重要的就是要遵循自然,体会自然,认同自然,亲近自然。

讲到神秘的存在,老子的态度比孔子还科学。孔子说"敬鬼神而远之"[1],尽管关注的是人事,但还保留着鬼神的存在。老子这里就打扫得干干净净,没有鬼神存在的空间,天地就是一个自然。自自然然,就是人生意义和人生价值所在,就是以道养生的基础和灵魂。

因此,徐复观在谈到老子的思想贡献时指出:"老子思想的最大贡献之一,在于对此自然性的天的生成、创造提供了新的、有系统的解释。在这一解释之下,才把古代原始宗教的残渣涤荡得一干二净,中国才出现了由合理思维所构成的形上学的宇宙论。"[2]

---

[1] 《论语·雍也》,见杨伯峻译注,《论语译注》,中华书局,2006年版,第69页。

[2] 徐复观:《中国人性论史(先秦篇)》,上海三联书店,2001年版,第287页。

## 2　道的作用

什么是道的作用?

老子说:"道生一,一生二,二生三,三生万物。万物负阴而抱阳,冲气以为和。"(《道德经》四十二章)

什么意思?道生成圆满和谐的一,从这个一中生成阴阳二气,阴阳二气的交融生成第三种状态,形成新的圆满和谐,从三的圆满和谐中生成天地万物。天地万物都背阴而向阳,在阴阳二气的互相激荡中再生成新的圆满和谐。[①]

道的作用就是生成宇宙,就是安排一个和谐的世界。这是老子的宇宙生成论。道生一,一生二,二生三,三生万物,这中国语言特有的激情递进,蕴育着宏大的力量,崇高的气势,它使我们想起《圣经·创世纪》中上帝创造世界的时候说:"上帝说,要有光,于是就有了光。"

上帝的口里只轻轻地吐出三个字"要有光",我们这个宇宙就拥有了灿烂的日月星辰,天空和大地就充满光明。多么崇高的力量!多么激动人心的力量!

老子讲"道生一",也是三个字,也蕴藏着无穷的力量和气势,同样崇高,同样激动人心。那是宇宙的开始,预示着一个和谐世界即将诞生。

读老子,不用说他的思想,就看他的语言,真的是字字珠玑,句句格言,段段锦绣,章章辉煌。您看,"道生一,一生二,二生三,三生万物……""人法地,地法天,天法道,道法自然……"且不管这两段话的内涵究竟怎样玄奥,究竟怎样博大精深,就看这语言,真的是简约到极点,浓缩到极点,言约旨远,言简意赅,掷地自作金石声!

谈起《道德经》的魅力,我想起武则天。据说武则天八十几岁还容颜如玉,脸上只有几条皱纹。她为什么能够青春常在?

原因有三个。

第一个原因,是残酷的政治斗争中,武则天能保持心理平衡。武则天当皇帝,对于男尊女卑的传统社会是大逆不道,被称为"牝鸡司晨",

中华传统文化开讲

---

[①] 士林按:徐复观将"二"解释为"天地",亦通。见其所著《中国人性论史(先秦篇)》,上海三联书店,2001年版,第296页。

也就是母鸡打鸣，那就像公鸡下蛋，非常不吉利。因此，不光是政敌反对她，就连亲人也反对她，包括她的女儿太平公主。武则天面临的政治斗争十分残酷。但是不管政治风云如何险恶，武则天纵横捭阖，软硬兼施，一个个全都摆平，她自己却始终气定神闲。

第二个原因，是武则天有和谐的性生活。中国古代社会，对女性是全方位的压抑。女性不仅社会地位低，经济地位低，就是在身心需要方面也被剥夺了应有的权利。"万恶淫为首"，首先针对的就是女性。中国古代女性被要求束胸，和今天的女性正好相反，今天的女性是想尽办法丰胸。为什么要束胸呢？就是让你尽量掩饰性特征。中国的男人特没出息，国家出事了，不说自己没本事，首先就往女人身上赖，皇帝昏暴误国，总得扯上女人垫背。例如所谓"祸水论"，就说女色迷惑了皇帝，导致他不理朝政，于是才误了国，女人实在是祸水呀！

五代十国中的后蜀国遭到宋朝军队入侵，当时后蜀有军队14万，宋朝侵略军不过4万人，但是后蜀君臣不敢抵抗，一个回合没打，就连忙在城头竖起降旗，开城投降了。后蜀皇帝孟昶的妃子花蕊夫人专门给宋太祖赵匡胤写了首《述亡国诗》，讽刺此事：

"君王城上树降旗，

妾在深宫那得知。

十四万人齐卸甲，

更无一个是男儿。"

你当皇帝的一点不敢抵抗，早早在城头竖起降旗投降了，我这个女人在深宫里哪里知道？知道了又能怎么样？你14万大军面对4万人马，齐刷刷地丢盔卸甲，那里面有一个够得上男人吗？

这首诗抨击了后蜀君臣畏敌如鼠，葬送了国家，辛辣地讽刺了"红颜祸水论"，博得了赵匡胤的赞赏。

但是武则天当皇帝，情况就不一样了。鲁迅说得好："武则天当皇帝，谁敢说男尊女卑？"

你男人当了皇帝，就三宫六院，荒淫无度。我女人当了皇帝，干嘛要客气？于是武则天也经常选些帅哥猛男，弄到宫里享受。

还有一个说法，就是武则天喜欢读《道德经》。据说《道德经》有一个气场，武则天捧起《道德经》，就进入了这个气场，于是小宇宙和大宇宙交汇融合，进入天人合一的境界。这样她血脉贯通，经络通畅，从心理到生理，身心俱佳，焉能不青春常驻？这个说法固然有些玄，但是你读《道德经》，读到"道生一，一生二，二生三，三生万物"，读到"人法地，地法天，天法道，道法自然"，读到"道可道，非常道；名可名，非常名"，读到"玄之又玄，众妙之门"，那种荡气回肠的气势，那种黄钟大吕的气韵，那种畅通无阻的气流，那种心旷神怡的气感，每每诵读，都好像做了一场酣畅淋漓的气功。焉能不延年益寿！

老子的语言是诗中之诗，高屋建瓴，境界如登珠峰，气象似临大海。读老子，令人耳聪目明，神清气爽。以道养生，奥妙就在这里。这也算作以道养生的一种解释吧。


### 3 道的规律

那么，道的规律是什么？我们怎样认识它？

老子说："反者道之动。"

这就是道的规律。"反"的一个意思是相反。老子认为，相反才能相成，相反相成，也就是对立统一决定着天地万物的运行。现在我们明白了，黑格尔为什么那样赞赏老子，就因为对立统一的辩证法本来是黑格尔的独门功夫、看家本领，而老子早在两千多年前就提出了对立统一的辩证法，并把这个辩证法确立为最高存在的规律，宇宙的规律，道的规律。

老子最善于从相反的角度看问题，最善于逆向思维，有时还来点儿脑筋急转弯，就连正面的话他也要反面说，用他的话说，就是"正言若反"。

例如，儒家谈仁说义，要求人讲道德，应该说天经地义。老子偏从反面兜头一盆冷水。例如他说："六亲不和，有孝慈；国家昏乱，有忠臣。"（《道德经》十八章）

家庭纠纷，才显出孝敬和慈爱；国家昏乱，才看得出谁是忠臣。

突出宣传忠臣孝子不一定是好兆头。在自然纯朴和谐的社会中，无所谓忠和孝，或者说每个人都自然地尽忠尽孝。只有六亲不和、家庭不睦了，内忧外患、国家昏乱了，才格外见出孝子忠臣的可贵。一个社会拼命提倡忠和孝的时候，往往就是出问题的时候，就是不忠不孝非常严重的时候。老子就是这样逆向思维，正面文章反面做。

但是最精彩的还是他的对立统一。

看他怎样说："有无相生，难易相成，长短相形，高下相盈……"（《道德经》二章）

没有有，就没有无；没有难，就没有易；没有长，就没有短；没有高，就没有低……

万事万物都是既对立，又统一；既互相对抗，又互相依存。

这里我们只挑出"有"和"无"简单地讨论一下。"有"和"无"的问题在老子哲学中是十分重要的问题，它涉及到老子的宇宙生成论。宇宙是怎么来的？

老子说："无，名天地之始；有，名万物之母。"（《道德经》一章）

无是天地的开始，有是万物的根源。

那么无和有谁先谁后呢？尽管老子也讲有无相生，就是说，有离开无无法有，无离开有无法无，但老子还是认为无在先，有在后，无中生有。他说："天下万物生于有，有生于无。"（《道德经》四十章）

天地万物，大至日月山川，小至草木蝼蚁，都是从无到有。就好像生孩子，那是从无到有。就好像盖大楼，也是从无到有。

需要交代的是，在老子这里，无还有空的意思，他非常强调这个空无的价值。例如他举例说："三十辐，共一毂，当其无，有车之用。埏（shān）埴以为器，当其无，有器之用。凿户牖以为室，当其无，有室之用。故有之以为利，无之以为用。"（《道德经》十一章）

30根车条汇集到一个车毂当中，有了车毂中空的地方，才能放车轴，车轮才能转起来。揉合陶土做锅碗瓢盆，有了锅碗瓢盆中空的地方，它们才能用来盛东西。开凿门窗建造房屋，有了四壁围着的空间，房屋才能住进去。

房地产商最懂老子哲学。他说这房子使用面积是180平米，那其实就是180平米的空间，也就是180平米的无，在这个空间里，这块是客厅，那块是厨房，所谓"当其无，有室之用"。但老子举的所有例子，都不能说无比有更重要。卖房子，也要卖那个有。售楼小姐循循善诱地向你介绍的，总还是我这墙是用什么材料造的，石头是从哪儿运来的，地板是从哪儿进口的，柱子又是什么风格的，等等。没有那堵墙，就没有墙内的空间。因此，还是说"有无相生"更稳妥。

有无相生，虚实相生，这就是道的规律。别看它听起来很抽象，落实到人生中，真的是妙用无穷。

听我讲一个流行在美国的并非笑话的笑话：

老爸对儿子说，我想给你找个媳妇。儿子说，可我想自己找！老爸说，但这个女孩子可是比尔·盖茨的女儿！儿子说，要是这样，太好了！

接着，老爸找到比尔·盖茨说，我给你女儿找了一个老公。比尔·盖茨说，不行，我女儿还小！老爸说，这个小伙子可是世界银行的副总裁！比尔盖·茨说，啊，是这样！当然好啊！

最后，老爸找到了世界银行总裁说，我给您推荐一个副总裁！总裁说，可是我已经有太多的副总裁了，本来就多余了！老爸说，可是这个小伙子是比尔·盖茨的女婿！总裁说，啊，是这样！那欢迎啊！

生意就是这样做成的。

这位老爸，应该说深通老子哲学，他的预设本来是无，比尔·盖茨的女儿也好，世界银行副总裁也好，比尔·盖茨的女婿也好，开始都没有这么回事，都是无，但是这些无都符合对象的预期，于是无就变成了有。这就是妙用了有无相生的道理。

由于老子总是说反话，正面文章也反面做，有时还玩儿点脑筋急转弯，所以很多人都不理解他。老子似乎也预感到自己的思想以后要遭人误解，甚至遭人嘲笑，于是他先堵住别人的嘴，他说："上士闻道，勤而行之；中士闻道，若存若亡；下士闻道，大笑之。不笑不足以为道。"（《道德经》四十一章）

意思是说：上等智商的人听了我说的道，努力实践；中等智商的人听了我说的道，半信半疑；下等智商的人听了我说的道，哈哈大笑。但是，不被嘲笑，那就不是道了！

老子就是老子！看谁还敢嘲笑老子！嘲笑他，就是智商有问题了。

老子重视相反相成，对立统一，也就是矛盾的对立面的相互转化，当然是一种大智慧，但过于突出这个智慧，也就陷入了相对主义。

但是将相对主义发挥到极致的，却是老子事业的继承者，同样大名鼎鼎的庄子。下面就来谈庄子的智慧。

# 第八讲　庄子的智慧

## 一　自由思想家

### 1　庄子说：生和死其实都差不多

在老子那里，善和恶其实都差不多，祸和福其实都差不多。这种相

**庄子像**

对主义到了老子事业的继承者庄子那里，就发展到了极致，庄子说："方生方死，方死方生。"连生和死都相对到了一起，生和死其实都差不多。因此就有了庄子妻死鼓盆而歌的著名故事。

庄子老婆死了，他居然敲着瓦盆唱歌。他的好朋友惠施看不下去了，斥责他说："朝夕相处的老伴儿去世了，你不悲伤都说不过去，反而敲着瓦盆唱歌，太过分了！"

庄子辩解说，老婆刚死的时候，他当然也很悲伤，但是一琢磨，他就想开了。他的老婆生是从自然中来，死呢，又是到自然中去。来所当来，去所当去，生生死死，都是自然的变化现象，就像一年四季的交替一样。我们既然不会为季节的交替而悲伤，那么为什么要为亲人的死去而悲伤呢？

庄子本来是从自己对人生的思考得出结论，老婆死了不应该悲伤。但是一般人自然不理解，也不相信，总怀疑他们夫妻感情有问题。于是后来就编了出京剧《大劈棺》。说是一天，庄子外出碰到一位新寡的妇人用扇子使劲地扇自己丈夫的新坟。原来那时的礼仪规定，丈夫死了，必须要等到丈夫坟上的土晾干了，妻子才能再嫁。这位寡妇等不及了，于是就用扇子使劲扇坟，想把坟土赶快扇干了，好尽快出嫁，真的是迫不

及待。

庄子看到这妇人如此薄情，就想考验一下自己的老婆。于是就装死，老婆田氏将庄子放进棺材。庄子又变成楚王的儿子来吊唁。这位王子又帅又有地位，田氏暗暗就动了心。王子说和庄子是铁哥们，感情很深，要求在庄子家住上一段时间，陪陪老友。这正合田氏心意。不料夜间王子突然头痛欲裂，对田氏说："我的老毛病又犯了，犯病时必须吃人的脑髓。在宫里时，我一犯病，父王就赶紧杀一个死囚取出脑髓。现在我在这儿犯病了，这可如何是好？"田氏听了，立刻拿起斧子劈开装殓庄子的棺材，要劈开庄子的脑袋取脑髓给王子吃。这时庄子现出真身。田氏又羞又愧，就自杀了。

媳妇这样，她死了，庄子当然要鼓盆而歌。

这自然是一种民间的演绎，但却是出自一种人之常情的演绎，因为一般人无论如何不能理解庄子的高论，就连他的好朋友惠施都不能理解。要知道，惠施也是一位大哲学家呀！因此大家都怀疑庄子和老婆打冷战，否则老婆死了，怎么可能在老婆的坟前开演唱会！

别人怎么想不管他了，庄子确实就是出自于对生死的达观，才有妻死鼓盆而歌。不仅妻死鼓盆而歌，庄子对自己的死，同样是这种态度。临死前，学生要厚葬他，他不同意，又发表高论："我死了，棺材也不要准备，人也不要埋。你们瞧，那天地就是我的棺材，那日月就是我的玉璧，那星辰就是我的珠宝，那万物都是我的陪葬。还有比我的葬礼更隆重的吗？"

学生不同意，说："老师您这样，乌鸦老鹰的吃了您怎么办？"庄子答道："那么你们把我埋了，我还不是要被地下的蚂蚁吃掉吗？"

你瞧，庄子对待死亡，就是这么想得开。

因此后来庄子的"粉丝"、晋朝的大酒鬼刘伶走到哪儿都让人带把铁锹跟着，说在哪儿死了就在哪儿把他埋掉，把死根本不当回事。但到了东晋，那位中国最伟大的书法家王羲之就批评庄子说："故知一死生为虚诞，齐彭殇为妄作。"[1]

这里的"彭"指彭祖，是古代著名的老寿星，相传他活了八百多岁，

---

[1] 王羲之：《兰亭序》，[唐]房玄龄等撰，《晋书》，中华书局，1974年版，二〇九九页。

而"殇"则是夭折的意思，年轻轻的就去世了。例如我们把为国捐躯的战士称为"国殇"。王羲之的意思是，把死亡和生存当成一回事是荒唐的，把长寿和短命当成一回事也是虚妄的。这位书圣引孔子的话感慨说："死生亦大矣，岂不痛哉？"[1] 死是人生最后的大事呀，怎么能不为之悲痛伤怀？王羲之的话，好像更能引起共鸣。

兰亭集序

当然，谈到庄子，他把生死看成一回事还不仅仅是相对主义，其中有深层的文化含义。庄子继承了老子道法自然的宇宙智慧，从自然的角度理解生死，更从自然的角度超越生死。从自然的大道来看，有生就有死，不是最正常的事吗？如果有生无死，反倒坏事了！春秋时期，齐国的国君齐景公有一次到城外"公款旅游"，饱览自己国家的山川秀色，突然伤心落泪。大臣们连忙问怎么回事。景公对大臣们说："我的国家这样美，我却不能永远拥有，因为随着时光的流逝，我总有死的一天。能够长生不死，该多好啊！"他的大臣们听了连忙也陪着一块儿流泪，边流泪边说："大王哭得好英明呀！连我们这些卑贱的人一想到死都要伤心落泪，都觉得活着好呢，何况大王您呢！"只有景公的丞相晏子在一旁发笑。齐景公问晏子："别人都在哭，为什么你一个人笑？"晏子回答说："如果您的先祖们也像您这样想，都能长生不死，还轮得到您在这里做国君吗？正是由于您那些当国君的先祖一个一个死去，才轮到您坐在国君的位子上。您却要为此而流泪，这能不令人发笑吗？"齐景公倒是很民主，听了晏子的话觉得有道理，立刻自我批评，还命令那些和他一起流泪的大臣们又一起喝罚酒。

当然，话虽如此，碰到生关死劫，我们还是要像王羲之那样，岂不

① 王羲之：《兰亭序》，［唐］房玄龄等撰，《晋书》，中华书局，1974年版，二〇九九页。

痛哉！我们还是要不断地感慨浮生若梦，为欢几何？感慨时光飞逝，流年暗中偷换。感慨多少青春已不再，多少情怀已更改。为什么呢？因为我们都是凡人，凡人就有凡人的喜怒哀乐。特别是我们中国人最能清醒地认识到人生的一次性，就是人只能活一次，因此讲究好死不如赖活着，十分珍视人生，十分珍视这辈子。因此，我们就很难跳出世俗的诱惑，很难挣脱名缰利锁。为利所绊，为名所累，人生的争名逐利，让人立刻想起《红楼梦》里的"好了歌"。

《红楼梦》第一回，有一位瘸腿道人一拐一拐地一边走，一边嘴里念念有词。念叨些什么，根本听不清。有位叫甄士隐的跟着听了半天只听清两个字，一个"好"，一个"了"。于是走上前去问这道士："你念叨些什么呀，好啊了啊，了啊好啊的。"道士答道："不错！你能听清'好'和'了'两个字，就不容易了，你就是个明白人！须知世间万物好便是了，了便是好，不好不了，不了不好。"你看这位道士的"好了歌"：

"世人都晓神仙好，唯有功名忘不了。古来将相在何方，荒冢一堆草没了。"

"好了歌"宣传佛道讲的人生虚幻，但是也透露了中国人对人生的痴迷。

对人生痴迷的代价不仅是跳不出名利场，更跳不出生死劫，面临死亡的问题总是惶惑不已，无法解脱。庄子提出"同生死"，说生和死其实都差不多，说到底是要跳出这个异化世界，进入一种不为生死所累的自由境界。

庄子编了一个寓言来说明这个道理。一天，他在路边碰上一个骷髅，也就是死人的脑瓜骨。他拿起这个骷髅，发了一番感慨：

"你这个骷髅啊！生前是做什么的呢？你生前是卖大葱的、送外卖的，死后是这个样子，你生前是国王、大臣，死了也是这个样子呀！"

说着说着，庄子犯困了，于是枕着这个骷髅就睡着了。睡梦中，骷髅竟然和他聊了起来。骷髅对庄子说："你以为你们活着很幸福吗？其实死了比活着幸福多了。"你看这死："死，无君于上，无臣于下；亦无四时之事，从然以天地为春秋，虽南面王乐，不能过也。"[1]

---

[1] 《庄子·至乐》，见［清］王先谦撰，《庄子集解》，中华书局，1987年版，一五一页。

翻译成现代汉语就是：死是一种什么样的状态呢？上面没有领导再欺负你，下面没有下属再算计你，也没有一年四季的烦心事。从容地在天地间来来往往，悠然地度春秋，就是当皇帝，也得不到这种快乐呀！

这其实是庄子借骷髅之口宣传自己的生死观，发表了一次关于死亡的著名演说。

你瞧！庄子根本不是在提倡宗教式的死的寂灭解脱，他分明是在高扬一种审美式的人生自由境界。这不就是神仙吗？中国的神仙、道教的神仙和基督教、伊斯兰教、佛教的神都不一样。基督教、伊斯兰教、佛教的宗教智慧都认为人的生活世界充满种种缺陷，将人这一辈子视为罪孽，当然不可能实现不朽或永生。不朽或永生都只能在神的拯救下，在另外一个神圣的世界里实现，它是上帝之城、天国或者极乐世界。中国唯一土生土长的道教尽管也是宗教，但却渗透了中国文化的精神，也就是珍视人生的精神。因此道教的神仙和其他宗教的神都不一样，他不是抛弃这个现实世界，他就在这个现实世界中追求永恒，追求不朽，他要的是长生不死，他讲的是"此身不向今生度，更向何生度此身"，神仙就是长生不死的人。我们看庄子谈死，其实就是谈自由的生。这样的死，已经不仅是死和生其实都差不多的问题，而是超越了世俗的不自由的生，超越了名缰利锁，超越了种种人间的羁绊，而进入自由的无拘束的境界。适如李泽厚师所指出："他把死不看作拯救而当作解放，从而似乎是具有感性现实性的自由、快乐。"[1]

这个境界，庄子把它叫作"逍遥游"。

## 2  逍遥游  蝴蝶梦

逍遥游是一种什么状态？逍遥游就是"乘云气，骑日月，而游乎四海之外"[2]。也就是腾云驾雾，骑在太阳和月亮上，作航天飞行。这比今天的航天员潇洒多了。在这个逍遥游中，你就能体会"天地与我并生，万物与我为一"，天地和我一起长生，万物和我融为一体，这是多么壮观的境界。徐复观认为："庄子对精神自由的祈向，首表现于《逍遥游》，

① 李泽厚：《中国古代思想史论》，台湾三民书局，1996年版，第199页。
② 《庄子·逍遥游》，见［清］王先谦撰，《庄子集解》，中华书局，1987年版，五页。

《逍遥游》可以说是《庄》书的总论。"①

那么什么人才能达到这个境界？只有"神人"。庄子说的这个神人，就是以后道教神仙的原型。由于庄子对道教的理论贡献非常大，所以《庄子》一书就和老子的《道德经》一样，成了道教的"圣经"。

回过头来再说逍遥游。逍遥游又像做梦一样。庄子做了一个非常美丽的梦，梦见自己变成了蝴蝶，翩翩飞舞。梦醒后，他感到非常迷惑："不知周之梦为蝴蝶与，蝴蝶之梦为周与？"②

是庄周做梦变成了蝴蝶呢，还是蝴蝶做梦变成了庄周？我是蝴蝶呢，还是蝴蝶是我？蝴蝶和庄周，究竟哪一个才是我的真身呢？多么美丽，多么迷惘的胡思乱想。这真的又是庄子说：梦和醒其实都差不多。

后来唐代大诗人李商隐就写诗道："庄生晓梦迷蝴蝶，望帝春心托杜鹃。"

庄子这个梦是个很哲学的梦，那个蝴蝶也是只很深刻的蝴蝶。庄子是想通过这个寓言，比喻万物一体，蝴蝶和庄周其实也差不多。

因此，他的"粉丝"李白就专门写了首《古风》诗宣传这个寓言："庄周梦蝴蝶，蝴蝶为庄周。一体更变易，万事良悠悠。"

蝴蝶是我？还是我是蝴蝶？这本来就搞不清楚。你所谓的清楚其实就是不清楚，你所谓的清楚焉知不是说梦话？因此，蝴蝶和我都差不多，再引申一下，人和我都差不多，物和我都差不多，万事万物都是彼此彼此，都差不多。庄子就是想通过梦蝶的寓言讲这个道理。为什么要讲这个道理？庄子是要你明白了这个道理，进入忘我境界，解脱人生痛苦。人为什么烦恼？人为什么痛苦？庄子认为根本原因就是人太执着，执着于我和物的分别，争腥逐臭，贪得无厌；执着于我和人的分别，勾心斗角，尔虞我诈。我们为什么都羡慕小孩子的天真？因为小孩子就没有那么多执着和分别。他既没有我和物的分别，也没有我和人的分别。没有这个分别，他就不会天天盘算着利己，天天盘算着坑人。有了这个分别，他的天真就丧失了。小孩子这种天真状态，就是一种忘我、无我的状态。为了解脱人生痛苦，最有效的方法就是能够忘我，无我。

① 徐复观：《中国人性论史（先秦篇）》，上海三联书店，2001年版，第350页。
② 《庄子·齐物论》，见［清］王先谦撰，《庄子集解》，中华书局，1987年版，二六—二七页。

中华传统文化开讲

逍遥游，蝴蝶梦，追求的就是一种自由的精神境界。徐复观分析庄子思想的背景时说："形成庄子思想的人生与社会背景的，乃是在畏惧、压迫的束缚中，想求得精神上彻底地自由解放。庄子认为在战国时代的人生，受各种束缚压迫的情形，有如用吊起来（悬），或用枷锁锁起来一样。……由此可以了解庄子对不自由的情形，感受到如何的痛切。"①

逍遥游、蝴蝶梦就是要解脱束缚（庄子谓之"悬解"）和枷锁（庄子谓之"解其桎梏"），进入一种不为外物所制约的自由状态。

说到这儿，我想起老子有一句打穿后壁、说到底儿的话："吾所以有大患者，为吾有身，及吾无身，吾有何患？"（《道德经》十三章）

我之所以有大患，是因为我有这个身体；我如果没有这个身体，那么又何患之有呢？

这句话已经透出了佛家的信息。老子化胡，固然是虚构的故事，但佛教徒为什么要编老子化胡，而不编孔子化胡、孟子化胡，也还是有所考虑的。

这句话告诉我们，人生的一切灾祸从根本上说，都是由于我太在意"我"的存在。如果忘掉这个我，或没有这个我，何来我的灾祸？庄子就是想通过梦蝶来宣传齐物我，同生死，超利害，也就是物和我其实都差不多，生和死其实都差不多，利和害其实都差不多，然后超越这一切，实现逍遥游，追求绝对自由的精神境界。庄子讲养生，全都奔向一个精神世界，精神的自由和洒脱，才是人生的最高境界。

但是庄子的思考还是有问题。我们不妨追问：庄子为什么梦见的是蝴蝶，而不是蟑螂呢？

庄周之所以梦见蝴蝶，而不梦见蟑螂，就因为蝴蝶是美丽的，蟑螂是丑恶的。

再想想历史上美丽风流的故事，为什么都拿蝴蝶作形象大使？

你看梁祝化蝶的凄美，两位痴男怨女生不能同床，死也要同穴。合葬后，坟墓里居然飞出一对蝴蝶来。西方有个类似的爱情悲剧，就是莎士比亚的《罗密欧与朱丽叶》。这两位最后的结局是双双横尸冰冷的墓穴，大幕落下。较之这个结局，梁祝的化蝶，加上了中国人特有的那种

---

① 徐复观：《中国人性论史（先秦篇）》，上海三联书店，2001 年版，第 346—347 页。

寄托和祝福，冲淡了恐怖的悲剧性，虽虚幻但却令人憧憬，令人心碎，也令人得到一丝安慰。

欧阳修的风流蝴蝶更是别有一番情致："江南蝶，斜日一双双。身似何郎全傅粉，心如韩寿爱偷香，天赋与轻狂。微雨后，薄翅腻烟光。才伴游蜂来小院，又随飞絮过东墙，长是为花忙。"①

风流中透着一种沁人心脾的韵味。

就连西方人也要歌唱蝴蝶。意大利大名鼎鼎的歌剧作家普契尼，他的杰作叫作《蝴蝶夫人》。

蝴蝶不能改作蟑螂。同样，我们也不能说爱和恨其实都差不多，是和非其实都差不多，君子和小人其实都差不多，清官和贪官其实都差不多，爱国者和卖国贼其实都差不多，真善美和假恶丑都差不多，这就出大问题了。

这也许就是后现代？

后现代有时会颠覆一切权威，否定一切传统，主张玩世不恭，推崇享乐主义。但是，值得后现代注意的是，就在后现代流行的欧美，就拿后现代最典型的文化代表美国大片来说，你看《泰坦尼克》，它在回归温情和挚爱。结尾处，那位小伙子把自己心爱的姑娘托上水面，自己却沉到水底。这不是18世纪那种骑士般的为爱献身吗？你再看《拯救大兵瑞恩》，那是在回归英雄主义、生命尊严和人道关注。就连《哈利·波特》、《阿凡达》也都充满了善与恶、美与丑、光明与黑暗、天使与恶魔的斗争，最后，还是善的一方获得胜利。在我国，《千手观音》以明净的慈爱、美丽的温暖抚慰了亿万颗躁动的心。《孔雀之灵》则以自然的宁静、单纯与真趣引领我们回到古典。总之，又都回归真善美的主题。当然形式可能是现代的、后现代的、宏大的、高科技的、震撼的、魔幻的。

人类文明永远要有一个标准、底线，不能什么都"恶搞"，不能什么都颠覆，不能对丑恶现象无动于衷。

梦阑时，酒醒后，后现代是否也需要一种生命的安顿，文化的皈依？

总之，任何时代，任何地方，真善美的追求是永恒的，不能被假恶丑吞没。

---

① 欧阳修：《望江南》，见唐圭璋编，《全宋词》，中华书局，1965年版，一二四页。

中华传统文化开讲

## 二　庄子原来是美学家

### 1　庄子的绝望

回到庄子，庄子原来是一位美学家。如果说老子是彻底的理性主义者，清醒得甚至有点可怕，庄子则是彻底的艺术主义者，主张在审美中实现人生的最高价值。老子关心政治，庄子也不能说绝对地不关心，例如他的社会批判也十分犀利："彼窃钩者诛，窃国者为诸侯。"①

那偷了一个小钩子的贼竟被处死，偷了整个国家的窃国大盗就成了诸侯。庄子这句话使我想起了西方一句类似的谚语："你偷一块钱，送你进监狱；你偷一条铁路，选你当参议员。"

但庄子批判完了，就专注于他的人生哲学，不再谈什么治国平天下，不像老子，献计献策，不厌其详地出主意，结果还遭人误解，说他心最毒。

庄子比老子看得还透，他认为政治根本就没救了，把宰相这样的高官都当作死老鼠。他的朋友惠施当了魏国的宰相，庄子启程去看他。有小人向惠施挑拨说庄子是来"撬行"的。惠施听了很惊慌，到处搜捕庄子。庄子却自己找上门去，给惠施讲了个故事：南方有一种神鸟叫鹓雏，和凤凰一样高贵。一次，鹓雏从南海出发，到北海旅游。旅途上，只在高高的梧桐树上休息，不是珍稀的果实不吃，不是甘甜的泉水不喝。一天，它在天空看见地面有一只猫头鹰正在贪婪地吃一只腐烂的死老鼠。这只猫头鹰抬头看到鹓雏，以为它要和自己争夺死老鼠，立刻就竖起羽毛，怒目而视，厉声喝叫，想要吓走这只鹓雏。

讲完这个故事，庄子对惠施说："如今您获得了魏国的相位，看见我来了，是不是也要吓唬吓唬我呢？"庄子说罢，大笑而去。

后来李商隐做诗歌咏其事说："不知腐鼠成滋味，猜意鹓雏竟未休。"②

那么庄子是不是吃不着葡萄就说葡萄酸呢？不是的，他是真有当大官的机会就是不干。《史记·老子韩非列传》就记载着这样一段故事：楚

①　《庄子·胠箧》，见［清］王先谦撰，《庄子集解》，中华书局，1987年版，八六—八七页。
②　李商隐：《安定城楼》，彭定求等，《全唐诗》（下），上海古籍出版社，1986年版，第1370页。

威王听到庄子的大名，派使者带着千两黄金来请庄子，还要破格安排他做宰相。庄子嘴边露出讽刺的笑，对使者说："千两黄金，应该说是巨款了；宰相的职务，应该说是大官了。但是你没有见过祭祀时用的牛吗？好吃好喝的养了好几年，绫罗绸缎穿在身上，抬入了太庙。当它遭受宰杀的时候，心里的念头肯定是宁愿当一只不受待见的猪而活着，但这还有可能吗？你们赶快走吧！不要再侮辱我了。我宁肯像一只猪一样在臭水沟中游戏，也不愿意被从政所束缚。终身绝不当官，这样才能实现我快乐的志向。"

庄子甚至认为官场生活还不如一只拖着尾巴在泥塘里爬行的乌龟。这是庄子拒绝从政的另一个版本。《庄子·秋水》篇记载：一次他在河南的濮水钓鱼玩儿，这个地方在楚国境内。楚威王听说庄子到了自己的国家，就派了两位大臣请他进宫，真诚地希望他帮助自己治理国家。庄子又对前来邀请他的大臣讲起了故事：楚国有一只神龟，死的时候已经活了三千年。楚王将龟甲隆重地供奉在太庙。请问对于这只神龟来说，它是愿意死了留下龟甲被人供奉来显示尊贵呢，还是愿意活着，哪怕只是在泥塘里拖着尾巴打转呢？大臣不假思索，立刻回答说："当然愿意活着，在泥塘里爬也行啊！"庄子又回过头去钓他的鱼，不紧不慢地甩给大臣一句话："请回禀楚王吧，我宁愿拖着尾巴在泥塘里活着。"

从这两个故事看来，庄子实际上并不是同生死，他并没有坚持他的生和死其实都差不多的观点，生和死还是大不一样。他想通过这两个故事说明，官场的大人先生，耀武扬威，看着很神气，其实精神早已死掉，他们已不是真正意义上的人，不过是随波逐流、没有灵魂的政治工具，就像那只死老鼠，就像那头将要被宰杀的牛，就像那个供起来的乌龟壳。这样一种生存状态，还不如那些市井小民、山野村人，穷也好，富也好，活个自在。因此庄子坚持"终身不仕，以快吾志"，一辈子不当官，以保持自己的高洁志向。

庄子对政治绝望，对社会也绝望，要求人们绝对不动情，所谓"安时而处顺，哀乐不能入"[1]，"呼我牛也而谓之牛，呼我马也而谓之马"[2]。

① 《庄子·养生主》，见〔清〕王先谦撰，《庄子集解》，中华书局，1987年版，三一页。
② 《庄子·天道》，见〔清〕王先谦撰，《庄子集解》，中华书局，1987年版，一一九页。

无欲无求，随遇而安，你说我是牛，我就是牛；你说我是马，我就是马，不争论。无论什么快乐，也无论什么悲哀，都打动不了我的心。就像蒋捷《虞美人》讲的老隐士听雨："悲欢离合总无情，一任阶前、点滴到天明。"

庄子不是中国第一位大隐士，但却是中国最有影响的大隐士。他甚至要求形如槁木，心如死灰①，身体像干枯的树，心灵像烧完的灰烬，用他创造的词儿叫"坐忘"，从里到外，从自我到世界，都忘得干干净净，和死人一样。这就令人想起了俄国大作家屠格涅夫的作品《父与子》中的巴扎罗夫，巴扎罗夫就像庄子说的，"形如槁木，心如死灰"，毫不动情，是一个绝对的理性主义者、科学主义者，对任何问题都从理性的角度、科学的角度来解释。例如接吻，本来是男女亲热的高峰表现，但你看巴扎罗夫怎样说："接吻是什么？那不就是一堆原子和另一堆原子的碰撞吗？"

人如果这么活着，还有什么情趣可言？

### 2　濠上之辩

但庄子和巴扎罗夫还不一样，庄子实际上是"道是无情却有情"，看他和惠施的辩论，那就是有名的濠上之辩。

庄子和惠施在濠水的桥上观鱼。那时的惠施大概还没有当宰相。两个人看着看着就争了起来。

庄子曰："鲦鱼出游从容，是鱼乐也。"

惠子曰："子非鱼，安知鱼之乐？"

庄子曰："子非我，安知我不知鱼之乐？"

惠子曰："我非子，固不知子矣。子固非鱼也，子不知鱼之乐，全矣。"

庄子曰："请循其本。子曰汝安知鱼乐云者，既已知吾知之而问我，我知之濠上也。"②

翻译成今天的话就是：

---

① 《庄子·齐物论》："形固可使如槁木，而心固可使如死灰乎？"见〔清〕王先谦撰，《庄子集解》，中华书局，1987年版，九页。

② 《庄子·秋水》，见〔清〕王先谦撰，《庄子集解》，中华书局，1987年版，一四八页。

庄子说："你瞧那鱼儿多么悠游自在，这就是鱼的快乐呀！"

惠施和他抬杠了："你又不是鱼，你怎么知道鱼的快乐？"

庄子接招："你又不是我，你怎么知道我不知道鱼的快乐？"

惠施又来一个回合："我不是你，所以不知道你；你不是鱼，所以你也不知道鱼，这是肯定的。"

庄子最后说："还是让我理一理咱俩辩论的头绪。你刚才问我'你怎么知道鱼的快乐'，这个问法就意味着，你已经知道了我知道鱼的快乐，才来问我。我现在告诉你，我是在濠水的桥上知道鱼的快乐的。"

这场辩论，惠施在逻辑上赢了。庄子回避了惠施从逻辑上提出的质疑："你又不是鱼，你怎么知道鱼的快乐？"佛家说，"如人饮水，冷暖自知"①。一个人喝口水，是热是凉，多热多凉，只有他自己知道。感觉、感受、感情是纯粹个人的事，别人无法体会。何况一条鱼呢？

但庄子在美学上赢了，赢在一个情的推移上。庄子将自己快乐自由的心情投射到鱼的摇头摆尾，于是感到鱼是快乐的。就像辛稼轩的

南华秋水图

词说的那样："我见青山多妩媚，料青山、见我应如是。"

### 3　人生境界真善美

大化于胸，与物为春，天地间还是一个有情的宇宙。在中国人看来，宇宙不是一个冷漠的时空存在，不是一个无情的物理世界，它是生命的

---

① 魏道儒：《坛经译注·行由第一》，中华书局，2010 年版，第 30 页。

鼓动，是情趣的流荡，是严整的秩序，是圆满的和谐。宇宙存在对于中国人总是具有一种亲切感、家园感，这就是中国人的宇宙情怀，也就是庄子的美学襟怀。在庄子这里，人生最高境界是个审美境界。因此，李泽厚师指出："从所谓宇宙观、认识论去说明理解庄子，不如从美学上才能真正把握庄子哲学的整体实质。"①

庄子从人间状态的考察建立自己的美学。说起来，人世间就是一个名利场，陷在这个名利场中，大家活得都很累。庄子为此又讲了一个寓言，说是一个人和自己的影子较劲，他拼命地奔跑，想甩掉自己的影子，但是不管他跑得多快，也不管他跑到哪里，他的影子总是跟着他，怎么也甩不掉。到了最后，他就累死了。庄子启发他说，和影子较什么劲呢？你只消到那棵大树下的阴凉地儿休息休息，影子不就没了吗？

我们在名利场上的很多争抢，其实都是和虚幻的影子较劲，就像《金刚经》所说："如梦幻泡影，如露亦如电。"回头一看，不过是过眼云烟。我们不应忘记，红尘滚滚中，还有一个别样的世界，那就是庄子指点的大树下面的绿荫，那是一个清凉的世界，美的世界。

德国思想家弗洛姆谈到现代人的生存状态时说："他终日所想的只是这类问题：怎样才能爬上去？怎样才能挣更多的钱？至于怎样才能成为一个人，他是从来想不到的。"②

金钱也好，地位也好，说到底都是生存的手段。人整天全都陷到里面，就是把手段当成了目的，忘记了弗洛姆说的"怎样才能成为一个人"。

因此，古希腊哲学家苏格拉底在人来人往的雅典大街上东寻西找，有人问他："你在找什么？"他竟回答说："我在找人。"

在人来人往的大街上找人，这个哲学故事告诉我们，尽管满大街熙熙攘攘都是人，但是又有多少人真的已经"成为一个人"？

那么怎样才能成为一个人？换一个问法就是，人怎样活着才有意义？才有价值？才能够实现生命的丰富和尊严？邓丽君唱的《小城故事》用七个字就回答了这个问题，那就是"人生境界真善美"。真的世界引导我

① 李泽厚：《中国古代思想史论》，台湾三民书局，1996年版，第199页。
② ［德］弗洛姆：《生命之爱》，工人出版社，1988年版，第140页。

们求知，善的世界引导我们向善，美的世界才是安顿我们生命的世界。庄子为我们指点的，就是一个美的世界。

我想用庄子解梦来结束庄子智慧的讨论。庄子在《齐物论》中说，一个蠢人正做着梦，但不知道身在梦中，在梦中又做起梦来了，醒来才知道是做了梦中梦。但另一个聪明人知道，蠢人的所谓醒来，其实也还是在做梦，而聪明人一个劲地说蠢人做梦、做梦、做梦，哪里知道他自己其实也是在说梦话。李白的浮生若梦，苏东坡的人间如梦，原来都是从这儿来的。话说庄子这一梦，就梦到了禅宗。佛家说，佛本来不做梦，但为了普度众生，不得不进到众生的梦中。众生在未成佛前，都是在做梦，但却像庄子说的那个梦里人一样不自觉。对于佛来说，梦就像镜花水月，是根本不存在的虚空世界；但对众生来说，做梦却不知是梦，还执着地以为那是真实的世界。因此很多寺庙上都刻着这样的对联："经声佛号，唤回世上名利客；晨钟暮鼓，惊醒人间梦里人。"

庄子的解梦和佛家的解梦何其相似！庄子说"道在屎溺"，宇宙的大道竟然在屎尿里，这话也总是让人想起禅家的机锋。因此有人说庄禅一家，甚至有人说庄子是中国第一位大和尚。这个说法还有其他根据。《庄子》书中虚拟了一篇孔子和学生颜回的对话：

颜回曰："回益矣。"

（译：颜回说："我进步了。"）

仲尼曰："何谓也?"

（译：孔子问："怎么进步了呢?"）

曰："回忘礼乐矣。"

（译：颜回答："我忘掉礼乐了。"）

曰："可矣，犹未也。"

（译：孔子说："很好，但是还不够。"）

他日复见。曰："回益矣。"

（译：过了几天，颜回又见孔子，说："我进步了。"）

曰："何谓也?"

（译：孔子问："怎么进步了呢?"）

曰："回忘仁义矣。"

（译：颜回答："我忘掉仁义了。"）

中华传统文化开讲

曰："可矣，犹未也。"

（译：孔子说："很好，但是还不够。"）

他日复见。曰："回益矣。"

（译：过了几天，颜回又见孔子，说："我进步了。"）

曰："何谓也?"

（译：孔子问："怎么进步了呢?"）

曰："回坐忘矣。"

（译：颜回答："我坐忘了。"）

仲尼蹴然曰："何谓坐忘?"

（译：孔子惊奇地问："什么叫坐忘?"）

颜回曰："堕肢体，黜聪明，离形去知，同于大通，此谓坐忘。"

（译：颜回答："遗忘了自己的肢体，抛开了自己的聪明，离弃了本体，忘掉了智识，和大道融通为一，这就是坐忘。"）

仲尼曰："同则无好也，化则无常也，而果其贤乎? 丘也请从而后也。"①

（译：孔子说："和万物同一就没有偏私了，参与万物的变化就没有偏执了，你果真进入了贤人的境界啊! 我愿意追随在你的身后。"）②

这篇对话中，庄子提出了一个十分重要的概念，就是"坐忘"，就是忘掉一切文化智识，甚至连自己的存在都要忘掉，这样就进入与万物为一的境界。这个境界，正是佛家追求的境界。佛家讲真谛、俗谛，认万物为"无"是真谛，认万物为"有"是俗谛，也是要在否定中接近真如。佛家这个否定，也就是庄子"坐忘"达到的境界。适如冯友兰所说："一切都否定了，包括否定这个'否定一切'，就可以达到庄子哲学中相同的境界，就是忘了一切，连这个'忘了一切'也忘了。这种状态，庄子称之为'坐忘'，佛家称之为'涅槃'。"③

下面就讲禅宗。

---

① 《庄子·大宗师》，见［清］王先谦撰，《庄子集解》，中华书局，1987 年版，六八—六九页。

② 译文参见陈鼓应注译：《庄子今注今译》，中华书局，1983 年版，第 205—206 页。

③ 冯友兰：《中国哲学简史》，涂又光译，北京大学出版社，2010 年版，第 204 页。

# 第九讲　境界无边　禅修五心

　　佛教西来，中土生根，中国的佛学家们在研习佛法中不断地将佛学中国化，到了禅宗，则完成了佛学的中国化。禅宗的诞生，是中国佛教史上的大革命，也是中国文化史上的大革命。禅宗可以说是彻底的、地地道道的中国佛学。那么，禅宗作为中国佛学具有哪些特征，或者说体现出什么样的文化价值呢？

　　我的理解是，禅宗是一种生活方式，是一种人生境界。一般人都将佛家修行称为参禅。佛家修行有六度，六度又称六波罗蜜多，波罗蜜多是梵语的音译，意思是"到彼岸"，佛家认为未觉悟佛法的人生是"此岸"，此岸充满烦恼。觉悟佛法就进入"彼岸"，彼岸才是无烦恼的世界。从烦恼的此岸到觉悟的彼岸有六个途径，佛家术语叫"六度"。六度就是布施、持戒、忍辱、精进、禅定、般若。其中第五度禅定就是修佛进入的一种纯净的精神状态。这里所说的禅宗的智慧，和"禅定"的含义有联系，但是也超越了它的含义，禅在中国，已经不仅是一种佛家修行、六度之一，甚至已经不仅是一种佛教宗派。禅宗的智慧，已经化成一种人生境界。就连禅宗的信徒自己，例如台湾圣严法师也说，禅的本身不是宗教，也不是哲学，而是一种生活方式。我对禅的体会是，禅是春意盎然的生命礼赞，充满深情的人间颂歌。佛教到了中国禅宗这里，已经变成人间佛教。在中国禅宗这里，已经没有印度佛教所描绘的苦难阴暗的人生图景，而是跳荡着生动活泼的人间情味。

慧能像

要实现禅的生活方式和人生境界，最关键是要拥有一颗禅心。

那么，怎样才能培育一颗禅心？也就是说，怎样才能做到以禅清心？我的体会是，以禅清心就是要培育五种心灵境界。它们是：慈悲心、平常心、清净心、自由心、自然心。

有人说佛家不讲境界，因为境界总是有边的。他拿佛鼓说事儿，说你看庙中的大鼓，都是没有边的，这就意味着佛家不讲境界。其实佛家不是不讲境界，而是讲无边的境界。佛鼓无边，只是说境界无边。有了一颗禅心，你就可以心空万物，境界无边。

先来看禅宗第一心。

## 一　慈悲心

### 1　观色即空，观空即色

明朝末年，张献忠滥杀无辜。每攻下一个城市，就把城内居民杀个精光。一次，他的部下李定国攻下一个县城，又要按惯例屠城。这时城里的破山和尚挺身而出，来见李定国，恳求他不要再屠城。李定国令人摆上羊肉、猪肉，甚至还有狗肉。对破山和尚说："你出家人只要吃了这些东西，我就封刀留人。"

没想到破山毫不犹豫，拿起肉就吃，还边吃边说："老僧为万千生灵，何惜如来一戒！"

李定国虽是强盗，却也盗亦有道，信守承诺，封刀留人。[1]

破山和尚为拯救百姓而违反了佛家的戒律，却以一颗慈悲心从根本的层面上发扬了佛家的精神。

慈悲心，是以禅清心要培育的第一心。

慈悲心其实是一种关注人间的崇高情怀，类似儒家讲的道德心。禅诗讲："落叶满空山，何处寻行迹？"[2]

禅要寻找的这个"行迹"，就是在人间万象中展现的人生至情，在人生至情中透露的人生至理。关注人生的至情和至理并不违背佛的意旨。发慈悲心，作菩萨行，饶益有情，普度众生，正是大乘佛的基本诉求，

① 参见［明］吴伟业《绥寇纪略》（又名《鹿樵纪闻》），中华书局，1985 年版。
② 韦应物：《寄全椒山中道士》，《全唐诗》（卷一百八十八），中华书局，1960 年版，一九二一页。

如云峰悦禅师所谓"观色即空，成大智不住生死。观空即色，成大悲不住涅槃"①。

观色即空，就是悟到天地万物的存在都在不断变幻，所谓高岸为谷，深谷为陵，沧海桑田，就像古希腊哲人赫拉克利特所说："你不能两次踏进同一条河流"②；就像苏东坡在《前赤壁赋》中所说："自其变者而观之，则天地曾不能以一瞬"。从变化的角度看，天地万物，每时每刻都在发生着变化。比如，我们同在一个课堂上，我站在这儿讲，你们坐在那里听，不知不觉地，我们从体内到体外都在一点一滴地发生着变化。最后变成什么样，大家都知道，"人生似幻化，终当归空无"。科学家告诉我们，连宇宙最后都要毁灭。我们看到的大千世界，终究要归于空无。佛家认为，认识到这个道理，就是大智慧。有了这个大智慧，你就不会太执着于人生表象，不会被生死所困扰。

观空即色，是说空不是离开色之外单独有个空，空就在色中。你要透彻地理解这个色，也就是关注大千世界、人间万象，先不忙着自己成佛，也就是先不忙着进入涅槃的最高境界，而是发扬"我不下地狱，谁下地狱"③、"地狱不空，誓不成佛"④ 的伟大精神，慈航普度，发大悲愿接引众生。

禅宗作为中国佛教，鲜明地体现了这种关注人间的性格。

因此禅心不像某些人所理解的，不食人间烟火，对社会没有责任感。其实，任何宗教，不管如何地超越，根子总是扎在大地上。你看那基督教哥特式教堂尖顶，那高高耸起的十字架，无论阴云密布，还是晴空万里，都坚定地指向苍穹，引领你向往天国，仿佛在宣示着一个不灭的信念：皈依上帝，是唯一得救的路。但是教堂还是要矗立在坚实的大地上。"为了上帝"，也还是为了人。人要寄托于上帝温暖光明的怀抱，为自己寻求一个最后的归宿。佛教同样如此。佛法无边无量，皆为普度众生，与人无关的神是没有资格成为神的。因此你看禅宗的"圣经"——《坛

---

① ［宋］赜藏主编：《古尊宿语录》（卷四十），中华书局，1994 年版，七五三页。
② 参见《赫拉克利特著作残篇》，广西师范大学出版社，2007 年版。
③ 参见妙莲法师：《戒海释疑》。
④ 参见《地藏王菩萨本愿经》。

经·般若》就这样说："佛法在世间，不离世间觉。离世觅菩提，恰如求兔角。"[1] 佛法就在人间，离不开人间的觉悟，如果离开人间的觉悟去寻找佛法，就像在兔子的头上寻找角一样荒唐。

破山和尚碰到的事件，毕竟是战乱中的非常事件。慈悲心的发扬，不光在这些非常事件、非常之举，就在日常生活、人间处处，都可以发扬慈悲心。

过去在印度，佛教徒雨季不能出门，要在家修行几个月。为什么？因为雨季各种小生物都出来活动了，你若出门，一脚踩下去，就踩死八万四千个生灵。

我们知道过去出家人化缘通常带个钵，也就是装菜饭用的食具，但我们不会注意到，他们还要带一块布，这块布是做什么用的？原来是僧人喝水时用来过滤水的，为什么要过滤？是怕水不干净吗？不是的，那时候的河水、井水还不像今天这么脏，大家直接喝，用不着澄清。但为什么要过滤呢？原来佛家说了，这口水你不过滤就喝下去，喝一口水就喝掉了八万四千个生灵。瞧，佛家的慈悲心，真是无微不至。

### 2  诸恶莫作，众善奉行

最重要的是，慈悲心重在落实，也就是行，因此发扬慈悲心普度众生就叫"菩萨行"。

唐代杭州有位高僧，叫道林禅师。他住在一棵大树上，他的邻居是一窝喜鹊，这位高僧和喜鹊朝夕相伴，邻里关系十分和睦，因此又被称为"鹊巢和尚"。鹊巢和尚名气很大，一次杭州太守、大诗人白居易来拜访他，看他住的这样另类，就说："你住在这么高的大树上多危险，赶紧搬下来吧！"

不料鹊巢和尚却说："您这个太守的位置比我住在树上危险多了！"

白居易很纳闷："我是太守，是杭州最大的官，最有权力的人，出门都是警车开道，交通管制，哪里会有什么危险呢？"

鹊巢和尚答道："正因为你身处官场之中，就免不了钩心斗角，尔虞我诈，你难道不晓得官场上人和人之间的关系吗？阴谋诡计无时无刻不

① 魏道儒译注：《坛经译注·般若第二》，中华书局，2010 年版，第 58 页。

包围着你，嫉妒和算计真是防不胜防，烦恼和欲望烧得你片刻不得安宁，这难道不是最危险的吗？"

白居易恍然大悟，立刻请禅师指点："您看我该怎么办呢？"

鹊巢和尚说了八个字："诸恶莫作，众善奉行。"① 意思是，只做好事，不做坏事。

白居易对这个回答很不满意，不客气地说："这么简单的道理，三岁孩子都懂，还用得着你教我吗？"

鹊巢和尚回答道："没错，这句话三岁孩子都知道，但是恐怕八十岁的老人也做不到呀！"

很多做人的道理说来都很平常，但是做起来就难上加难。做人的道理难在行，而不是难在说。有很多人说起做人的道理天花乱坠，慷慨激昂，信誓旦旦，但是做起事来却怎么缺德怎么做。"满口仁义道德，满肚子男盗女娼"的伪君子代不乏人。因此俗话说："说得一丈，不如行得一尺。"孔老夫子也告诫我们说："听其言，观其行。"

有句话说得好：你能够把一切简单的事都做对就是不简单，你能够把一切平凡的事都做好，就是不平凡。

因此，禅宗要培育的第二心，就是平常心。

## 二　平常心

### 1　担水砍柴，无非妙道

有人问睦州和尚："我们每天都要穿衣吃饭，真够俗的。怎样才能超脱这些呢？"

睦州回答说："穿衣吃饭。"

那人大惑不解："我不懂您的意思。"

睦州又回答说："如果你不懂我的意思，就请穿衣吃饭吧！"

那个人的问题，是想摆脱平凡的生活。睦州的回答呢，就是让他从平凡中求不平凡。因此佛家说，烦恼即菩提，生死即涅槃，不是烦恼之外另有个菩提，生死之外还有个涅槃。菩提就在烦恼之中，涅槃就在生死之中。迷的时候是生死烦恼，悟的时候就是菩提涅槃。

---

① 参见《增一阿含经》。

平凡中有伟大，这就是禅的开悟。

因此禅宗又讲平常心、平常事。普愿和尚说："平常心是道。"① 这一句话，就回到了中国传统。中国传统就主张"人伦日用即道"，道就在百姓最普通的日常生活中。

平常心，这是以禅清心要培育的第二心。

在禅宗看来，成佛就在平常心、平常事，不在刻意作秀，也无须轰轰烈烈。禅宗因此提出一个著名命题："担水砍柴，无非妙道。"②

还有比担水砍柴更平常的事吗？但是，就在这看来最平常的事情中，却充满了禅的妙道，关键是看你能不能悟道。悟道之前是担水砍柴，悟道之后还是担水砍柴，但是大大不同的是，悟道之后的担水砍柴才有意义，才有价值。就像部队的政治工作者对农村来的炊事班新兵进行革命传统教育，参加革命队伍之前是养猪种菜，参加革命队伍之后还是养猪种菜，但有了革命觉悟再养猪种菜，就更有意义，更有价值。这也就是禅家经常讲的，在我们迷时，山是山，水是水；在我们悟时，山还是山，水还是水。

因此禅宗说"随所住处恒安乐"③，随遇而安，触处生春。该干啥就干啥，在随处点拨中获得心灵的开悟。心灵开悟，禅心光复，就时时处处都能了悟佛理。你瞧唐代高僧大珠慧海禅师的答问录：

问："和尚修道，要用功吗？"

答："当然要用功。"

问："怎样用功？"

答："饿了就吃饭，困了就睡觉。"

问："但是一切人都这样啊！他们的吃饭睡觉也和您一样，是在用功吗？"

这位是在讽刺大珠，心想：你也太能对付我了，如果用功就是吃饭睡觉，我还用得着专门向你请教吗？我倒要清楚清楚，你的吃饭睡觉，和一般人的吃饭睡觉，有什么不同。

大珠回答："不同。"

问："怎么不同？"

---

① ［宋］释普济：《五灯会元》，中华书局，1984年版，一九九页。
② 参见［宋］释道原：《景德传灯录》（卷八），广陵书社，2007年版。
③ 魏道儒：《坛经译注·疑问第三》，中华书局，2010年版，第65页。

答："他吃饭时不肯吃饭，百种盘算；睡觉时不肯睡觉，千般计较。"①

同样是吃饭睡觉，悟道者就是踏踏实实地吃饭睡觉，老老实实地说话办事，平常心、平常事中体悟人生道理。没悟道的人呢？胡思乱想，心浮气躁，结果饭也吃不香，觉也睡不甜，他就失去了自我。

赵州禅师的答问录也有异曲同工之妙：

一位刚刚出家的僧人问赵州禅师："我刚刚进庙，请您多多指教！看看我应该做些什么？"

赵州问他："吃粥了吗？"

僧人回答："吃了。"

赵州吩咐："洗碗去吧！"

这位僧人顿时大悟。

还有一次，也是新来的僧人向赵州请教。

赵州问："来过这里吗？"

答："没来过。"

赵州吩咐："既然没来过，喝茶去吧！"

另一位过来请教。

赵州又问："来过这里吗？"

答："来过了。"

赵州同样吩咐："既然来过，喝茶去吧！"

寺院的主管听了很纳闷，就问赵州："怎么来过的您让他去喝茶，没来过的您也让他去喝茶？"

赵州立刻招呼："主管！"

主管回应："在！"

赵州："喝茶去吧！"②

僧人们本来热切地想从大珠和赵州这样的高僧那里得到深奥的佛理，但是在禅宗看来，越是复杂离奇就离佛理越远，佛的本事就在于复杂问题简单化，于是大珠和赵州才用最简单的回答来启发他们。

吃饭、睡觉、喝粥、洗碗，喝茶，这不是最平常、最简单的日常生

① 参见［宋］释道原：《景德传灯录》（卷六），广陵书社，2007年版。

② ［明］瞿汝稷：《赵州观音从谂禅师南泉嗣》，《指月录》（卷十一），巴蜀书社，2005年版，第329页。

活吗？然而悟道，就在这平常简单的日常生活中。

## 2 真理很平凡

装腔作势，故弄玄虚，耸人听闻，标新立异，玩儿深沉，作秀，这都违反佛家讲的"八正道"。人生很多事，其实就那么简单。记得王蒙说过："真理往往都很平凡，也不那么惹人注目，荒谬绝伦的忽悠才吸引眼球。你说人都要死，人家会说你'废话'。你说有长生不老药，立刻很多人就围了过来。你说人要吃饭才能活着，人家会说你'弱智'。你说人不吃饭也能活得很好，立刻就有很多人喊你'大师'。"①

禅宗讲平常心、平常事，要求我们既不要哗众取宠，自命不凡，故作惊人之语，又不要心为物役，舍本逐末，丧失自我。因此，以禅清心，既要我们清除傲慢的虚荣心，又要求我们培育一颗清净心，不被种种诱惑和刺激所左右。

清净心，这是以禅清心要培育的第三心。

## 三 清净心

### 1 我有明珠一颗

白云和尚拜访杨岐禅师。杨岐问白云："你的老师是哪位？"白云答道："是茶陵和尚。"

杨岐问道："我听说他过桥时豁然醒悟，作了一首有名的偈，你还记得吗？"

白云说："当然记得。"立刻流利地背诵起来："我有明珠一颗，久被尘劳关锁。今朝尘尽光生，照破山河万朵。"②

不料白云背完，杨岐竟哈哈大笑，一句话不说，就走掉了。

白云非常郁闷，心想难道我背错了，他为什么如此嘲笑我？整天晚上闹心，睡不着觉。第二天天一亮，就连忙去找杨岐禅师问个究竟。

杨岐回答说："昨天你在市场上看到一位要杂耍的小丑吗？"

白云回答说："看到了！"

---

① 参见王蒙：《老子的帮助》，华夏出版社，2009 年版。
② ［宋］释普济：《五灯会元》（卷第十九），中华书局，1984 年版，一二三三页。

杨岐说："你不如他呀！"

白云纳闷："为什么？"

杨岐点拨："他喜欢别人笑，而你哪，怕别人笑。"

白云恍然大悟。

"明珠一颗"，就是禅心。

"今朝尘尽光生，照破山河万朵"，就是以禅清心的境界。

白云显然还未能进入这个境界。

清净心，就是孟子所说的"不动心"，也就是面对大千世界、滚滚红尘的种种诱惑和刺激，灵魂保持纯净，精神不受污染，防止庄子所说的"形为物役"，防止我们成为虚名浮利的奴隶。这个说起来容易，做起来何其难哪！

唐代慧忠禅师，修行高深，被唐肃宗请进宫廷，拜为"国师"。

一天，最有权势的宦官鱼朝恩拜见惠忠，问道："什么是无明，无明从何处升起？"

"无明"是佛家术语，指的是心灵的蒙昧。

不料慧忠并没有直接回答他的问题，而是不客气地讽刺他：

"佛法真的要衰败了，像你这样的奴才也有资格来问佛法！"

鱼朝恩哪里受到过这样的羞辱，立刻勃然变色，正要发怒，惠忠立刻说："这就是无明，无明就是从这儿开始的。"

鱼朝恩无话可说，对慧忠就只有敬畏了。

南宋大慧宗杲禅师也曾经如法炮制地点拨过一位将军。这位将军拜见大慧，向大慧表决心："我一定除净俗人习气，跟着您出家修禅。"

大慧笑答："你贪恋家人，还不能出家。等等看吧！"

过了几天，将军一大早就跑来了，向大慧汇报："师父，我已经除净了俗人的习气，已经不再贪恋家人，现在来跟着您出家修禅了。"

大慧呢，未置可否，却向这位将军提了一个侮辱性的问题："你来得这么早，是要留下老婆和别人睡觉吗？"

将军听了大怒："你这贼秃子，怎么敢这样胡说八道？"

大慧大笑，说："你要出家修禅，还早着呢！"

## 2　八风吹不动

我们都知道北宋的大文豪苏东坡的一生十分不顺，由于他在政治上既不同意新党王安石的改革，又不同意旧党司马光的保守，因此新旧两党都不待见他。新党执政排挤他，旧党执政也把他边缘化，非但政治抱负无法实现，还一次次地从京城被赶到外地做官。极少升迁，连平调都很少，经常受到降职处分，最后一直被贬到海南岛。那时的海南岛可不像今天，是旅游岛、度假天堂、东方夏威夷，而是兔子不拉屎的"蛮荒之地"。此外，苏东坡甚至还遭受过文字狱。在湖州时，由于作诗遭人诬陷坐了牢。陷害他的人怂恿皇帝杀害他，但是皇帝秉承宋太祖赵匡胤的政治遗嘱，不杀士大夫，苏东坡才免于杀身之祸。但还是被判了两年徒刑，押了四个月，遇到特赦才放了出来。苏东坡在官场不是一般地失意，可以说是碰得头破血流。但是就在这种逆境中，他却表现得十分旷达。你瞧他怎么说："哺糟啜醨皆可以醉，果蔬草木皆可以饱。推此类也，吾安往而不乐。"①

意思是，最差劲的酒，也可以令我陶然而醉。最粗陋的饮食，也可以解决我的吃饭问题。你看我这样知足，还有什么能够令我不快乐？

超然的苏东坡，到哪儿都找得道的高僧交朋友，以提高自己的佛学修养。一次他被贬到瓜州做地方官。与瓜州一水之隔就是著名的金山寺，金山寺的主持佛印和尚和苏东坡成了好朋友，两人经常在一起交流学佛的体会。

苏东坡这个人生性诙谐，喜欢开玩笑，与和尚也经常开开玩笑，抬抬杠。一次，他听说玉泉禅师修养深厚，就想去会会，特意化了装微服私访。见了面，玉泉禅师问他："请问居士贵姓？"

东坡就用禅家特有的带机锋的禅语回答："我姓称，专门称量天下和尚。"

这当然是向玉泉挑衅了。不料玉泉听后大喝一声，问东坡："请你称称我这一声喊，到底有多重？"苏东坡哑口无言。

和佛印成了好朋友，苏东坡对佛印也不放过，经常开开玩笑。一天两个人在一起打坐。苏东坡问佛印，您看我打坐的形象如何？佛印对苏东坡说："观君坐姿，酷似如来佛祖。"看您打坐的样子，太像一尊佛了！苏东坡听了很受用。佛印又问东坡，那么您看我像什么呢？东坡看到佛

① ［宋］苏轼：《超然台记》，《苏轼文集》（卷十一），中华书局，1986年版，三五一页。

印坐在那里，身上的褐色袈裟堆在地上，又开起了玩笑："上人坐姿，活像一堆牛粪。"看您打坐的样子，活像一摊牛屎！

这玩笑开得有点过分了，已经是出口伤人了。

但是佛印不愧是高僧，对苏东坡的出言不逊，他没有任何计较，没有任何过激的反应，只是一笑置之。

苏东坡心想自己这回占了个大便宜，回到家里，仍然按捺不住得意，便对妹妹苏小妹炫耀："今天我可占了佛印一个大便宜。"

苏小妹问："你占了人家什么便宜？"

苏东坡答道："他说我像一尊佛，我说他像一摊屎。"

不料苏小妹立刻抢白他说："你占什么便宜了？你都吃了大亏了。没听说佛经的话吗，心有所想，目有所见，一个人心里有什么，看对方就是什么。人家佛印心里有一尊佛，因此看你就像一尊佛。你心里就那么一摊屎，当然看人家就像一摊屎了！"

苏东坡听了，目瞪口呆。

这苏小妹是个传说人物，实际上苏东坡只有一个姐姐，没有妹妹。人们编出个苏小妹，一方面寄托了某种美好理想，另一方面也衬托了苏东坡诙谐超然的性格魅力。苏东坡就在自己的诙谐幽默中将沉重的生活轻松化。他总喜欢开开玩笑，搞点恶作剧，并且经常总是自己吃亏，但是吃亏也不在乎。例如他和自己的妹妹也常开玩笑。苏小妹的额头比较大，苏东坡呢，脸比较长。一次，他又主动挑衅，拿自己妹妹的额头开玩笑，作诗嘲笑妹妹："未出堂前三五步，额头先到画堂前。"

瞧这额头该有多大！

苏小妹呢，立刻反唇相讥："去年一滴相思泪，至今未到耳腮边。"

这挖苦得更厉害。瞧这脸该有多长？流的还不是一般的眼泪，还是相思泪。

尽管是互相挖苦，但是我们今天读来，只会产生一种快意的、舒畅的美感，只会欣赏他们的才气。

然而，旷达超然如苏东坡，也很难不动心，也很难养成一颗真正的清净心。

一天，苏东坡觉得自己的佛学修养大有长进，就写了一首诗谈自己达到的境界。诗云：

"稽首天中天，毫光照大千。八风吹不动，端坐紫金莲。"

"天中天"是佛的尊称。"八风"是影响人情绪的八种刺激和境遇，即：称、讥、毁、誉、利、衰、苦、乐，也就是称赞、讽刺、抨击、恭维、利诱、伤害、苦恼、欢乐。"紫金莲"就是修佛的座位。整首诗的意思是：遥拜伟大的佛祖，您的光明普照大千世界。要向您汇报的是，我如今已经不受八风的影响，任何外在的刺激都不能使我动心，我已经专心致志地进入禅的境界了。

这首诗从文学的角度看，是一篇优秀作品；从修佛境界的体味来看，也是偈中的上乘之作。香港天坛大佛落成时，赵朴初居士题词还用了这首诗。苏东坡吟着这首诗，很是得意，就派书童给佛印送过江去，心想佛印应该好好表扬表扬他吧。佛印看了之后，立即在上面提了几个字，让书童带了回来。苏东坡满以为佛印会夸奖自己有境界，连忙打开，迫不及待地想看看佛印怎样夸奖他。不料打开一看，却只有两个字："放屁！"

苏东坡气坏了，心想：我这样严肃认真地和你讨论佛理，你居然敢这样羞辱我。他立刻坐船过江，要向佛印讨个说法。佛印不在庙里，但他好像知道苏东坡要来算帐，已经给他留了张字条。苏东坡一看，上面写着十个字："八风吹不动，一屁打过江。"

什么八风吹不动，一个屁就把你打过江来了！

原来佛印看过诗后，就知道苏东坡这是自得炫耀，实际上离大彻大悟还远着呢！于是用这样的方法来启发他。

苏东坡自以为禅心清静，八风都吹不动了，却连一个放屁的考验都没有通过，可见不动心之难。

不动心，要心空万物，最后甚至连心都要空。我们都知道禅宗北宗领袖神秀和南宗领袖慧能那两首著名的偈。神秀的偈说："身是菩提树，心如明镜台。时时勤拂拭，勿使惹尘埃。"[1] 慧能的偈则针对神秀："菩提本无树，明镜亦非台。本来无一物，何处惹尘埃？"[2] 显然慧能的偈更彻底、更透亮。彻底就彻底在连心都空没了；透亮就透亮在，无心还哪

① 魏道儒：《坛经译注·行由第一》，中华书局，2010 年版，第 15 页。
② 同上书，第 22 页。

第九讲　境界无边　禅修五心

里有什么心动呢?

但是禅宗讲清净心,不动心,不是让我们对任何事都无动于衷,都冷漠无情,而是要求我们不被外在的诱惑所左右,做一个自由人,因此禅宗和尚经常自称"自由人"。

自由心,这是以禅清心要培育的第四心。

### 四 自由心

#### 1 舍得和放下

培育自由心,就是要挣脱名缰利锁,跳出十丈红尘,实现超然的精神境界。要实现这个精神境界,用佛家的说法,首先要能够舍得,能够放下。

舍得什么?佛家说,内舍六识,中舍六根,外舍六尘。"六根"就是眼、耳、鼻、舌、身、意。"六尘"就是六根对应的色、声、香、味、触、法。"六识"就是六根感触六尘的心理活动,人的一切欲念都从这里来。"内舍六识,中舍六根,外舍六尘",就是不受任何内在外在的不良欲念所左右。

放下什么?看一个佛家故事。

有一位婆罗门教徒来看望佛陀,双手各拿一个花瓶,要献给佛陀。

佛陀对他说:"放下。"

婆罗门放下了左手的花瓶。

佛陀又说:"放下。"

婆罗门又放下了右手的花瓶。

佛陀还说:"放下。"

婆罗门不解:"尊敬的佛,我两只手里的两只花瓶都已经放下了,现在是两手空空,您还要我放下什么?"

佛陀说:"你两手虽然放下了花瓶,但是你内心并没有真的放下。"

内心放下,真的很难。

唐朝温州比丘尼玄机拜访大名鼎鼎的雪峰禅师。

雪峰问她:"从何处来?"

玄机答:"从大日山来。"

雪峰问:"日出了吗?"

玄机答:"如果日出,岂不要融化雪峰?"

这个回答是在嘲讽雪峰了。

雪峰却不在意。又问："怎么称呼？"

玄机回答："我叫玄机。"

雪峰又问："玄机玄机怎样玄，每天织布多少？"

玄机回答："一丝不挂。"

话到这里，玄机认为雪峰的问题很无聊，自己的回答却很有禅意。看来这个雪峰也不过是徒有虚名。于是说声告辞，往外便走。

雪峰呢，也不挽留，只是望着玄机的背影提醒："您的袈裟拖到地上了！"

玄机连忙回顾身后。

雪峰微笑："好个一丝不挂！"

自负的玄机，自认内心已经"一丝不挂"，彻底放下，但是这一回头就露了馅。

### 2　反对崇拜偶像

做自由人，能空能舍，就要打破一切偶像，进入逍遥自在的人生境界，这又有点像庄子了。为了做自由人，禅宗否定一切外在的权威，甚至呵佛骂祖，连佛经的权威、佛的权威都敢亵渎。问如何是佛？回答竟是："干屎橛、麻三斤。"

丹霞寺天然禅师是马祖道一的大弟子。有一次进了一个庙嫌屋子冷，居然把供奉的木佛取下来劈了烧火取暖，住持出来抗议。结果丹霞没怎么样，住持却眉毛胡子都掉个精光。这就是所谓"丹霞烧木佛，院主落须眉"。丹霞无恙，是因为他懂得真正的佛法不是那尊木头做的偶像；住持之所以遭到惩罚，就因为他一味地崇奉偶像，没有理解真正的佛法是不着相的。

还有位禅师居然在庙里随地大小便，背对着佛像，脱了裤子蹲下来撅起屁股就拉。有人问他，你一个出家人怎么能这样不敬佛，竟然把屁股对着佛像大便？这位禅师回答："不是说佛无处不在，到处都是佛吗？既然这样，我在哪儿大便，屁股不是对着佛呢？"

你瞧，他还蛮有理。更有甚者，禅宗到了极端，临济宗的义玄竟说出："逢佛杀佛，逢祖杀祖，逢罗汉杀罗汉，逢父母杀父母，逢亲眷杀亲眷，始得解脱。"这样的疯话，真是彻底地亵渎了。

义玄是要以这种极端的方式彻底地破除外在的偶像权威，追求内心的自由。杜继文主编《佛教史》对临济义玄的思想做了中肯的分析："义玄的宗旨，是打破一切枷锁。他认为，'佛'就是'心清净'，'法'就是'心光明'，'道'则是所思所行'处处无碍'。因此，真正的学道人'且要自信，莫要外觅'，做一个'不受人惑'的人。他倡导'大善知识，始敢毁佛毁祖，是非天下，排斥三藏，骂辱诸小儿，向逆顺中觅人。又号召'向里向外，逢着便杀；逢佛杀佛，逢祖杀祖，逢罗汉杀罗汉'。这些话的根本目的，是要人们把解脱的希望寄托在'自悟'、'自信'、'自主'的基础上，这可以说是禅宗创始以来的一贯主张，但至此发展到公然提倡呵佛骂祖、非经毁佛的程度，使佛教的传统面貌完全丧失了。禅宗反对偶像、轻蔑教条的风气，至此达到顶端。"①

但有些没有佛学修养的人根本没把握义玄的真精神，一味皮相地模仿义玄的狂放，鹦鹉学舌，胡言乱语，就和精神病差不多了。

### 3　磨砖成镜

培育自由心，还要求我们抛弃一切形式主义，乃至一切繁琐仪式，甚至连坐禅都不需要。慧能的弟子怀让的语录记载，马祖道一为了了悟佛理，自己弄了个单间，专门在里面坐禅，来访者概不接待。他的老师怀让看着很着急，心想这样岂不走火入魔，怎么可能了悟佛理？得想个办法启发他。怎么办呢？怀让终于想出个好主意。他在马祖单间的窗外磨一块砖，没完没了地磨。马祖开始不理睬，一心坐禅。但是怀让和他死扛，他在里面坐禅，怀让就在窗外磨砖。马祖终于禁不住好奇心，就问怀让："磨砖干什么？"怀让回答说："磨砖作镜子。"马祖嗤笑："磨砖焉能成镜？"怀让马上接茬："坐禅岂能成佛？"

佛家讲："凡所有相，皆是虚妄。"所有的形式主义，都是无价值、无意义的。如果一味地坐禅，屁股不动，禅就来了；屁股一抬，禅就走了，这是悟屁股，不是悟禅。

反对形式主义，到了极端就连"阿弥陀佛"都可以不念。

---

① 杜继文主编：《佛教史》，江苏人民出版社，2006年版，第274—275页。

譬如净土宗要求只念一句"南无阿弥陀佛"。"南无"是皈依,"阿弥陀"是佛的名字,"南无阿弥陀佛"指的是皈依阿弥陀这一位佛,每天尽量多地念,就可往生净土。禅宗认为这个也没有必要。

有一位老太太信净土宗,一天到晚念南无阿弥陀佛,念得他的儿子很烦,就想办法规劝老妈。一天,老太太正在念阿弥陀佛,儿子喊了起来:"妈!"

老太太问:"干什么?"儿子却不作声了。老太太接着又阿弥陀佛、阿弥陀佛地念了起来。念得正起劲呢,儿子又喊了:"妈!妈!"

老太太又问:"干什么?"儿子又不作声了。老太太有点不高兴了,但没有发作,继续念她的阿弥陀佛,阿弥陀佛……

儿子又喊了起来:"妈!妈!妈!"

儿子几次没来由地干扰,老太太气得发作了:"讨厌,我在念佛,你吵什么?"

儿子立刻接了过来:"老妈呀!你看,我还是你儿子呢!不过叫了你三次,你就烦了,你不停地叫阿弥陀佛,阿弥陀佛难道不要烦死了吗?"

为了培育自由心,禅宗也反对迷信任何外在的教条。例如,师问仰山:"《涅槃经》四十卷多少是佛说?多少是魔说?"仰山曰:"总是魔说。"佛经竟然全都成了魔鬼的说辞。


4 无字经

为了培育自由心,禅宗甚至反对任何语言文字。

唐僧取经到了西天。佛让大徒弟迦叶把书库打开,挑最上等的佛经赠送唐僧。迦叶尊者赠送的经书上竟然一个字都没有,是一本无字经。

《维摩诘经》记载:

一次大会上,文殊师利菩萨问维摩诘居士:"何等是菩萨入不二法门?"

会场的五千个菩萨都寂静地等待维摩诘的回答。你瞧维摩诘怎么回答?他一言不发,沉默不语。过了一会儿,文殊师利菩萨赞叹地说:"善哉,善哉!乃至无有文字、语言,是真如不二法门。"

后来有法师说起维摩诘的这次沉默,忍不住赞叹:"维摩诘的一默,有如响雷。"

因此佛的十大弟子之一、孙悟空的师傅须菩提说："说法者，无法可说。"这就是说法。

一日，须菩提打坐，忽然空中天女散花。须菩提问："哪一位散花供养？"空中有声音说："是我呀，我是天人，天神。因为尊者在此说法，所以我在空中散花供养。"须菩提说："我没有说法啊！"天人说："善哉！善哉！尊者以不说而说，我们以不听而听。"

吴道子《维摩诘像》

法不可说，说的都不是法，因为一说就着于法相，开口就错，一说就着了道。有位法师讲《金刚经》，讲到"是法平等，无有高下"，一位禅师问道："既然法是平等的，没有高下，那么为什么南山那么高，北山那么低？"法师顿时无言以对。

因此云门禅师跑上讲坛："禅宗不需文字，那么，什么是禅的本质呢？"他提出了这个问题。但是他没有回答这个问题，只是张开双臂，一句话没说就下台去了。

禅宗不诉诸语言理性，只投入亲身的体验，也就是生活。要了解生活，彻悟生活，只能在这生活中体验。

因此才讲担水砍柴，无非妙道。因此和尚们请百丈说法，百丈让他们先到田间劳动。等到和尚们干完了活，再请他说法时，他也像云门禅师一样，张开两臂，一言不发。

禅宗的这些做法，都是要求我们排除成见、摆脱教条，破除对任何语言、思辨、概念、推理的执着，进入自由境界。

禅宗的主张并不孤独，道家在这个问题上和禅宗有惊人的一致。老子说："知者不言，言者不知。"（《道德经》五十六章）庄子说："可以言论者，物之粗也。可以意致者，物之精也。"① 中国古人的主流看法一直是：言不尽意，意在言外。

你瞧那热恋中的男女，当着父母的面眉目传情，两个人只消对看一

① 《庄子·秋水》，见［清］王先谦撰，《庄子集解》，中华书局，1987 年版，一四一页。

眼，心中就充满快意和甜蜜，根本不需要任何语言。

情感和语言是两条路。情感能够引领我们进入语言无法指示的境界。

禅宗也要跳过语言，抛开文字，直接引领我们进入心灵体悟的自由境界。

但是有趣的是，在佛家各宗派中，禅宗留下的文字最多。

我由此想起白居易《读〈老子〉》："言者不知知者默，此语吾闻于老君。若道老君是知者，缘何自著五千言。"

我听老子说，知者不言，言者不知。你老子肯定是知者了，那么你为什么还写出五千言的《道德经》呢？

白居易是位大诗人，诗人和哲学家总是相通的。他提出的问题很有哲理性。他对老子提出的质疑同样适用于禅宗。这里涉及到一个语言的悖论问题。冯友兰先生曾经指出：不说还是要说，哲学家总是在说了很多话后，才能不说。维特根斯坦认为："我们对于不能言说的，就应该保持沉默。"但他还是要不断地说。这个问题纠缠下去没完没了，还是让我们回到禅宗的本来面目。

禅宗反对教条、权威偶像，甚至语言文字理性的目的，是要人们把解脱的希望放在"自主"上，这样才能培育一颗自由心。

有一首禅诗说的非常好："镇日寻春不见春，芒鞋踏破陇头云。归来喜拈梅花嗅，春在枝头已十分。"

整天在外面寻找春天，跋山涉水，历尽艰险，怎么也找不到这春天。春天在哪里？归来一看，梅花在枝头绽放，你分明已看见了春天那轻盈的舞姿。

归来就是回到你的心灵，在你的心灵中寻找春天。它象征着归本一心，才能了悟佛陀妙理。

"我心自有佛，自佛是真佛，自若无佛心，何处求真佛？"[①]

总之，就像李泽厚师所说，"禅宗要求信仰和生活完全统一，不要那繁琐的宗教仪式，也不要那令人头疼的青灯黄卷；不必出家，也能成佛，不必自我牺牲，苦修苦练，也能成佛。并且成佛就是不成佛，在日常生

---

① 魏道儒：《坛经译注·付嘱第十》，中华书局，2010年版，第183页。

活中保持一种超脱的自由的心灵境界，也就是成佛。"①

这种超脱的自由的心灵境界，就像大自然的日落月出，雨趣晴姿，云飞风起，山峙川流，就像鸟在天上展翅翱翔，鱼在水中摇头摆尾，"芳树无人花自落，春山一路鸟空啼"②，没有任何做作，没有任何设计，没有刻意的目的，没有作秀的表演。一切都自自然然，本来面目。因此，禅宗的自由心，是一颗向往自然的心。

自然心，是以禅清心要培育的第五心。

### 五　自然心

#### 1　云在青霄水在瓶

唐朝思想家李翱任朗州刺史时，知道自己管辖的地界有一位著名的药山禅师，就请他来府里做客，但是这位药山架子很大，拒绝登门。于是李翱就亲自到山里拜访药山。找了许久，终于在山中的一棵松树下见到了药山。李翱喜出望外，毕恭毕敬地向药山问道。不料药山根本不理睬他，眼睛盯着手中的经书，对李翱连看都不看一眼。李翱气坏了，心想：我好歹也是一个刺史，这地界都归我管，你怎么对我这么不客气？于是气哼哼地甩了一句："见面不如闻名"，说完就要拂袖而去。

这时药山开口了："太守何得贵耳贱目？"

你为什么这样相信耳朵听到的东西，而不相信眼睛看到的东西呢？

李翱一听有深意，连忙回头施礼，请教药山："请问究竟什么是道呢？"

药山用手指指天，又指指地，问李翱："明白吗？"

李翱回答："不明白。"

药山指点他："云在青霄水在瓶。"

李翱心中一亮，若有所悟，随口吟诗一首，赞颂药山：

"练得身形似鹤形，千株松下两函经。我来问道无余说，云在青霄水在瓶。"③

---

① 李泽厚：《美的历程》，天津社会科学院出版社，2006年版，第200页。
② 李华：《春行寄兴》，《全唐诗》（卷一百五十三），中华书局，1960年版，一五九○页。
③ 李翱：《赠药山高僧惟俨》二首之一，《全唐诗》（卷三百六十九），中华书局，1960年版，四一四九页。

头两句是说药山仙风鹤骨的气象，必须说"练得身形似鹤形"，不能说"练得身形似鸭形"。如果说"练得身形似鸭形"，就俗了。

"云在青霄水在瓶"一句最妙，它揭示的就是一种纯任自然的境界。云在天上飘，时卷时舒，任凭太空寥廓。水在瓶中装，可方可圆，全看瓶子形状。天上地下，俱是无尽的自然。

李翱还有一首赞颂药山的诗，写得也极有禅宗气象：

"选得幽居惬野情，终年无送亦无迎。有时直上孤峰顶，月下披云啸一声。"

"选得幽居惬野情，终年无送亦无迎"，是说药山投入自然，跳出滚滚红尘，不用今天欢迎这个刺史，明天欢送那个节度使了。

"有时直上孤峰顶，月下披云啸一声"，这句十分传神地道出了药山的心灵融入自然、啸傲风月的潇洒境界。

最高的存在都通往自然。老子告诉我们"道法自然"，儒家也讲"万物静观皆自得，四时佳兴与人同"。你看那天地万物的存在，都是那样的怡然自得。春夏秋冬的交替、季节的讴歌和人的向往自然的心，合成了一首美丽的生命诗篇。禅宗力求实现自然的生命境界和儒道的追求异曲同工。在这个意义上，我们又可以将"禅"理解为一种追求自然的文化使命。

苏东坡有首《观潮》诗，特别能帮助我们理解禅宗的自然心：

"庐山烟雨浙江潮，未到千般恨不消。及至到来无余事，庐山烟雨浙江潮。"

庐山烟雨，钱塘大潮，都是天下人向往的壮丽风光。没有领略庐山烟雨，没有观赏钱塘大潮时，千般遗憾，万般向往。等到见过庐山雨，看过钱塘潮，心境呢，绚烂之极归于平淡。没有了心灵躁动，没有了胡思乱想，你对这大自然的天工造化，却有了深情的默契和领悟。

禅的自然心，体现为人生的顺其自然，所谓"春有百华秋有月，夏有凉风冬有雪。若无闲事挂心头，便是人间好时节。"[1]

顺其自然，就是遵循自然规律，好像"空山无人，水流花开"[2]。

① 参见慧开禅师：《无门关》第十九则。
② ［宋］苏轼：《十八大阿罗汉颂》，《苏轼文集》（卷二十），中华书局，1986年版，五八九页。

## 2 狐狸精的故事

百丈禅师上课,有位白发苍苍的老人是他的"铁杆粉丝",每堂课必到,但是没有人知道这位老人的来历。

一天下课后,大家都走了,只有这位老人留了下来,向百丈交代了自己的来历。

"我也曾经是一个得道之人。一次有人问我一个问题,得道的人还受不受因果律的支配呢?我回答,不落因果,意思是不受因果律的支配。不料我的回答是错误的,因此被罚变成了一只狐狸精。但是我始终搞不明白我究竟错在哪里,因此化作人形来听您老讲课。您能指点我一下,我究竟错在哪里吗?"

百丈答道:"那个人问您的问题,您再问我一遍吧!"

老人问道:"得道的人还遵守因果吗?"

百丈回答:"不昧因果。"

百丈的答案和老人的答案只差一字。老人说"不落因果",就是错误的。百丈说"不昧因果",就是正确的。为什么呢?

"不落因果"是不遵守因果规律。任何人,不管你怎么得道,也没有这个特权,因此这位老人就答错了。"不昧因果","昧"是昏昧、不明白的意思,"不昧因果"的意思是,得道的人不是不遵守因果规律,而是对任何事物的原因和结果都清清楚楚。这就对了。这就符合禅宗的自然心。任何人都得遵守自然规律,能够体悟自然,顺其自然,就进入了禅家的境界。

禅的自然心,又体现为自然生意的体悟追求,因此禅家说:"青青翠竹,总是法身。郁郁黄花,无非般若。"

看这样一番禅宗的师徒问答:

"问如何是天柱家风?师曰:时有白云来闭户,更无风月四山流。问如何是佛法大意?师曰:春来草自青。常忆江南三月里,鹧鸪啼处百花香。"[1]

这是多么美丽的问答,这样的问答,只能出自禅的自然心境。

因此有陶渊明的《饮酒》:"采菊东篱下,悠然见南山";有杜甫的《江亭》:"水流心不竞,云在意俱迟";有王维的《山居秋暝》:"明月松

---

[1] 〔宋〕释普济:《五灯会元》,中华书局,1984年版,六七七页。

间照，清泉石上流"……

因此明代学者袁宏道在进入山林时要说："丘壑日近，吏道日远，弟之心近痴矣，狂矣！"①

山山水水离我越来越近，官场那一套离我越来越远，我的心啊，已经陶醉得要发狂了！

因此才有"天下名山僧占多"。


### 3  日本禅的境界

日本禅的俳句最能传神地体现禅的自然境界："晨光啊！牵牛花把井边小桶缠住了。我借水。"

舍不得扯断那牵牛花，舍不得破坏那自然的生意、宁静和美丽，宁肯去借水。

如果人人都有这样一颗禅心，何来环境污染，何来生态危机？何来臭氧层空洞，地球升温？

禅宗对自然境界的追求，深刻地揭示了东方文化和西方文化，审美和科学的某种差异。先来看两首诗：

第一首是日本17世纪著名俳句诗人芭蕉的作品：

"当我细细看，

啊，一颗荠花，

开在篱墙边。"

你瞧，这朵花，诗人连碰都舍不得碰它一下。诗人发现的，诗人向我们展示的，就是那完整的、圆满的、纯净的、原汁原味的自然。

第二首是英国19世纪诗人丁尼生的作品：

"墙上的花，

我把你从裂缝中拔下——

握在掌中，拿到此处，连根带花。

小小的花，如果我能了解你是什么，

一切一切，连根带花。

我就能够知道神是什么，人是什么。"

---

① 参见［明］袁宏道：《与江进之》。

这就不仅是碰了，而且是拔掉了，甚至要拿到显微镜底下去研究了。

芭蕉的诗，体现的是审美的态度，自然的态度。丁尼生的诗，体现的是科学的态度，理性的态度。

### 4  科学和艺术

科学和艺术，犹如人类文化之两轮。科学是人类智慧的伟大成果，但科学的成果往往是一把双刃剑，它在造福人类的同时，也在成比例地威胁人类、残害人类。人类在科技的武装下空前强大的同时，也在科技异化的威胁下空前脆弱。例如原子能的利用，可以用它来发电，也可以用它来制造毁灭人类的原子弹。科学发展到今天，这把双刃剑的两端都越来越锋利。我们知道，21世纪流行的、日新月异、最有前景的三种高科技为：（1）电子自动化，也就是电脑；（2）生物基因工程；（3）纳米技术。戴尔的一位电脑权威严肃地指出，正是这三种高科技将威胁人类的生存，致命的地方是它们都有一个发展潜能，都有一个发展到一定阶段必然出现的共同特征——可以自我复制。也就是说，这些人所制造的科技产品可能有一天会脱离人的控制，实现智力的自我升级，升级到一定程度，就超过了人的智力。原子弹也没有它们的威胁大，因为原子弹不能自我复制。或许有一天，将不是我们拎着笔记本电脑，而是笔记本电脑拎着我们；不是我们把它当作工具，而是它把我们当作工具。读一读香港著名科幻小说家卫斯理的作品《玩具》，真是令人毛骨悚然。搞不好，人类就有可能成为自己创造的高智力机器人手中的玩具，这绝不是危言耸听。

当代最伟大的科学家霍金向我们发布了两条非常重要的信息。第一条，可能存在外星人。但是霍金向我们发出警告：不要招惹外星人，他们会毁灭我们的地球。第二条，理论上我们可以逆着时光走回过去，也可以超越时光进入未来。这听着像神话，是吗？但是霍金又告诫我们，不要轻率地那样做，因为那将因果颠倒，不知道带来多大麻烦。

但是人类能听霍金的吗？

如果说高科技对人类生存的根本威胁还不是眼前的事，那么它对人类的文化本质，也就是人之为人的挑战、颠覆，却已经堂而皇之地发生了。对克隆技术造成的道德伦理问题，人类的反应，政府的对策，显得那么地惊慌失措，从美国总统到欧洲议会，都只能仓促上阵。前景如何？难以预料。据说有的国家已在开始进行人牛"杂交"的"科学实验"，这是科技的伟大发展，还是人在自己作践自己？凡斯种种，都在提醒我们、催促我们，应重视科技伦理的研究。现在人们已经在呼吁"道德经济"，我们还应该呼吁"道德科技"。说到底，问题还都是人的问题。如同人们经常指控的金钱的罪恶都不过是人的罪恶，科技的可怕其实也都是人的可怕。因此，关键在于解决人的问题，如何在全新时代全新环境中，使人类具有更加自觉的责任心，具有更加高尚的文化意识，是我们这个时代的迫切课题。当然，我这样说绝不是否定科技的伟大意义。人类社会的发展，归根结底要靠科学的进步，因此我反对对科学采取感伤主义的否定态度。但是科学态度对于人生毕竟只具有工具的意义，而审美态度才是回到生命自身。我们只有用审美态度来引导科学态度，科学才能健康发展，才能有益人类。

从这个意义上讲，禅宗的心灵建设，正是科技畸形发展的解毒剂。

真善美到了最高境界，就成了一个境界。科学家告诉我们，科学智慧到了最高境界，竟可以和禅宗的智慧融合。例如霍金的宇宙弦理论，就和佛家讲的缘起性空有异曲同工之妙。中科院院士朱清时先生说得妙：当科学家千辛万苦地爬到峰顶时，他发现，佛教的大师早已经坐在那里等他了。

当然，搞禅学的、搞哲学的不能听到这句话就沾沾自喜，科学自有科学的伟大价值，科学家的艰辛非一般人能够理解，科学家的智慧也非一般人能够企及。无论多少高妙的哲学见解，也不能代替那一麻袋一麻袋的数学演算公式。无论你念叨多少遍"一阴一阳之谓道"，也发明不了蒸汽机、计算机。无论你念叨多少遍"诸法因缘生，缘谢法还灭"，也发明不了汽车和飞机。

### 5 万古长空，一朝风月

禅宗的自然心，是对人生的一种安顿，是一种实现人和宇宙和谐统一的文化诉求，体现了中国文化的核心价值——天人合一。禅对宇宙，不像未来派诗人那样狂妄，如马里内蒂《未来主义宣言》宣称："我们站立在世界的峰巅，再一次向星辰提出挑战"。

禅对宇宙有深情，有瞩望，就像唐诗所说："千江有水千江月，万里无云万里天。"① 禅宗的自然心到了极致，就像英国诗人威廉·布莱克诗云：

"一花一世界，

一沙一天国。

君掌盛无边，

刹那含永劫。"②

这就是禅宗讲的"万古长空，一朝风月"③，它是瞬刻中现永恒，有限中藏无限的审美境界。

它是打破生死、跳出轮回的大彻大悟！

特别值得关注的是，禅所开拓的人生境界，与儒的价值取向殊途同归，体现了两种伟大智慧的合流，共同滋润着人间生活，如《坛经·疑问》说："心平何劳持戒，行直何用修禅？恩则孝养父母，义则上下相怜。让则尊卑和睦，忍则众恶无喧。"

特别耐人寻味的是，台湾那位著名的证严法师竟然说，人死不要死在医院里，不要死在陌生人中，而应该死在家里，死在亲人的环绕中。连姓都改了，都六亲不认了，为什么还要死在亲人的怀抱里？因为禅宗和儒家合流了。儒家倡导的伦理亲情，就这样融进佛家的关怀中。

禅是一种生活态度，一种生命境界，一种特别有情味的活法儿。离开生活没有禅，禅又使生活有意义，有价值。

让我们在喧嚣不堪的名利场中时时出来透透气，静静心。一颗慈悲心，会让你的人性放射出佛的光辉，令人间温暖无比。一颗平常心，会让你甘于淡泊，随遇而安。一颗清净心，会让你心平如镜，神清气爽。一颗自由心，会让你得大自在，处处无碍。一颗自然心，会让你道通天地有形外，回到生命本源，获得最美的安顿。这样，你才能战胜人生旅程中的迷惘、虚妄，自由地、舒展地、快乐地生活。

因此，我们要以禅清心。

---

① [南宋] 雷庵正受：《嘉泰普灯录》（卷十八），蓝吉富主编，《禅宗全书·史传部（六）》，文殊出版社，1988 年版，第 538 页。

② 参见 [英] 威廉·布莱克：《天真的预言》。

③ [宋] 普济：《五灯会元》（卷第二），中华书局，1984 年版，六六页。

# 附录一　佛教常识 50 问

**1　什么是佛教？**

答：广义地说，是一种宗教，形成于公元前 6 世纪前后的古印度，为世界三大宗教之一（其他两个世界性宗教为基督教和伊斯兰教）；狭义地说，是佛的教导。

**2　什么是佛法？**

答："法"是对梵文 Dharma 的意译，汉语音译为"达磨"，在佛教中指一切事物、宇宙万有。由于佛根据对一切法的如实了解而宣示言教，所以佛的教导也称为"佛法"。

**3　什么是佛？**

答：佛即释迦牟尼（约前 565—前 486），佛教的创始人，他本来不是神，而是公元前 6 世纪的人，名悉达多，意思是"目的达到了的人"，姓乔达摩，意思是"最好的牛"。悉达多·乔达摩为古印度迦毗罗卫国（今尼泊尔境内）净饭王的太子，因为他属于释迦族，后被佛教徒尊称释迦牟尼，意思是"释迦族的圣人"。

释迦牟尼被称为佛，佛是"佛陀"的简称，"佛陀"是对梵文 Buddha 的音译，原意是"觉者"、"智者"。

释迦牟尼佛之外，佛教认为过去有人成佛，未来也会有人成佛。所谓成佛，就是觉悟，一切人都可以觉悟。因此佛教说："一切众生，皆有佛性。有佛性者，皆得成佛。"

**4　如来佛和释迦牟尼佛是什么关系？**

答："如来"是对梵文 Tathāgata 的意译，"如"的意思是"真如"，即一切存在的真实本来状况。"如来"的意思是"乘真如之道而来"，又称"如实而来"。"如来"为通用名词，是"佛陀"的异名。如释迦牟尼佛，可称为释迦牟尼如来；阿弥陀佛，可称为阿弥陀如来。

5　阿弥陀佛和释迦牟尼佛是什么关系？

答：阿弥陀佛是另外一个世界的佛，意思是"无量的光明"。

6　"南无"是什么意思？

答："南无"是梵文 Namas 的音译，读成"那（阴平）摩"，意思是"敬礼"。

7　什么是四大圣迹？

答：释迦牟尼佛的诞生处蓝毗尼园、成佛处菩提伽耶、初次说法处鹿野苑、圆寂处拘尸那伽，统称四大圣迹。

8　转法轮是什么意思？

答："轮"是古印度战争中的一种武器，形状像轮，故名。根据古印度传说，征服世界的王称"转轮王"。佛教以"转法轮"比喻佛的说法，象征佛法出现，将击碎一切不善的、荒谬的法。因此把佛说法叫"转法轮"。

9　什么是三宝？

答：佛在鹿野苑初转法轮，建立佛教，三宝具足。所谓三宝，佛陀是佛宝，佛法是法宝，佛的出家弟子团体名"僧伽"是僧宝。三宝令大众止恶行善，离苦得乐，极为宝贵，故称"三宝"。

10　什么叫皈依？

答：皈依的"皈"和"归"同义，皈依指身心归向和依靠三宝，成为佛教徒。

11　什么是舍利？

答：舍利是梵文 Sarira 的音译，意思是遗体，但这个名称一般只用于佛和高僧大德的遗体。

**12  什么是四谛？**

答："谛"的意思是"实在"或"真理"。"四谛"或称"四圣谛"，是早期佛教教义。早期佛教不关注本体论问题，据《杂阿含经》记载，佛对世间"常"还是"无常"、"有边"还是"无边"这类问题不置可否，他最关注人生悲苦的解脱问题，由此形成"四谛"之说，即：论说世间的苦，为苦谛；论说苦的原因，为集谛（又称因谛）；论说苦的消灭，为灭谛；论说灭苦的方法，为道谛。总称"苦集灭道四圣谛"。佛教经籍尽管浩如烟海，却不出这"四圣谛"。

**13  什么是法印？**

答：佛教借用印玺来比喻佛法标准，称为"法印"。符合法印的才是真正佛法。"诸行无常，诸法无我，涅槃寂静"，并称"三法印"；或加上"有漏皆苦"，称"四法印"。

**14  "无常"、"无我"是什么意思？**

答："无常"指宇宙一切现象都是此生彼生、此灭彼灭的互存对待关系，中间没有恒常的存在；"无我"是说人和一切有情的存在也都是种种物质和精神要素关系的聚合，离开这些要素关系的聚合，并没有"我"的存在。

**15  什么叫五蕴？**

答："蕴"是堆的意思。佛教将人的心理因素分为五类，每类一堆，也就是一蕴。五蕴即：色、受、想、行、识。"色"指各种物质，如眼耳鼻舌身（五根）和色声香味触（五境）等都是"色"；"受"指感觉；"想"指印象；"行"指思维；"识"指了别，也就是判断和推理。

**16  什么是"有漏皆苦"、"三毒"、"六根本烦恼"、"业"、"八苦"？**

答："漏"就是烦恼。不明佛理遂产生烦恼。烦恼种类繁多。如"三毒"：贪、嗔、痴。

"六根本烦恼"：指"三毒"加上"慢"（傲慢）、"疑"（犹疑）、

"恶见"（错误见解）。

由于烦恼而造种种"业"，业分为"身业"（行为）、"口业"（言语）、"意业"（思想）。

烦恼和业引生未来，或为天人，或为人，或为地狱、鬼、畜生的身心，于是又起烦恼，又造业，如此生死轮回，永无休歇。

生死轮回是苦，人生共有"八苦"：生苦、老苦、病苦、死苦、爱别离苦（与所爱者分离）、怨憎会苦（与所憎恶怨恨者聚会）、求不得苦、五取蕴苦（色受想行识因烦恼而生，又生烦恼，都是苦）。

17　什么是十二缘起？

答：十二缘起是：无明缘、行缘、识缘、名色缘、六入缘、触缘、受缘、爱缘、取缘、有缘、生缘、老死缘。

十二缘起着眼人生问题。

（1）"老死"是观察人生之苦的起点。老死是悲苦的，为何有老死？缘起于"生"，无生则无死。

（2）"生"缘起于"有"，即存在。

（3）"有"缘起于"取"，即执着追求色声香味触之五欲。

（4）"取"缘起于"爱"，即生命欲。

（5）"爱"缘起于"受"，即种种感觉。

（6）"受"缘起于"触"，无接触自然无感觉。

（7）"触"缘起于"六入"，所谓"六入"，即眼耳鼻舌身意的"六根"，传递色声香味触法的"六境"。

（8）"六入"缘起于"名色"，即身心五蕴（色受想行识）的组合。

（9）"名色"缘起于"识"。"识"虽为五蕴之一种，但地位特殊，识对境有总体的了别功能，是名色的中心，所以"名色"又依赖于"识"，缘起于"识"。

（10）"识"缘起于"行"，即过去所造之业。

（11）"行"缘起于"无明"。

（12）"无明"，即对佛法真如无认识，不自觉，执着于我，为人生痛苦之本源。

**18 什么是"涅槃寂静"?**

答:"涅槃"是梵文 Nirvāna 的音译,意思是圆寂。"涅槃寂静"即智慧福德圆满成就、进入永恒寂静的最安乐境界。"涅槃寂静"和"有漏皆苦"相反。涅槃是无漏,是苦果因的消灭,亦即十二缘起法的止灭。十二缘起根据"此有则彼有,此生则彼生",十二缘起的止灭则根据"此无则彼无,此灭则彼灭"。

涅槃亦可理解为逝世。释迦牟尼佛早在 30 岁时,便已证得涅槃而成佛,不过他当时的肉体还是过去惑、业之果的剩余,所以称为"有余涅槃"。释迦牟尼佛直到 80 岁逝世时,方进入"无余涅槃"。

**19 什么是戒、定、慧三学?**

答:戒、定、慧三学是达到涅槃境界的方法。

戒,防止身口意过的律条,有五戒、十戒、具足戒三种。五戒是不杀生、不偷盗、不邪淫、不妄语、不饮酒。此为出家、在家弟子共持之戒;十戒是沙弥持的戒(所谓沙弥是出家男子受十戒者,一般不满 20 岁);具足戒是比丘、比丘尼(比丘为男性出家人,比丘尼为女性出家人)所持戒。具足戒伴随佛家发展碰到的问题随时制定,南传佛教所传比丘戒 227 条,藏传佛教所传比丘戒 253 条,汉传佛教所传比丘戒 250 条,比丘尼戒 348 条。不同地区戒条大体相同。

定,精神上既不昏沉,又不纷驰的宁和状态。身心轻安,集于一境,不受扰乱,引发一种无漏智慧。

慧,由定而引发,是分别一切法的自相(特殊性)与共相(一般性),通晓四谛,断除迷惑,证悟真理。

**20 什么是三藏?**

佛教文献分为三大部分,即经、律、论,合称"三藏"。其中经是佛的教导,律是佛家戒律,论是对教理的阐释。

**21 什么是八正道?**

答:八正道是戒、定、慧三学的修行法门之一,即:(1)正见,于一切法见无常、无我缘起四谛之理，使之成为自己的知见；（2）正思维，正确的思维方式；（3）正语，正确的话语；（4）正业，生活受正见指导，身口意合于佛法；（5）正命，正当的生活方式，反对仗势欺人、抢夺欺诈等；（6）正精进，身口意毫不松懈地追求正见指定的目标；（7）正念，经常忆念谨守正见；（8）正定，在正见指导下修习进入无漏清静的禅定。

22　什么是大乘和小乘？

答：大乘和小乘是佛教的两大宗派。"乘"是车的意思，比喻四处传道。二者的主要区别是，大乘着重利益大众，参与世俗生活；小乘着重自己解脱。大乘原为早期佛教的异端，后发展壮大，称早期佛教为"小乘"或"小道"，有贬义，但近代学者使用"大乘"、"小乘"的说法已无贬义。佛教流传三大系——汉传、藏传和南传，汉传、藏传为"大乘"，南传为"小乘"。不过要注意的是，所谓"小乘"是大乘的说法，"小乘"从来没承认自己是"小乘"，而称自己为"上座部佛教"（即早期佛教元老所弘扬之佛法），大乘则被称做"大众部"。为防止宗派争执，增强佛教界团结，很多人也主张不称"大乘"、"小乘"，而称"上座部"和"大众部"。

23　什么是菩萨？

答：菩萨是菩提萨埵（梵文 Bodhisattva 的音译）的简称。抱广大志愿，欲将自己和一切众生同从苦恼中救度出来，得究竟安乐（自度度他）；将自己和一切众生同从愚痴中解脱出来，得彻底觉悟（自觉觉他）。这样的人就是菩萨。大乘佛教给菩萨下的定义如《佛地经论》云："具足自利利他大愿，求大菩提，利有情。"

24　什么叫六度？

答："度"的意思是"到彼岸"，梵文 Pāramitā，音译"波罗蜜多"。佛教讲两个世界——此岸和彼岸，此岸是个迷的世界，迷的世界充满烦恼；彼岸是个悟的世界，悟的世界没有烦恼。从烦恼的此岸到觉悟的彼岸，就是度。六度就是六种从此岸到彼岸的方法，即：（1）布施，有三种："财施"，施与大众财物；"无畏施"，保护大众，使其无所畏怖；

"法施"，晓以真理。（2）持戒，亦有三种：防止恶行；修为善行；饶益有情。饶益有情最重要，是菩萨的根本戒，其他一切戒条都服从于这一条。（3）忍辱，为利益众生，要求"难行能行，难忍能忍"，决不放弃救度众生的志愿。（4）精进，坚持不懈地自度度他，自觉觉他。（5）禅定，修佛进入纯净的精神状态。（6）般若，为自觉觉他而修禅定和智慧。

### 25　什么叫四摄？

答：四摄是指四种凝聚大众的方法：（1）布施。（2）爱语，慈爱的言语态度。（3）利行，行有利于大众。（4）同事，生活、行动同于大众。

### 26　什么叫五乘教法？

答：佛家讲五乘教法，即：（1）人乘，遵五戒教法，即守杀、盗、淫、妄、酒五戒，能令修持者得生人间。（2）天乘，遵十善教法，即不犯十恶：杀、盗、淫、妄、两舌（即挑拨离间）、恶口（即恶语伤人）、绮语（即淫邪语言）、贪、嗔、邪见（即否认因果的看法），能令修持者得升天界。（3）声闻乘，声即言教，听闻佛的言教，遵四谛教法，能令人断除见惑（错误见解）和思惑（贪嗔痴等迷情），证得涅槃。（4）独觉乘，佛法时代之前，有人独自悟到十二因缘的缘起之理而得解脱，但无法将悟到的真理说出来，这种人的觉悟叫独觉，独觉乘又称十二因缘法。（5）菩萨乘，遵六度教法，能令修持者行菩萨道，经无数世的难行苦行，最终达到佛的果位。

### 27　佛教徒为什么要出家？

五乘教法中，人乘、天乘不要求出家；独觉乘在佛法出现之前，虽有山林隐逸但无出家一说；菩萨乘可出家可不出家；只有声闻乘要证得现法涅槃、成阿罗汉，需心意专纯，集中精力从事于无我无欲的修养，故要求修此法者出家。

### 28　什么是阿罗汉？

阿罗汉是修行者得到证悟的果位，达此果位，见惑思惑都已断尽，证得涅槃，堪受人天供养。因此阿罗汉的意义之一是"应供"，乃声闻乘的最高地位。

29 什么是和尚？

"和尚"的梵文是 Upādhyāya，意思就是"师"。和尚本是尊称，有一定资格堪为人师的出家人才能称为和尚，并且和尚的尊称不限于男性出家人，女性出家人够资格的也可称和尚。但后来这一尊称已用于指称一般出家人，并且通常限于男性出家人了。对一般出家人，正确的称呼应该是：出家男性受十戒的称沙弥，受具足戒的称比丘；出家女性受十戒的称沙弥尼，受具足戒的称比丘尼。

30 什么叫喇嘛？

喇嘛是藏语，和"和尚"同义。"喇嘛"和"和尚"一样，也被滥用了。本来并不是出家人都可称为喇嘛的，而是有一定修为堪为人师的藏族出家人才能称为喇嘛。

31 什么叫僧、尼？

僧是僧伽的简称，意思是"大众"。僧伽是出家佛教徒的团体，至少要有四个人以上才能组成僧伽。一个人只能称僧人，不能称僧伽。出家男女二众皆在僧伽之内，皆可称僧人。有一个误解，将"僧"和"尼"作为出家男女的区别，这是错误的。"尼"从沙弥尼、比丘尼而来，是汉族对出家女性的称呼，习俗又在尼字后面加姑，称"尼姑"。

32 什么叫活佛、佛爷、法师？

藏传佛教称修行有成、能依自己意愿而转世的人为"朱毕古"（藏语音译）或"呼必勒罕"（蒙语音译）。这个词的意思是"转世者"或"化身"。"活佛"是汉人对这些人的俗称，其实藏传佛教中没有"活佛"这个词。

"佛爷"是汉人对傣族佛教比丘的俗称，傣族佛教自己并没有这个词。

"法师"是指通达佛法为人讲授的人，不能对任何人都随便称法师。法师中，精通经藏的称"经师"，精通律藏的称"律师"，精通论藏的称

中华传统文化开讲

"论师"，三藏均精通的称"三藏法师"，如唐代玄奘和义净就是三藏法师。

### 33 什么叫丛林清规？

"丛林"的意思是大寺庙。僧众集合一处，好像树木丛集成为森林一样，所以叫"丛林"。清规就是丛林的僧众日常遵行的规则。这些规则系依据佛教戒律结合当时当地实际情况而制定。中国最早清规系 4 世纪东晋时道安所定。唐代百丈禅师创制禅宗清规非常著名，被称为"百丈清规"。后来元代皇帝有《敕修百丈清规》，是借百丈之名，和百丈并无关系。

### 34 什么是过午不食？

按佛制，比丘午后不吃食物，是为过午不食。过午不食原因有二：其一，比丘由居士供养，每天只吃一次饭可减少居士负担。其二，过午不食有助于修定。这一制度，至今在南方仍普遍遵行，最严格者过午只喝白水，连牛奶、茶及其他饮料都不能喝。但我国汉族禅宗僧人由于主张"一日不作，一日不食"，有自己亲自参与劳动的习惯，晚上不能不吃东西，因此开了过午不食之戒。晚饭被称为"药食"。

### 35 佛教信徒可以开戒吗？

比丘戒除四根本戒（杀盗淫妄）之外，其余戒条平时也应"遮护"，也就是持守，但在特定情况下可以"开"。菩萨戒由于一切服从"饶益有情"，则连四根本戒都可以开。"开"或"遮"根据具体情况而定。如过午不食这一戒，劳动的僧人就可以开，生病需进食的人也可以开。

### 36 吃"荤"是开戒吗？

这涉及到三个概念：荤、素、肉。南传上座部佛教（小乘）托钵乞食，有什么吃什么，无论素食或肉食。比丘戒律没有戒用肉食的规定；中国大乘经典中有戒用肉食的规定，汉族不吃肉食从梁武帝提倡开始；蒙藏地区佛教尽管也信奉大乘，但所处地区肉多菜少，故不戒肉食。至于"荤"，则专指葱、蒜这类气味浓烈、刺激性强的食物，大小乘共禁，南北佛教徒同戒。

37  佛教何时传入中国？

关于佛教传入中国的时间，有很多说法，一般认为佛教最初传入汉地，为汉哀帝元寿元年（公元前2年），大月氏王使臣伊存口授《浮屠经》。但在佛教界，则普遍把汉明帝夜梦金人，遂遣使西行求法作为佛教传入汉地的开始。这个说法神话色彩太浓，不足为凭。综合各种说法，考察两汉之际汉地与西域交往历史，佛教传入中国，当在两汉之际。

38  佛经有哪些著名汉译译者？

最早汉译的佛经是《四十二章经》，由摩腾和竺法兰在汉明帝时翻译。后有相传为安息国太子的安世高于148年游学至洛阳，开始系统地将佛教经典译成汉文。其后的支娄迦谶、康僧开、康僧会都是著名的佛经翻译家。再以后有东晋的法显（337—422）、鸠摩罗什（344—413）和唐代的玄奘（602—664），其中鸠摩罗什的翻译精当流畅，体现了"信达雅"；玄奘的翻译则凝练精美，既保持原文风貌，又体现汉文典雅。这两位遂成为汉译佛典最伟大的翻译家。

39  《金刚经》的主要思想是什么？

《金刚经》（全称《金刚般若波罗蜜经》）思想单纯明确，认为世俗一切现象"如梦幻泡影，如露亦如电"，人们所感知的一切均属虚妄，用言语所表述的一切（包括佛所说法），亦非真实。因此佛法不可以理解为言语，佛不可以理解为相。若想把握如来，必须把握实相，实相又乃"非相"、"无相"，总之不可言说，不可思议。世界由梦幻的虚象和语言的幻象构成，修行者不应被外在世界所搅扰迷惑，应"无所住而生其心"。《金刚经》流露出强烈的怀疑和虚无倾向，后人做了很多发挥。

40  《华严经》的主要思想是什么？

《华严经》（全称《大方广佛华严经》）思想比较繁杂，典型地体现了大乘佛教的哲学智慧。就本体论来看，该经将十二缘起阐释为"唯一心作"，认为一微尘能容一切法界、一切众生，所谓"微尘中有大千，刹那间见终古"，无量佛菩萨世界，均可纳入一毛孔中，所谓"一切即一，

"一即一切"。就认识论来看，《华严经》主张"所有诸法，皆由心造"，三界五阴唯心，如来菩萨也属心造。《华严经》认为众生皆具足如来智慧，但众生颠倒不识不见，一旦觉悟，"具见如来在其身内，与佛无异"。《华严经》由此非常强调普度众生，服务社会，利益大众。

《华严经》崇尚毗卢舍那佛。"毗卢舍那"意即"光明普照"，因此毗卢舍那佛又译为"大日佛"。《华严经》认为一切佛、菩萨皆是毗卢舍那佛的化身，释迦牟尼佛在《华严经》的地位远远低于毗卢舍那佛，这体现了佛教由小乘到大乘的转化。

41 《心经》的主要思想是什么？

《心经》（全称《摩诃般若波罗蜜多心经》）浓缩了佛教般若智慧，是佛教教理的精练生动表述，被称为释迦牟尼佛的心脏，实际上成了佛教的思想旗帜。《心经》非常简练又十分精当地阐释了五蕴、三科、十二因缘、四谛等佛家基本教理。佛教最精彩的宇宙论乃至认识论宣言"色即是空，空即是色"，即出自于《心经》。

42 释迦牟尼佛像旁的两位比丘像是谁？

一般情况下是一老一少，老的叫摩诃迦叶，简称迦叶；少的叫阿难陀，简称阿难。也有两位比丘像年龄相仿的，则是舍利弗和目犍连。这四位都位列佛的十大弟子（其他六位大弟子是须菩提、富楼那、摩诃迦旃延、阿那律、优波离、罗睺罗，其中罗睺罗为佛的儿子）。其中舍利弗和目犍连最为佛所器重，位列僧众上首，这两位均在佛涅槃前圆寂。佛涅槃后，继承佛统率大众的先是摩诃迦叶，其后为阿难陀。要指出的是，只有汉族佛教寺庙才有释迦牟尼佛两旁侍像的情况，南传佛教的寺庙通常只供一尊释迦牟尼佛像，极少供弟子像。

43 什么是十八罗汉、五百罗汉？

准确地说，是十六罗汉（罗汉为阿罗汉的简称，亦称十六尊者）。据佛经说，佛有十六位弟子受佛嘱托不入涅槃，永住世间，护持佛法。公元2世纪，狮子国（今斯里兰卡）庆友尊者著《法住记》，记载了十六罗汉的名字和他们的住地。此书由玄奘法师译出后，十六罗汉即受到我国佛教徒的普遍敬重。五代后，一位画家画成了十八罗汉。有推测说，画家原意可能是把庆友和玄奘也画在一起，但后人标出罗汉名字时，误将庆友列为第十七位住世罗汉，又重复了第一位罗汉的名字遂成为第十八位。宋代曾有人指出这个错误，但由于为绘画题赞的人很多是有名的书画家和文学家，如苏东坡、贯休、赵松雪等，所以十八罗汉就将错就错地流传开来。到了清代，乾隆皇帝在十六罗汉的基础上，又钦定了两位罗汉，近代寺庙中多为这十八罗汉造像。

十六罗汉分别为：（1）宾度罗跋罗堕阇尊者——坐鹿罗汉，（2）迦诺迦代蹉尊者——欢喜罗汉，（3）诺迦跋哩陀尊者——举钵罗汉，（4）苏频陀尊者——托塔罗汉，（5）诺距罗尊者——静坐罗汉，（6）跋陀罗尊者——过江罗汉，（7）迦理迦尊者——骑象罗汉，（8）伐阇罗弗多罗——笑狮罗汉，（9）戍博迦尊者——开心罗汉，（10）半托迦尊者——探手罗汉，（11）罗怙罗尊者——沉思罗汉，（12）那迦犀那尊者——挖耳罗汉，（13）因揭陀尊者——布袋罗汉，（14）伐那婆斯尊者——芭蕉罗汉，（15）阿氏多尊者——长眉罗汉，（16）注茶半托迦尊者——看门罗汉。以上十六位为释迦牟尼佛弟子，乾隆皇帝钦定的两位罗汉，即（17）迦叶尊者——降龙罗汉，（18）弥勒尊者——伏虎罗汉。

至于五百罗汉的说法，起因于古印度习惯用"五百"、"八万四千"等形容众多，如同我国古代习惯用"三"、"九"表示很多，是一种借代修辞法，用定数代替不定数，并不意味着确定指"五百"。但在我国，随着对十八罗汉的崇奉，五百罗汉也见诸于绘画、雕塑，有人就附会出五百罗汉的名字，其实全无根据。近代寺庙中很多五百罗汉造像，全是雕塑匠人或取自神话题材或干脆就是自己臆造，已经流于怪诞，失去了佛教出家弟子应有的威仪。

## 44 笑面和尚是谁？

笑面和尚是托为弥勒菩萨的造像。佛教预言，释迦牟尼佛法灭尽后，经历漫长时期，弥勒菩萨将在世界上成佛说法，因此弥勒菩萨亦受到普遍崇奉。但笑面和尚像并不是弥勒像，而是五代时一位名叫"契此"的和尚的造像。契此和尚经常背着一个布袋，人称"布袋和尚"，相传是弥勒化身，因此后人塑他的像作为弥勒来供奉。

**45　怎样理解寺庙中的菩萨像？**

汉族寺庙中的菩萨像，主要为文殊师利、普贤、观世音、地藏。佛教本来认为任何发愿（又叫发菩提心）自度度他、自觉觉他的人都可称为菩萨，为什么这些菩萨被当作神来崇拜呢？原来，发菩提心固然可以称作菩萨，但没有得到实证之前仍处在凡夫的地位，只有发了菩提心，修习戒定慧，实行六度四摄，经无数生死，最后方能证成佛果，整个历程中有三贤十地五十二位阶梯。其中文殊师利居于菩萨最高极地，称等觉位菩萨。大乘佛教经典特别推崇文殊师利的大智、普贤的大行、观世音的大悲、地藏的大愿。四大菩萨受到教徒的格外敬奉，因此四大菩萨有四大道场，即：五台山为文殊师利菩萨道场，峨眉山为普贤菩萨道场，普陀山为观世音菩萨道场，九华山为地藏菩萨道场。

**46　怎样理解佛教造像的象征含义？**

很多寺庙中很多造像包括怪异的造像，如多头多臂多手等，都有象征含义。这样的造像多半是佛教密宗的造像。例如观音像的四臂六臂象征菩萨行的四摄六度，大威德金刚的三十四臂加上身口意象征三十七道品，面貌凶猛的金刚通常象征伏魔的威力。佛座上的莲花象征出离心，月轮象征菩提心，日轮象征空慧。种种器具也都象征佛、菩萨种种誓愿、智慧、功德。

**47　什么是人间佛教？**

人间佛教依据大乘佛教教理，强调普度众生，中国佛教特别服膺这个教理，因此大乘佛教在中国广泛流行，遂出现人间佛教，认为"佛法在世间，不离世间觉。离世觅菩提，恰如寻兔角"。大乘佛教认为，一切众生，都能成佛，进而认为"是故菩提属于众生，若无众生，一切菩萨终不能成无上正觉"，将普度众生作为神圣义务，因此大乘佛教菩萨行要求上求佛道，下化众生。下化众生要求众生成佛之前首先要做个好人，好人是成佛的前提，要求信众记取释迦牟尼佛的教导："诸恶莫作，众善奉行。自净其意，是为佛教。"佛说心净国土净，也就是要求修佛心饶益有情，利乐众生，方能有清静国土，和谐社会。这都是人间佛教的题中应有之义。

### 48 佛教对中国哲学有什么影响？

佛教在中国的流行，对中国的思想文化发生了深远影响，儒家思想发展的第二个高峰——宋明理学，就明显地受到佛教的刺激和影响。宋明理学两大派，程朱理学受到华严宗的影响，陆王心学受到禅宗的影响。尽管在价值观层面，宋明理学的思想家抵制乃至批判佛教，但他们的问题意识、思维模式、学术观念、研究方法都这样那样、自觉不自觉地受到了佛教的影响。

### 49 佛教对中国文学有什么影响？

佛教经典自身就是伟大的文学作品，很多经书，如《维摩诘经》、《法华经》、《楞严经》、《心经》等都文字简练流畅优美，为历代文人所喜爱诵读。中国文学很多新的意境、文体等都受到佛经的启示，都来自佛经的沾溉。例如马鸣的《佛所行赞》为长篇叙事诗的典范，《法华经》、《维摩诘经》诸经启发了晋唐小说，《心经》和禅宗思想更影响了陶渊明、王维、白居易、苏轼的诗歌。所谓禅诗正是佛教影响的直接产物。佛教的"变文"，直接启动了中国的说唱文学、通俗小说和戏曲。此外，文体、音韵方面，佛教影响比比皆是。

### 50 佛教对中国艺术有什么影响？

佛教艺术最直接的产物就是佛塔的建造，三大石窟（莫高窟、云冈石窟、龙门石窟）的雕塑和壁画更是旷世杰作。大画家如阎立本、吴道子，均以佛画闻名于世。绘画艺术中的写意，直接受到禅宗思想影响。音乐方面的"梵呗"，在中国音乐中独树一帜，别开生面。

此外，佛教对中国的科技也有深远影响。例如一行和尚就是位伟大的天文学家，著有《大衍历》，测定子午线。医药方面，佛教文献也提供了宝贵资源。①

---

① "佛教常识50问"的内容请参见赵朴初《中国佛教常识问答》（北京出版社，2002年版）和杜继文《佛教史》（江苏人民出版社，2006年版）。

# 附录二　佛家八大宗派

　　禅宗本是佛教的一个宗派。讲禅宗，首先要介绍一下佛教的八大宗派。佛教于两汉之际从印度传入中国，很快就被中国本土文化吸收，到了隋唐进入鼎盛时期，获得了创造性的发展，形成了八大宗派，即法性宗、法相宗、天台宗、贤首宗、禅宗、净土宗、律宗、密宗，用八个字来概括，就是性、相、台、贤、禅、净、律、密。这八大宗派多多少少都融进了中国佛学的创造。

### 1　法性宗

　　法性宗主要以《中观论》、《百论》、《十二门论》为经典依据而立宗，因此又称"三论宗"。这一宗的教义以"真俗二谛"为总纲，以"彻悟中道实相"为究竟。

　　"谛"是真实的意思。从法性理体说叫真谛，从缘起现象说叫俗谛。从俗谛说，诸法是有；就真谛说，诸法是空，所以真俗二谛又被称为空有二谛。法性宗强调色即是空，空即是色，色空不二，真俗不二就是中道，也叫诸法实相，是为此宗中心思想。此宗方法是只破不立，否定一切执着，着重从真空理体方面揭破一切诸法虚妄不实，彻底破除迷惑，从而建立起无所得的中道观，以实现圆融无碍的解脱宗旨。

　　法性宗祖师是吉藏（549—623），祖庭是南京栖霞寺。

　　吉藏名言："诸佛为众生失道，是故说经；菩萨为众生迷经，是故造论。"

　　意思是，佛为众生说经，目的本来是令众生悟道，但众生又为经所迷而忘了道，因此菩萨为解众生之迷，又来论道。

### 2　法相宗

　　法相宗主要依据《瑜伽师地论》为经典依据而立宗，因此称瑜伽宗。

玄奘法师译传此宗并杂糅唯识十家对《唯识三十颂》的注疏编译而成《成唯识论》，该书是玄奘的代表作，又是法相宗的奠基之作，因此法相宗又称法相唯识宗、唯识宗。因玄奘在西安大慈恩寺译经，因此又称慈恩宗。

法相唯识宗的教义可概括为五法三自性、八识二无我。

五法即：一名、二相、三分别、四正智、五如如；

三自性即：遍计所执性，依他起性，圆成实性；

八识即：眼识、耳识、鼻识、舌识、身识、意识、末那识、阿赖耶识；

二无我即：人无我、法无我。

五法是对一切法，也就是一切事物现象的概括。"名"和"相"指世间有为法皆有名有相，也就是有概念有形象，称为"名相之法"。"分别"指主观对事物分门别类的认识能力；"正智"指圣人清净（无漏）真实的智慧；"如如"指如实智所对真如理境，也就是本来心对本来面目。五法不出染净（佛家术语：有杂念曰染，无杂念曰净，分别称为污染种子和清净种子）和主客观，是以总括诸法。

三自性：一是二取（外所取和内能取）执着，无而谓有，起惑造业，名为遍计所执；二是三界心法，依他缘生，名依他起；三是依他起上除遣二取所显二空真如为圆成实。事物的性质不出此三种，所以叫三自性。赵朴初先生曾打了个比方来解释三自性："遍计所执性好像是夜间行路看见一条绳而误认为蛇，其实蛇没有而似有；依他起好比是绳，绳的体由因缘所生，只是假有；圆成实比如绳体的麻，则是真有。"

八识，"识"是了解认识的意思，又叫心或意，每个有情都有这种心意识的认识作用，共有八种。

二无我：每个有情或众生都没有永恒不变的实体（即一般所说的自我或灵魂），这叫人无我；客观事物也没有恒常不变的实体（即自性或绝对的真实），这叫法无我。二无我也叫我、法二空。此宗教义深入分析诸法实相，阐明心识因缘体用，修习唯识观行，以期转识成智，成就解脱、菩提二果。

唯识宗之所以叫唯识宗，是因为该宗认为"执'有'者丧其真"、"滞'空'者乖其实"，意思是"有"、"空"均不应执着，要认识到"唯识无境"、"无境有识"也就是"万法唯识",突出了"识"作为宇宙本体的地位。

法相宗的祖师是玄奘(600—664),祖庭是西安大慈恩寺。

玄奘从一位赴印度的"非法留学生"(他去印度唐太宗未批准,擅自"私往天竺",没有度牒即今所谓护照)成为印度最高的佛教权威,对佛经的翻译贡献最大,代表了中国佛经翻译的最高成就。他由于自己渊厚无伦的佛学造诣在印度受到崇高礼遇,被称为"大乘天"、"解脱天"。载誉归国后则受到唐朝的高度重视,唐太宗专拨经费供他译经。

### 3 天台宗

天台宗因创始人智顗居浙江天台山而得名。该宗主要以《法华经》、《大智度论》、《中论》为经典依据,以五时八教为总纲,按修行的程度提出化法四教,按修行的方法提出化仪四教,宗旨是一心三观,三谛圆融。

所谓"五时",即把佛陀的经教划分为五个不同时期,称为"五时教",即华严时、阿含时、方等时、般若时、法华涅槃时,天台宗认为佛陀所说法不出这五个时期。

所谓"八教",是天台宗对佛理层次和教法感受的分析梳理。该宗从教理内容上把佛教分为由浅入深的四个级别,即藏教、通教、别教、圆教,称为"化法四教"。藏教是声闻小乘教;通教则前通小乘,后通大乘,通大小乘所以称通教;别教是纯大乘教,但由于分别诸法各别有碍,故名别教;圆教是大乘圆融无碍的法门,故称圆教。藏、通、别、圆为由浅入深的四个层级的四教。该宗又依佛陀说法的机感不同,将佛的教法分为顿、渐、秘密、不定四种,称为"化仪四教"。

所谓"一心三观",指修行的观法,即空观、假观、中道观。此三观可于一心获得,故名一心三观。

所谓"三谛圆融",三谛即真谛、俗谛、中道谛。此三谛一而三,三而一,三一圆融无碍,故名三谛圆融。

一心三观、三谛圆融是圆教的教义,意在说明诸法无碍、事理圆融。天台宗以自己这一宗为圆教,其他宗属前三教。该宗继承、调适和发展了印度所传和中国本土的佛教思想,形成了比较精密的大乘圆教理论,体现了中国独创的大乘思想。

天台宗祖师为智颗（538—597），祖庭是浙江天台山国清寺。

智颗有著名的"一念三千"说，所谓"此三千在一念心"，意思是世界尽管纷繁万象，但一念就已具备，世界就在心念中。

### 4 贤首宗

贤首宗以《华严经》为经典依据，因此又称华严宗，因祖师法藏被武则天赐号"贤首"，因此又称为贤首宗。该宗以五教来判教，以六相圆融、十玄无碍、三观为中心。宗旨是法界缘起、一切无碍，创造性地发展了印度的大乘思想。

六相：一总相，二别相，三同相，四异相，五成相，六坏相。此六相既同时表现于一切事物，也同时表现于一个事物。无论在一切事物中或在一个事物中，都是相反相成、同时具足、互融互涉、彼此无碍，从而揭示了法界缘起的道理。所谓法界缘起，按华严宗著名代表宗密的阐释，有四种，即：

（1）"事法界"（事物的个性、差异性、人的初级认识）；

（2）"理法界"（事物共性、普遍本质，佛教对"空性"的认识）；

（3）"理事无碍法界"（理融于一切个别事物，一切个别事物亦都含有理）；

（4）"事事无碍法界"（理包融一切，万有靠理之无碍贯通，所谓"相即相入"）。

十玄门：一为同时具足相应门，二为因陀罗网境界门，三为秘密隐显俱成门，四为微细相容安立门，五为十世隔法异成门，六为诸藏纯杂具德门，七为一多相容不同门，八为诸法相即自在门，九为唯心回转善成门，十为托事显法生解门。十玄门的意义是揭示一切事物纯杂染净无碍、一多无碍、三世无碍、同时具足、互涉互入、重重无尽的道理。

三观：一是真空绝相观，二是事理无碍观，三是周遍含融观。

六相、十玄、三观的建立，阐发了《华严经》的法界缘起、理事无碍、事事无碍、无尽圆融的教义。六相、十玄是就所观的法界之境说的，圆融三观是约能观之智说的。这种重重无尽、法界圆融的思想，虽说导源于《华严经》，而实际为中国所独创，它的法界缘起、一切无碍的学说大大发展了印度传来的大乘思想。

贤首宗的祖师是法藏（643—712），祖庭是陕西终南山至相寺。

据说法藏宣讲《华严经》，讲到"华藏世界品"时，堂宇震动，于是天下称贺，认为是"如来降迹"于武氏政权。华严宗讲"一切即一"、"一即一切"的"理事无碍"之说，和后来宋代儒学程朱讲的"体用一源，显微无间"① 相合。深得程朱赏识。朱熹说："释氏云：一月普现一切水，一切水月一月摄。这是那释氏也窥见得这些道理。"② 程颐则感叹华严宗"泄露天机"③。

### 5  禅宗

"禅"是印度梵文"禅那"（dhyāna）的简称，汉译为静虑，即静中思虑，一般叫禅定。禅定将心专注在一法境上一心参究，以期证悟本自心性，此即参禅，所以名为禅宗。

禅的种类很多，有声闻禅、菩萨禅、次第禅、顿超禅等。中国禅学一支异军突起，那就是所谓"教外别传"的禅宗。该宗传习的，不是古来传习的次第禅，而是直指心性的顿修顿悟的祖师禅。

流行的说法认为禅宗单传心印，不立文字，即所谓"教外别传"。但实际上，禅宗初祖达摩以四卷《楞伽经》传于二祖慧可作为印心准绳，五祖弘忍、六祖慧能又教人诵持《金刚般若经》，所以《楞伽经》、《金刚般若经》应是该宗经典依据。以后更有《六祖坛经》和许多"语录"的出现，因此，不能说禅宗没有经典依据。

8 世纪，禅宗分为南北二宗，北宗以神秀（606—706）为代表，主张渐修，盛极一时，但不久衰落。南宗以慧能（638—713）为代表，后世尊他为禅宗六祖，主张顿悟，历久不衰，宏传日盛。从唐到宋，南宗著名禅师辈出，三四百年间，禅宗南宗又分为五家七宗，足见其兴旺景象。所谓五家，即"一花开五叶"，指沩仰禅、临济禅、曹洞禅、云门禅、法眼禅，其中临济禅又分出黄龙宗和杨岐宗，是为五家七宗。禅宗和净土宗一样，是中国流传最广的佛教宗派。

禅宗的祖师是菩提达摩（？—约536），祖庭是河南嵩山少林寺。

---

① ［宋］程颢、程颐著：《二程集·河南程氏文集卷第八》，中华书局，2004 年版，五八二页。
② ［宋］黎靖德编：《朱子语类》（卷十八），中华书局，1986 年版，三九九页。
③ 杜继文主编：《佛教史》，江苏人民出版社，2006 年版，第 263 页。

禅宗初祖菩提达摩后来已被神化，于是有"一苇渡江"等传说。五祖弘忍主张："四仪皆是道场，三业咸为佛事。"把禅贯彻到了日常生活，等于改变了凡禅必坐的传统，刷新了禅的面貌。禅宗发展到六祖慧能形成南宗，使禅宗别开生面，获得了广泛深入的影响。他千古传诵的偈则"菩提本无树，明镜亦非台。本来无一物，何处惹尘埃"，生动地阐释了佛家的性空说。

### 6 净土宗

净土宗，以《无量寿经》、《阿弥陀经》等为经典依据。该宗提倡观佛、念佛以求生西方阿弥陀佛极乐净土为宗旨，所以名为净土宗。因该宗祖师慧远创宗时集结为"白莲社"（又称"莲社"），所以又名莲宗。该宗分佛陀说的法门为二道，即难行道和易行道，认为别的宗依戒定慧修六度万行，需经三大阿僧祇劫，是难行道；净土宗则修净土法门一生至诚念佛，临终时，承阿弥陀佛的愿力往生安养净土永不退转，是易行道。因此，该宗主张劝人念佛求生西方净土极乐世界。

净土宗的特点是简单易行，非常适于普通大众修行。修学净土宗不需要通佛经、研教法，也不需要静坐专修，只要行住坐卧皆称念"南无阿弥陀佛"，信愿具足，一心念佛，始终不怠，临命终时，就可往生净土。当然平时也要持戒诵经，广行众善以作助行。由于法门简便，所以最易普及。别宗的学者，也多兼修此法。因此，净土宗和禅宗一样，成为中国流传最广、影响最大的佛教宗派。

净土宗的祖师是慧远（334—416）和昙鸾（476—542），祖庭是江西庐山东林寺。

慧远不仅是位高僧，对儒道亦有深厚修养。他提出佛教两大任务："一者处俗弘教，二者出家修道。"

### 7 律宗

律宗顾名思义，关注佛家戒律，主要是学习和研究戒律的。由于该宗的盛行，中国僧人们在修学大乘的戒定慧三学中，仍然重视出家声闻乘的戒律。

佛教戒律，简单地说，有声闻戒和菩萨戒。这里说的律宗，是以声

中华传统文化开讲

闻律部中的《四分律》为经典依据，由终南山道宣律师一系所立。就戒条戒相说，有五戒、十戒、具足戒之分。五戒是出家、在家佛弟子共持的戒；十戒、具足戒是出家弟子所持的戒。各部律藏不只是戒相和制戒因缘，更大的部分是僧团法规、各种羯磨法会议办事、出家法、授戒法、安居法、布萨法、衣食法，以及日常生活小事，都有详细规定。因为时代的关系，环境的不同，许多戒律的规定早已废弛了。

律宗之外的菩萨戒，有在家菩萨戒和出家菩萨戒。出家菩萨戒如《梵网戒经》，有十重四十八轻戒；在家菩萨戒如《优婆塞戒经》，有六重二十八轻戒。又总摄菩萨戒为三聚，三聚是三类的意思，称为"三聚净戒"。一是摄律仪戒，是戒相，是"诸恶莫作"；二是摄善法戒，是"众善奉行"；三是饶益有情戒，是"利益一切众生"。中国主要是大乘佛教，所以这里也简单提一提菩萨戒律。

研究律学，最重要的是善于分辨开、遮、持、犯。在出家戒律中，本来是不得触犯的，但在某种情况下可以开许，叫"开"；在通常情况下不得违犯的，叫"遮"。在某种情况下，本人也不知是持戒还是犯戒，这就需要研究律学了。律师根据律藏分辨清楚，确定开、遮、持、犯的界限。在声闻戒中除四根本戒——杀、盗、淫、妄，或者还加十三僧残尼戒为八根本十七僧残必须严格遵守，不得违犯外，其他绝大部分戒条在特殊情况和必要情况下是可以开许的。例如"非时食"这一条戒，即通常过午就不许吃东西，但在劳作以后就允许吃东西。但如何开许，要依戒律来判定。可见佛教戒律不是死板的，除根本戒之外，都很灵活。

律宗的祖师是道宣（596—667），祖庭是陕西终南山峰德寺。

道宣是位非常勇敢的高僧，为维护佛教尊严，敢与皇帝抗争。唐高宗命令僧人跪拜君亲，道宣为维护律条纯粹、佛门原则，数次和高宗周旋，终于护法成功，迫使高宗收回敕令。

## 8 密宗

8世纪时印度的密教传入中国，形成密宗。该宗以《大日经》、《金刚顶经》为经典依据，建立三密瑜伽，事理观行，修本尊法。此宗以密法奥秘，不经灌顶、不经传授、不得任意传习及显示别人，因此称为密宗。由于讲究曼陀罗灌顶，念动真言，所以又称真言宗。

本尊（istadeva）是学者选择自己最敬爱最尊崇的一尊佛、一位菩萨或者一位明王作为学习成就的对象或榜样，称为本尊。要成就本尊的功德智慧，就要修习三密瑜伽法，又称金刚瑜伽法。三密就是身口意三业，瑜伽（yoga）译为相应。三密瑜伽，就是三业相应。与谁相应？就是修行者自己的身口意与本尊的身口意三业相应。修法时，修行者要身作本尊的姿态，手结印契，口诵本尊真言，意作本尊观想或种子字，务使自己的三业与本尊的三密相应，名为瑜伽修法。此法如果修成，可以即身成就本尊之身。密教的修法很多，这只是举一个例证。此宗最高理论还是以性空无相的法性理体为基础，所谓阿字本不生，不生就是空义。

密宗主张"三身成就"，学佛才算到家。"三身成就"的另外一个名称，也叫"即身成就"。

西藏密宗，除了供奉释迦牟尼佛以外，还供奉莲花生大士。据说莲花生大士是释迦牟尼佛过世 8 年再来。他作为显教教主时，是父母怀胎而生，可是他认为显教时修行方法没有讲完，所以再转身而来，成为密宗教主并由莲花化生，继承王位为太子，18 岁成就，肉体常存。西藏过去每年举行护摩法会，像拜火教一样烧东西，有些妇女连自己头发都剪了烧掉。大火燃烧 7 天 7 夜，人们围着火光念莲花生大士的咒语，说是看到他骑一匹白马，在火光上走一圈就不见了。

密宗传说，因为莲花生大士是密宗教主，不像前生走涅槃的路子，所以骑白马腾空而去。他现身时，永远是 18 岁少年模样，没有变化，偶而会留一点小胡子。这是说明报身的成就，类似道家长生不死的观念，所谓与日月同休，天地同寿。

密宗的祖师是善无畏（637—735）、金刚智（669—741）和不空（705—774），被称为"开元三大士"，祖庭是西安大兴善寺。

密宗"开元三大士"中不空最活跃。安史之乱时，他身陷长安，但仍表示效忠于唐肃宗，两京收复，不空更是连续上表祝贺，深得皇帝赏识，从而推动了密宗的发展。[1]

---

[1] 以上中国佛家八大宗派介绍，请参见赵朴初《中国佛教常识问答》（北京出版社，2002 年版）和杜继文《佛教史》（江苏人民出版社，2006 年版）。

# 后　记

　　本书是在我为教育部大学视频课程录制的课件《中华文化二十讲》的基础上扩充而成的，部分内容也曾在山东教育电视台、腾讯微讲堂等媒体播出，以其为蓝本的讲座我在近几年至少也做了近百次了。据教育部有关负责人说，我是唯一一位有两门课入选"大学视频课程"（另外一门课为《人人美学》）的老师。承蒙大学生、观众、学员及相关机构的厚爱，让我有信心来撰写、出版本书。

　　本书是我近年来从事传统文化教育的又一新的尝试。我以为，一本合格的传统文化教育读物，应具备三个要素：其一，要有基本知识的准确介绍；其二，要有思想内涵的深入挖掘；其三，要有价值观的正确引导。本书力求从这三个方面展开，使读者在了解基本知识的基础上，既能对传统文化的思想内涵有相当程度的了解，又能形成正确的价值取向。

　　讲到中国的传统文化，儒释道不能不说是主体，中华民族的人文精神主要就是这三大智慧的交融。因此本书分为三大部分，即儒的智慧、道的智慧、禅的智慧，分别阐释每一家的基本问题。全书的落脚点是阐明传统文化的当代价值，也就是怎样学传统，从传统中学什么，传统智慧如何与现代生活接榫。真诚期盼传统文化能深入人心，她的精华再次浸润中华民族的心灵世界，使中华民族的安身立命之根得到重置。

　　至于本书的风格，适应传统文化教育读物的需要，论述力求深入浅出，行文力求通俗易懂，同时配合合适而生动、具体的案例说明问题。

　　本书没有按照教科书的写法来写，主要是不想面面俱到，可以紧密围绕着传统文化的当代价值这个主题来深入探讨，提出自己不成熟的看法。

　　在书稿审读过程中，中华书局申作宏先生提出了很多中肯宝贵的意见，他的意见对本书质量的提高发挥了重要作用。在此表示真诚感谢。

　　本书肯定有很多不足乃至错误，真诚希望读者朋友，特别是学界和大学生朋友多多批评指正。我愿意与读者朋友建立起相互学习、一起探讨、共同前进的学术性的良好关系，为弘扬我国优秀的传统文化作出力所能及的贡献。

赵士林

2013 年 9 月 22 日夜于魏公村